**Brett L. Walker**

[美] 布雷特·L. 沃克 著

贺平 魏灵学 译

# 日本史

A CONCISE HISTORY OF JAPAN

中国出版集团

东方出版中心

## 图书在版编目（CIP）数据

日本史 /（美）布雷特·L. 沃克著；贺平，魏灵学译. －上海：东方出版中心, 2017.5（2020.5重印）
（东方·剑桥世界历史文库）
ISBN 978-7-5473-1097-7

Ⅰ.①日… Ⅱ.①布… ②贺… ③魏… Ⅲ.①日本－历史 Ⅳ.①K313.0

中国版本图书馆CIP数据核字（2017）第040699号

上海市版权局著作权合同登记：图字09-2017-257

This is a simplified Chinese edition of the following title published by Cambridge University Press:
A Concise History of Japan(ISBN 978-0-521-17872-3) by Brett L. Walker, first published 2015 .
All rights reserved.
This simplified Chinese edition for the People's Republic of China (excluding Hong Kong SAR, Macau SAR and Taiwan Province) is published by arrangement with the Press Syndicate of the University of Cambridge, Cambridge, United Kingdom.
© Cambridge University Press & Orient Publishing Center 2017
This simplified Chinese edition is authorized for sale in the People's Republic of China(excluding Hong Kong SAR, Macau SAR and Taiwan Province)only. Unauthorised export of this simplified Chinese edition is a violation of the Copyright Act. No part of this publication may be reproduced or distributed by any means, or stored in a database or retrieval system, without the prior written permission of Cambridge University Press and Orient Publishing Center.

## 日本史

| | | |
|---|---|---|
| 著　　者 | [美]布雷特·L. 沃克 | |
| 译　　者 | 贺　平　魏灵学 | |
| 责任编辑 | 刘　鑫　欧阳敏 | |
| 封面设计 | 今亮后声 HOPESOUND pankouyugu@163.com　胡振宇　赵晓冉 | |

出版发行　东方出版中心
地　　址　上海市仙霞路345号
邮政编码　200336
电　　话　021- 62417400
印 刷 者　常熟新骅印刷有限公司

开　　本　640mm×960mm　1/16
印　　张　21.25
字　　数　295千字
版　　次　2017年5月第1版
印　　次　2020年5月第3次印刷
定　　价　55.00元

目录 *Contents*

# 前　言

　　2013 年秋天，当我正在写作本书的最后一章时，超级台风"海燕"怒不可遏地重创菲律宾。"海燕"的持续风速为每小时 315 千米，最高风速高达每小时 380 千米，许多评论将其称为有记录以来最大的风暴。当菲律宾的民众忙于自救时，我正在写日本"泡沫经济"和"失去的十年"那一章，谈及从 1990 年到 2010 年那段停滞不前的岁月。但这场太平洋的"超级风暴"却改变了我的计划。这样的事我已经见得太多。我之前就已决定将会谈及 2011 年 3 月 11 日的悲剧性事件，彼时日本遭受了"三重灾害"，先是灾难性的大型逆冲区地震和海啸，接踵而至的是福岛第一核电站危险的反应堆堆芯熔毁。看着超级台风"海燕"席卷菲律宾，我意识到气候变化的迹象才代表着东亚面临的最严重的挑战，而非不瘟不火的经济增长或心存不满的年轻一代，甚至也不是围绕某块土地的国际纠纷。最终，我撕掉了最后一章，重新起草了一章，在其中讲述了许多地质学家称为人类世（Anthropocene Epoch）的时间段中气候变化、海平面上升、太平洋超级风暴和各种自然灾害的历史。对于传统的日本历史叙述方式而言，这是一种重要的偏移，因为这要求全面接受一个观点，即被称为"日本"的物理意义上的诸岛在地质意义和历史意义上是相当不稳定的。

　　关于人类世，伦敦地质学会已指出，"有理由将其视为一个正式的纪元,因为自从工业革命开始之后,地球已经经历了太多的变化,使得全球出现了显著不同于全新世或之前的更新世等地质时期的地层特征,包括全新的生物、沉积和地球化学变化"。确实,地球已经历了诸多"全新"的变化,这些变化的发生与工业革命的开始不谋而合。人类世种种变化的驱动力与之前全新世种种变化的驱动力之间也的确存在着重要差异,不再以风力、侵蚀、火山作用或其他的自然力量为主,相反,正是人类造成了这些变化。在全新世中蚀刻地球表面的自然力量与道德无涉,发生的变化基本是价值中立的,相较之下,在人类世的自然力量背后则不乏人的意图和设计。工业革命及其蕴含的种种价值观已经成为生物地层和岩性地层变化背后的引擎,这些变化正被深深刻在我们所处的星球上。正如著名的普鲁士科学家亚历山大·冯·洪堡(1769—1859)的知名观点所指出的,如果说在全新世中,气候、海拔和地理位置决定了植被的分布,那么在人类世中,我们的农业需求则成为植被分布的决定因素。

因此,我决定以气候变化的全球挑战为本书收尾,而不是书写一段惯常的国别史,以日本面临的经济、政治和外交挑战收尾。我相信,随着气候变化的幽灵在我们共同的星球的地平线上日益显现,对于一个排放了大量温室气体的重要工业国而言,在书写其国别史时,如果不时常关注该国的工业决策造成的短期和长期环境后果,这种写法无异于否定现实。日本在19世纪末就已经实现了工业化,这意味着在长达一个半世纪的时期内,它已经充分地享受了工业社会的成果。如果我们向未来展望同样的时间即一个半世纪,据预测地球将升温十度甚至更多,按照当今的标准,很多地方都将不再宜居。在人类世中,地质时间已骤然加速。日本拥有大量的沿海开发地区,数百万人和数百亿投资遍布于地势低洼的地区。一个半世纪之后,与今相比日本将面目全非,大部分地势低洼地区将被淹没,或是时常遭到风暴潮和海啸的侵袭。基于费尔南·布罗代尔(1902—1985)关于历史长时段的脉络,环境史所提供的教训在于,我们过去的历史赖以上演的物理舞台是不稳定的、动态的,由其支撑和维系的人类社会同样如此。但是气候变化将使这个转型进程变得激烈数倍。

话虽如此，本书倒并非一本环境史。更准确地说，本书是我在看到冰盖和冰川的融化、海平面和风暴强度的上升等变化后，对 21 世纪历史应然状态的某种想象。这是一本在人类世书写的史书。我认真考虑了日本的政治、社会和文化变化，因为这些变化代表了驱动日本与世界互动的各种价值观，19 世纪后期的快速工业化也包含在这一互动之中。本书融合了诸多思考历史的路径——社会的、性别的、文化的、环境的、政治的、人物的——试图以此讲述一个更为完整的、有助于更好理解日本发展的故事。尽管日本以及少数工业化国家必须为绝大部分温室气体排放以及人类世的气候变化负责，但地球变化所产生的代价将由全球分担，由所有的物种分担，甚至包括那些传统上被认为并无自身历史的物种。譬如在我故乡的大黄石生态系统[①]中，当地的驼鹿在地球气候变化中基本没有起到什么作用，但当生态系统变暖并使其无法居住时——黄石周边驼鹿数量的减少已经证明了这点——它们也将承担这一严重的后果。我们在历史叙述中，至少是在国别史和全球史的宏观层面上，必须纳入对于地球变化所需承担的道义责任，并认识到我们给子孙后代带来的挑战，这种道义责任可能未必针对区域性的驼鹿灭绝，但却事关印度尼西亚无休止的洪水泛滥。因此，我决定将环境变化作为日本故事的一个关键部分。

我的历史叙述离不开许多日本史和环境史同行的卓越学识，它们为我通向上述写作目标奠定了基础。写作本书时最大的兴奋之处在于，我自己得以有机会回顾和重温了这些学识中的大部分，彼时它们大多在我的书架上积灰。要想尽数感谢这些才华横溢的学者，将会需要很大的篇幅，这一已不够简略的简史或许已经超出了剑桥简史系列编辑们的设想，但许多学者仍能在本书各个章节中见到他们自己的贡献，读到被引述的观点。我一如既往地感谢蒙大拿州立大学波兹曼分校的历史、哲学和宗教研究学院的大力支持；感谢蒙大拿州立大学波兹曼分

---

①　大黄石生态系统位于落基山脉北部，大致包括美国怀俄明州西北部、蒙大拿州西半部和爱达荷州东部，黄石国家公园位于其中。

校文理学院院长尼科尔·雷(Nicol Rae);感谢蒙大拿州立大学波兹曼分校负责研究和经济发展的副校长 Renee A. Reijo‑Pera。正是因为有了他们对知识创新的贡献,像本书这样的项目才有可能完成。以下三位仔细阅读了这一书稿:我的研究生 Reed Knappe,英语系的同事Kirk Branch,我的伴侣 LaTrelle Scherffius。他们的诸多指正和建议无疑使本书增色几分,对此我深表感激。尽管他们做出了种种努力,错误当然还是难免,这些我都文责自负。

布雷特·L.沃克

于波兹曼,蒙大拿

# 大 事 记

## 第一章　大和国家的诞生（前 14500—710）

| | |
|---|---|
| 1020 年 | 天花暴发 |
| 1025—1026 年 | 麻疹与肠道疾病暴发 |
| 1027 年 | 肠道疾病暴发 |
| 1028—1031 年 | 平忠常之乱 |
| 1036 年 | 天花暴发 |
| 1051—1063 年 | 前九年之役 |
| 1081 年 | 延历寺僧众袭击京都 |
| 1083—1087 年 | 后三年之役 |
| 1108—1110 年 | 浅间山与富士山喷发 |
| 1113 年 | 清水寺卷入兴福寺与延历寺之争 |
| 1134—1135 年 | 流感暴发 |
| 1156—1160 年 | 京都爆发保元、平治之乱 |
| 1180—1185 年 | 源平合战 |
| 1181 年 | 京都周边暴发饥荒 |
| 1184 年 | 大地震与海啸 |
| 1192 年 | 源赖朝就任征夷大将军 |
| 1192—1333 年 | 镰仓幕府 |
| 1221 年 | 承久之乱将镰仓幕府交于北条氏手中 |
| 1223 年 | 倭寇金州 |
| 1227 年 | 在朝鲜使节面前处死海贼 |
| 1232 年 | 《贞永式目》起草 |
| 1274 年 | 第一次蒙古入侵（文永之役） |
| 1281 年 | 第二次蒙古入侵（弘安之役） |
| 1333—1336 年 | 后醍醐天皇的建武新政 |
| 1336—1392 年 | 南北朝时代 |

## 第四章　中世日本与战国时代（1336—1573）

| | |
|---|---|
| 1336—1573 年 | 足利幕府 |
| 1337—1573 年 | 室町文化 |

| | |
|---|---|
| 1579 年 | 营建安土城 |
| 1582 年 | 织田信长三职推任 |
| 1582 年 | "本能寺之变"中明智光秀刺杀织田信长 |
| 1582 年 | 丰臣秀吉结束对高松城的围困 |
| 1582 年 | 丰臣秀吉与织田联军击败明智光秀 |
| 1582 年 | 清州会议 |
| 1583—1597 年 | 营建大阪城 |
| 1583 年 | 贱岳之战 |
| 1585 年 | 丰臣秀吉击败长宗我部元亲 |
| 1585 年 | 天皇授予丰臣秀吉"关白"头衔 |
| 1585 年 | 天皇向丰臣秀吉赐姓"丰臣" |
| 1587 年 | 丰臣秀吉击败岛津义久 |
| 1587 年 | 朝鲜使节拒绝日本邀请 |
| 1588 年 | 聚乐第建成 |
| 1588 年 | 丰臣秀吉颁布《刀狩令》 |
| 1590 年 | 朝鲜使节拜访日本 |
| 1591 年 | 丰臣秀吉下令冻结社会流动 |
| 1592 年 | 丰臣秀吉成为"太阁" |
| 1592 年 | 丰臣秀吉第一次入侵朝鲜（文禄之役） |
| 1592 年 | 丰臣秀吉颁布《人扫令》 |
| 1593 年 | 丰臣秀赖出生 |
| 1595 年 | 丰臣秀次被处决 |
| 1595 年 | 丰臣秀吉颁布《御掟·御掟追加》 |
| 1597 年 | 丰臣秀吉第二次入侵朝鲜（庆长之役） |
| 1598 年 | 丰臣秀吉去世 |
| 1600 年 | 关原之战 |
| 1603—1636 年 | 营建江户城 |
| 1603 年 | 德川家康建立江户幕府 |
| 1615 年 | 颁布《武家诸法度》 |

| 1617 年 | 营建日光东照宫 |
| 1635 年 | 建立"参勤交代"制度 |

## 第七章　近世日本(1600—1800)

| 1603 年 | 德川家康就任征夷大将军 |
| 1616 年 | 德川家康去世 |
| 1642—1643 年 | 宽永大饥馑 |
| 1644 年 | 江户幕府第一次下令绘制国绘图(正保国绘图) |
| 1669 年 | 宽文虾夷蜂起 |
| 1683 年 | 德川纲吉颁布禁奢令 |
| 1689 年 | 松尾芭蕉至东北部旅行 |
| 1696—1702 年 | 江户幕府第二次下令绘制国绘图(元禄国绘图) |
| 1701 年 | 赤穗事件 |
| 1732 年 | 享保大饥馑 |
| 1749 年 | 八户的"猪饥馑" |
| 1782—1788 年 | 天明大饥馑 |
| 1808—1810 年 | 间宫林藏绘制萨哈林岛、黑龙江河口地图 |
| 1821 年 | 伊能忠敬的《大日本沿海舆地全图》完成 |
| 1833—1837 年 | 天保大饥馑 |
| 1831—1838 年 | 江户幕府第三次下令绘制国绘图(天保国绘图) |

## 第八章　一君万民论的兴起(1770—1854)

| 1652 年 | 佐仓惣五郎向将军德川家纲直诉 |
| 1751 年 | 山协东洋在京都进行人体解剖 |
| 1771 年 | 杉田玄白在小塚原观测解剖 |
| 1837 年 | 大盐平八郎之乱 |
| 1853—1854 年 | 马修·佩里准将"黑船"来航 |
| 1858—1860 年 | 安政大狱 |
| 1858 年 | 《哈里斯条约》签署 |

1860 年　　　　在"樱田门之变"中井伊直弼被攘夷志士杀死

1860 年　　　　江户幕府实施"公武合体"政策

1861 年　　　　亨利·卡罗德被攘夷志士杀死

1862 年　　　　查尔斯·李察逊被萨摩武士杀死

1863 年　　　　将军德川家茂上洛

1866 年　　　　信达一揆的"打毁"

1868 年　　　　会津世直一揆

1868 年　　　　松尾多势子与其他志士抵达京都

1868 年　　　　鸟羽伏见之役后江户幕府终结

## 第九章　明治启蒙（1868—1912）

1858 年　　　　　　庆应义塾大学建立

1868—1912 年　　　明治时代

1868 年　　　　　　《五条誓文》

1869 年　　　　　　版籍奉还

1871—1873 年　　　岩仓使团出访

1871 年　　　　　　《户籍法》颁定

1871 年　　　　　　废除近世身份制度

1871 年　　　　　　解放贱民

1872 年　　　　　　东京—横滨铁路开通

1872 年　　　　　　银座炼瓦街建成

1872 年　　　　　　"玛利亚·路斯号"事件

1872 年　　　　　　《艺娼妓解放令》

1872 年　　　　　　禁止女子留短发

1873—1874 年　　　明六社结成

1873 年　　　　　　《征兵令》

1875 年　　　　　　商法讲习所建立

1875 年　　　　　　锻冶桥监狱建成

1877 年　　　　　　东京大学建立

| 1881 年 | 松方正义实施通缩政策 |
| 1882 年 | 日本银行建立 |
| 1883 年 | 鹿鸣馆建成 |
| 1889 年 | 颁布《明治宪法》 |
| 1890 年 | 颁布《教育敕语》 |
| 1890 年 | 《集会条例》通过 |
| 1900 年 | 《治安警察法》通过 |

## 第十章  明治时代的不满情绪(1868—1920)

| 1868 年 | 下令"神佛分离" |
| 1868 年 | 明治时代开始使用化石能源 |
| 1872 年 | 三池煤矿收归国有 |
| 1873 年 | 地租改正 |
| 1873 年 | 血税一揆 |
| 1873 年 | 福冈县暴乱 |
| 1874 年 | 煤炭产量达到 208 000 吨 |
| 1876 年 | 三重县暴乱 |
| 1877 年 | 西南战争 |
| 1877 年 | 古河市兵卫收购足尾铜矿 |
| 1881—1885 年 | 松方通缩财政导致农村大量破产 |
| 1881 年 | 自由党结成 |
| 1884 年 | 秩父事件 |
| 1884 年 | 足尾成为日本主要黄铜产地 |
| 1889 年 | 北海道狼灭绝 |
| 1890—1891 年 | 渡良濑川暴发洪水,足尾铜矿污染泛滥 |
| 1890 年 | 三井收购三池煤矿 |
| 1890 年 | 煤炭产量达到 300 万吨 |
| 1890 年 | 田中正造当选众议院议员 |
| 1896 年 | 渡良濑川再次暴发洪水,足尾铜矿污染泛滥 |

| | |
|---|---|
| 1897 年 | 方城地区发现煤矿矿脉 |
| 1899 年 | 丰国煤矿的瓦斯爆炸导致 210 人死亡 |
| 1902 年 | 田中正造前往谷中村 |
| 1905 年 | 日本狼灭绝 |
| 1907 年 | 丰国煤矿的瓦斯爆炸导致 365 人死亡 |
| 1909 年 | 大之浦煤矿的爆炸导致 256 人死亡 |
| 1914 年 | 丰国煤矿的爆炸导致 687 人死亡 |
| 1917 年 | 大之浦煤矿的爆炸导致 365 人死亡 |

## 第十一章　日本帝国的诞生（1800—1910）

| | |
|---|---|
| 1770—1771 年 | 在择捉岛事件中俄国人和阿伊努人被杀 |
| 1778 年 | 俄国人试图与东虾夷的日本人进行贸易 |
| 1802 年 | 德川幕府在虾夷设立函馆行政机构 |
| 1857 年 | 江户幕府向阿伊努人推广天花疫苗 |
| 1869—1882 年 | 开拓使监管北海道的殖民开发 |
| 1872 年 | 富冈模范丝织厂建成 |
| 1872 年 | 文部省医务科设立 |
| 1875 年 | "云扬号事件"中日本船只遭到攻击 |
| 1875 年 | 日本外交官"打开"朝鲜 |
| 1876 年 | 《日朝修好条规》签署 |
| 1876 年 | 札幌啤酒创立 |
| 1878 年 | 阿伊努人的称呼被定为"旧土人" |
| 1885 年 | 与中国清朝签署《天津条约》 |
| 1885 年 | 北里柴三郎加入罗伯特·科赫在德国的实验室 |
| 1890 年 | 北里柴三郎参与科赫对治疗结核病的研究 |
| 1895 年 | 甲午战争 |
| 1895 年 | 日本遭遇"三国干涉还辽" |
| 1898 年 | 学校卫生体系建立 |
| 1899 年 | 《北海道旧土人保护法》通过 |

| | |
|---|---|
| 1902 年 | 日本与英国签署国际条约 |
| 1903 年 | 政府对纺织业的结核病开展研究 |
| 1905 年 | 日俄战争 |
| 1905 年 | 《朴次茅斯和约》 |
| 1910—1911 年 | 辛德事件 |
| 1913 年 | 丝织业工人数达到 80 万 |

## 第十二章　帝国与帝制下的民主(1905—1931)

| | |
|---|---|
| 1875 年 | 《圣彼得堡条约》 |
| 1896 年 | 进步党结成 |
| 1898 年 | 宪政党结成 |
| 1899 年 | 美国重申"门户开放政策" |
| 1900 年 | 立宪政友会结成 |
| 1906 年 | 南满洲铁道株式会社成立 |
| 1906 年 | 旧金山学校委员会做出决定 |
| 1908 年 | 单拖网渔船在日投入使用 |
| 1913 年 | 通过《加利福尼亚州外国人土地法》 |
| 1915 年 | "二十一条"强加于中国 |
| 1919 年 | 《凡尔赛和约》 |
| 1920 年 | 在华日侨数达到 133 930 人 |
| 1920 年 | 原敬使用武力制止钢铁工人罢工 |
| 1921 年 | 首相原敬遇刺 |
| 1921 年 | 东京平布纺织株式会社工人罢工 |
| 1922 年 | 美国最高法院认定日本移民不可成为美国国民 |
| 1922 年 | 华盛顿海军会议 |
| 1922 年 | 全国水平社结成 |
| 1924 年 | 美国《移民法案》禁止日本移民 |
| 1925 年 | 通过《治安维持法》 |
| 1927 年 | 立宪民政党结成 |

| | |
|---|---|
| 1927 年 | 野田酱油酿造株式会社工人罢工 |
| 1930 年 | "阿伊努协会"成立 |
| 1930 年 | "樱会"成立 |
| 1931 年 | 首相滨口雄幸遇刺 |
| 1932 年 | 伪满洲国建立 |
| 1932 年 | 原日本银行总裁井上准之助遇刺 |
| 1932 年 | 三井财阀总裁团琢磨遇刺 |
| 1932 年 | 首相犬养毅遇刺 |
| 1941 年 | 日本设定"海之日" |

## 第十三章　太平洋战争（1931—1945）

| | |
|---|---|
| 1897 年 | 上野动物园战利动物展览 |
| 1906 年 | 设立关东都督府陆军部 |
| 1928 年 | "皇姑屯事件"中张作霖的火车被炸 |
| 1931 年 | "九一八事变" |
| 1932 年 | 关东军进入哈尔滨 |
| 1932 年 | 国联发布《李顿报告书》 |
| 1932 年 | 日本退出国联 |
| 1936 年 | 东京"二二六事件" |
| 1936 年 | 大藏相高桥是清遇刺 |
| 1936 年 | 前首相斋藤实遇刺 |
| 1937 年 | 《国体之本义》发布 |
| 1937 年 | 卢沟桥事变 |
| 1937 年 | 日军攻占北平 |
| 1937 年 | 日军攻占上海 |
| 1937 年 | 日军犯下"南京大屠杀"罪行 |
| 1939 年 | 美国对日禁运 |
| 1940 年 | "大东亚共荣圈"建立 |
| 1940 年 | 《德意日三国同盟条约》签署 |

| 1941 年 | 美国冻结日本资产 |
| 1941 年 | "大东亚战争"宣战 |
| 1941 年 | 《日泰攻守同盟条约》签署 |
| 1941 年 | 《日苏中立条约》签署 |
| 1941 年 | 道格拉斯·麦克阿瑟就任远东总司令 |
| 1941 年 | 《大西洋宪章》签署 |
| 1941 年 | 东条英机就任日本首相 |
| 1941 年 | 日军偷袭珍珠港 |
| 1941 年 | 日军攻占香港 |
| 1942 年 | 日军攻占马尼拉、新加坡、巴达维亚、仰光 |
| 1942 年 | 珊瑚海战役 |
| 1942 年 | 中途岛战役 |
| 1943 年 | 上野动物园的动物遭屠杀 |
| 1944 年 | 莱特湾战役 |
| 1944 年 | 为了提供替代燃料来源启动"松根油计划" |
| 1945 年 | 美国实施"会议室行动"轰炸 |
| 1945 年 | 硫磺岛战役 |
| 1945 年 | 冲绳岛战役 |
| 1945 年 | 广岛、长崎遭投原子弹 |
| 1945 年 | 日本"无条件投降" |

## 第十四章  日本的战后历史（1945 年至今）

| 1937 年 | 丰田汽车株式会社成立 |
| 1945—1952 年 | 美国占领日本 |
| 1945 年 | 《无条件投降书》签署 |
| 1945 年 | 《工会法》通过 |
| 1946 年 | 索尼公司成立 |
| 1946 年 | 《劳动关系调整法》通过 |
| 1946 年 | 裕仁天皇宣布放弃现世神的地位 |

| 1946 年 | 远东国际军事法庭成立 |
|---|---|
| 1947 年 | 战后宪法通过 |
| 1947 年 | 美国占领当局取消总罢工 |
| 1947 年 | 《劳动标准法》通过 |
| 1949 年 | 约瑟夫·道奇抵达日本 |
| 1950 年 | 警察预备队建成 |
| 1951 年 | 《旧金山和约》签署 |
| 1952 年 | 《日美共同合作与安全保障条约》签署 |
| 1954 年 | 《警察改革法案》 |
| 1954 年 | "第五福龙号事件" |
| 1955 年 | 自民党结成 |
| 1967 年 | 《公害对策基本法》通过 |
| 1969 年 | 对大阪伊丹机场提起诉讼 |
| 1971 年 | 新潟水俣病公害案判决 |
| 1971 年 | 环境厅设立 |
| 1972 年 | 四日市哮喘病公害案判决 |
| 1972 年 | 富山铬中毒公害案判决 |
| 1973 年 | 熊本水俣病公害案判决 |
| 1978 年 | 靖国神社合祀 14 名"甲级"战犯 |
| 1985 年 | 烟草产业私有化 |
| 1987 年 | "JR 集团"建立 |
| 1991 年 | "泡沫经济"破灭 |
| 2001 年 | 环境省取代环境厅 |

### 第十五章　自然灾害与历史的边缘

| 1854 年 | 安正南海地震 |
|---|---|
| 1891 年 | 浓尾地震 |
| 1896 年 | 明治—三陆地震 |
| 1900—1993 年 | 全球海平面年均上升 1.7 毫米 |

| 1923 年 | 关东大地震 |
| 1958 年 | 台风艾达 |
| 1959 年 | 台风薇拉 |
| 1993 年 | 全球海平面年均上升 3 毫米 |
| 1995 年 | 阪神—淡路地震 |
| 2005 年 | 日本排放的温室气体达到 13.9 亿吨 |
| 2011 年 3 月 11 日 | 日本遭受"三重灾害" |

# 导论：书写日本历史

## 日本历史的意义

直到今天，日本的崛起仍在挑战关于世界历史的诸多假设，特别是那些关于西方崛起的理论，或一言以蔽之，关于当今世界为什么会是这个样子的种种理论。在 19 世纪对抗美国和欧洲列强的，不是中国的大清朝（1644—1911），也不是印度绵延浩瀚的马拉地帝国（1674—1818）①，而恰恰是日本，一个大小仅相当于美国蒙大拿州的国家（参见地图 1）。这个小小的岛国不但在 19 世纪让列强无计可施，而且效仿列强，怀着全球野心与它们展开了竞争，尽管这些野心往往卑劣可鄙。20 世纪下半叶，在太平洋战争之后，日本又得以重建，成为美国和欧洲以外工业化进程的典范，拥有本田和丰田等如今已是家喻户晓的名牌的、取得巨大成功的公司。如今，送孩子参加足球活动的美国中产阶级妇女开的是丰田，在阿富汗的圣战分子开的也是丰田。但是今天，日本发现自己正身处另一场全球风暴的风暴眼中。在 21 世纪的最初几年里，日本深陷对工业化经济和气候变化的忧虑之中，因为这个岛国所拥有的广阔的海岸开发地区将由于海平面上升和太平洋上数量不断增多

---

① 位于印度次大陆上的古代王国，其鼎盛期的疆域覆盖印度北部。

1

的猛烈风暴而损失惨重。因此,日本仍处在现代世界及其最严重挑战的中心位置。

为了适应日本历史的发展步伐,让我们先来了解一下两位著名人物的生平。福泽谕吉(1835—1901),一位生于大阪、长于南部岛屿九州的高傲武士,他代表了近代日本早期经历的诸多侧面。终其一生,他以一个主要缔造者而非被动观察者的身份,见证了自己的国家如何从诸藩林立的闭塞小邦转变为一个拥有巨大军事疆域和全球经济抱负的国家。当福泽谕吉还是一个在中津藩①尘土飞扬的街道上闲逛的武士家的顽童时,他就已怀揣着崇高的梦想,想要打破落后的儒家礼俗的锁链并周游世界,以发现驱动西方世界的力量。

在十二三岁的顽劣年纪,福泽谕吉从家中偷出了一枚神符,神符意在保佑全家免于失窃和祝融之灾。他其后的行为在很多人看来实在匪夷所思:"我故意在没人看到时踩在上面。但也没招来什么上天的惩罚。"②惹怒了当地神道诸神还不够,他又拿了神符重重踩进茅厕的污物里。但神道的天谴还是没来。福泽谕吉总是挑战日本的思想,不守规矩的他又进一步试探诸神,把叔叔家庭院里稻荷神社的御石换成自己找来的杂石。稻荷祭礼的时节到来之际,人们聚到神社参拜、挂幕、击鼓、吟唱。福泽谕吉暗自发笑,"他们参拜的竟然是我的石头,真傻"。③在一生的大部分时间里,福泽谕吉鄙视日本的传统。支撑这些传统的是保守的中国哲学而非西方追求进步的个人主义。但是,他对传统的拒绝和对现代性的拥抱都象征着19世纪日本的历程,前者以其嘲笑稻荷神社的习俗为代表,后者则表现为试图理性地阐明稻荷诸神并非保佑众生的存在。

福泽谕吉以这种方式践踏了一个又一个神圣的臆说,在自己的有生之年就见证了日本的崛起,从一个由身着裙袴、梳着丁髻的舞刀弄剑之士统治的国家崛起为亚洲唯一一个成功挑战欧美帝国主义的国家。

---

① 江户诸藩之一,领有丰前国下毛郡中津(今大分县中津市)及其周边。
② 福泽谕吉:《福翁自传》。
③ 同上。

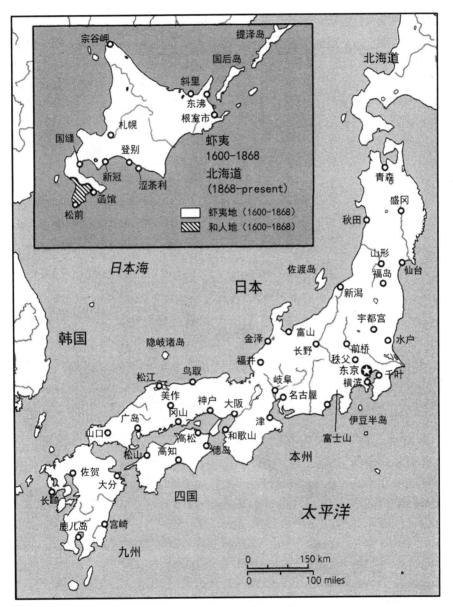

地图1 日本

当福泽谕吉第一次离开中津藩时,他"吐口唾沫,快步离开"。在一定程度上,这也正是明治维新(1868)后的日本在19世纪中期想要做的:福泽谕吉及其同代人唾弃数个世纪以来的政治和文化臆说,怀着重建国家的非凡抱负,绘就了一条称雄全球,并最终导致国家毁灭和战后复兴的全新之路。如今,日本面临着即便如福泽谕吉这样的贤能也无法预料的一系列新的国家挑战。气候变化和海平面上升等其中一些挑战使19世纪美国的"黑船"威胁也相形见绌。但是,通过研究日本的过去,我们或许也能够了解这一如此善于重生的岛国将如何应对这些新的全球挑战。或许,日本能够为我们所有人找到一个重生的模式。

20世纪初,当福泽谕吉的生命终结时,石本静枝(1897—2001)①的一生刚刚开始;她也有与福泽谕吉类似的经历,不过她斗争的对象是日本的新式民族主义和法西斯主义的"天皇制意识形态"。她生活于一个截然不同的重生时代。石本静枝在一个并不准备彻底唾弃所有传统的保守家庭中长大,因此不仅接受了武士统治的种种遗产,也承受着儒家思想对女性的态度。就像所有生长于优渥家庭的年轻女性一样,母亲也尽心尽责地教导她要遵从"男主女从"。尽管在一个"纯粹日式的环境"中长大,但她仍记得"西方影响一点一滴地悄悄渗透进我们的生活"。但保守派的反弹也在日本不断增长。在学校,石本静枝敏锐地察觉到,老师教导男生要有"伟大的人格",但却训导女生要成为"顺从的妻子、出色的母亲和家庭体系的忠诚卫士"。在20世纪早期,女性的身体成为政治活动家、公共知识分子、政府决策者围绕明治改革的遗产开展激烈斗争的战场。她对明治天皇造访她们学校的回忆,就很能说明这一点。她回忆说:"我们在种族传统上具有同一性","组成了以帝国统治者为首的这一岛屿帝国的大家庭"。她沉思道,"明治时代,还政于天皇成为政治上令人振奋的要事,像我这样生于明治时代且在天皇魅力感染下长大的少女,怎么能够不被其所代表的精神力量所折服呢?"1912年明治天皇去世后,日俄战争(1905)的英雄乃木希典(1849—

---

① 即加藤静枝,日本优生学思想普及者、妇女解放运动家、政治家。

1912)陆军大将与其妻子效忠自尽,对此,石本静枝心里暗自景仰。她回忆道,"我静静坐在屋内,焚上一炷香,桌上放着大将的照片","无言地祷念他的崇高精神"。[①] 像许多人一样,石本静枝时而也反抗明治时代的民族主义精神,但却仍然对其尊崇之至。

对天皇的崇拜为日本在 20 世纪初的国家崛起提供了精神支柱,但各种与现代性相关的全球性参与也起到了同样的作用。1920 年访问美国时,石本静枝见到了女性主义者玛格丽特 · 桑格(Margaret Sanger,1879—1966)[②],并成了推动女权事业的积极分子,特别是在争取生育权方面不遗余力。但太平洋战争(1937—1945)使其争取女性权益的运动出现了短暂的偏离。在这场战争浩劫开始前夕的 20 世纪 30年代,石本静枝陷入了沉思,"近来一种抗拒自由主义的民族主义反应在这个岛屿帝国内横扫一切。法西斯主义带有强烈的军国主义色彩,它并不是带有强烈人文主义色彩的女权主义的守护者"。正是在石本静枝生活的年代里,日本开动战舰和航母,掀起了一场针对美国及其同盟国的"圣战",决心在亚洲建立"新的秩序"。许多日本思想家认为,在这场太平洋冲突中,具有生死攸关意义的是"拯救世界"。

福泽谕吉去世时石本静枝还是一个小女孩,但仍对他充满了景仰。她见证了日本帝国的崩溃,城市化为焦土;但她也见证了日本拥抱战败,从废墟中崛起为一个超级经济强国。从裙袴、丁髻到大和战舰和丰田的大型皮卡坦途(Tundra),日本的崛起在世界历史上留下了印记。而福泽谕吉和石本静枝则以各自的方式成为这个新世界的缔造者。

## 世界历史中的日本

如果将日本置于世界历史的背景之中,那么所呈现出的历史就一次次打破了一种反复出现的迷思,即日本与自然的关系有着一种特殊的、非侵入性的、更加主观的、多为良性的关系,从这一关系的角度出

---

① 本段引文均出自加藤静枝:《一位女性政治家的半生》。

② 美国优生学思想普及者。

发,自然世界与神道诸神共生、与佛教轮回相交织并受到儒家礼仪的限制。这种迷思坚持认为,日本人并没有把自然视为工业开发的无生命的客体来源。更准确地说,日本人通过在文化和自然疆域之间建立起一种整体论来顺应自然。自然环境为日本人重新焕发了生机,限制了无情的工业开发,并塑造了他们精深的国家文化。

这种刻板印象已经形成达数个世纪之久。社会学家马克斯·韦伯(1864—1920)曾认为,与试图调整世界以满足人类需求的欧洲哲学不一样,东亚哲学的核心——儒学试图"适应世界,适应其秩序和传统"。换言之,西欧调整自然世界以适应自身,而儒家社会则被动地调整自身以适应自然世界。近世日本作为一个儒家社会也经常被视为是顺应自然环境的,是一个与自然和谐相处的而不是迫使环境向其经济需求屈服的社会。因此,韦伯坚持说,在儒家社会中"系统论的和自然主义的思想……未能发展成熟"。对韦伯而言,这种遵从自然的倾向让发展变得缓慢,使儒家社会受到西方掠夺者的侵害。

然而,正如本书中的历史所展示的,日本与自然环境的关系通常也是侵入性的、探索性的、剥削性的、控制性的关系,与启蒙运动之前的欧洲并无二致。作为一位折中主义的近世思想家,佐藤信渊(1769—1850)①认识到,自然是由造物的力量推动的,神道诸神使之具有神灵。但在描述经济在国家发展中的作用时,他的言论听起来似乎更接近苏格兰的经济学家亚当·斯密(1723—1790),而非本土的神道哲学家。例如在描述政府的作用时,佐藤信渊在其《经济要录》(1822)中主张:"国君之要务,无外乎整备经济以使邦内富丰。"佐藤信渊提出,人们建立国家是为了更好地开发资源和控制能源。

重要的是,佐藤信渊试图开发的环境在相当程度上是人类设计的产物。人类世的特征在于遍布地球的、无处不在的人类自身导致的变化,日本人对早期人类世的贡献在其中留下了印迹。在其历史之初,日本人就已经开始通过经营诸岛发现并接触自然环境。日本或许确实可

---

① 江户时代思想家、经世家、农学者、兵学者。

以被视为一个人造的列岛，这一串岛屿被想象为可控制的、可开发的、清晰的以及近乎技术性的空间。这一进程从日本历史的早期就开始了。有历史学家认为，随着农业的出现，产生了一个"人类与自然世界关系的基本变化"。人类开始"影响其他有机体"，并"重塑无生命的环境"，从而更好地掌控获得营养和能源的渠道。农业意味着消除不合需要的物种、创造人造景观、通过更好地获得水和阳光提高所需物种的生产力。人类也重塑了身边的有机物，对作物进行了基因改造，灭绝了日本狼等"有害"物种。当他们创造这一农业景观时，人类"或许已经体验到'自然'和'人类'世界之间越来越大的疏离感"，或对自然条件的"异化"感。

最终，这一异化使自然物化，并加速了对自然的无情开发。历史学家对于启蒙运动之后欧洲文化中的这一物化过程提出了"自然死亡"的假设，但就像我们将要看到的，日本的文化也出现了类似的异化进程。在日本，自然是随着历史进程被慢慢扼杀的，但之后哲学家和神学家又将其重新缝合，并注入了神道和佛教诸神的人格化生命。自然变成了渴求资源和能源的人类手中的牵线木偶，尽管一些观察者一直将这一衣衫褴褛的自然木偶错当成一个充满生机的、独立自主的自然。

## 书写日本历史

有一位历史学家写道："现代社会的历史观念受到了民族国家的过度限制。"尽管国家仍是一个有争议的实体，但它操纵了历史，确保了"自身同一的虚幻统一，即随着历史而演化的国家主体"。正是这一"随着历史而演化"的国家把史前的绳文时代（前14500—前300）的猎人和弥生时代（前300—300）的农民称为"日本人"，因为显而易见的演化发展进程也可以被倒过来解读。像本书一样展开的国别历史叙事几乎总是为历史强加了一条演化的链条。有历史学家在谈及这一点时强调："国家是一个集体性的历史主体，随时做好准备在现代化的未来实现其使命。"换言之，我们已经习惯于在阅读各国历史时预见到现代国家的崛起，似乎这一崛起是不可避免的。"在演进的历史中，历史运动被视为仅仅是由前因造成的,而非由历史与现实之间的复杂互动造成"。这对于像本书一样的国家历史叙事而言是一条重要的忠告。本书阐述的历史并不将历史视为前因导致后果的清晰的线性运动,即稳定且不可抗拒地抵达现代国家崛起的终点,而是对当代的政治和文化争论以及事关过去的各种问题背后的细微之处更为敏感。当然,历史通常更多地事关当下的政治和文化争论而非过去。因此,在本书的历史中,一个重要的主题就是环境变化问题,因为它已成为我们这个时代所面临的挑战。

现代国家拥有穿越时空的权力,以及将早期居民塑造为先代臣民的能力,本书并不完全否认这一现实。绳文时代的猎人并不将自己视为"日本人",他们在弥生时代的后人也是如此。在平安时代的廷臣眼中,朝廷职位的重要性远比所谓的"日本"更有意义,对于之后根据等级身份体系的规律而晋升的武士而言同样如此。在这一意义上,现代国家不过是一个晚近的"想象的共同体",是由博物馆、学校课程、全国假期和其他国家活动创造出来的。一位人类学家曾写道,国家"是想象出来的,因为即便是最小国家的那些成员,也从不知道他的绝大部分同胞,他们从未谋面,甚至根本不曾相互听说过,但每个人的头脑中却都有着交流交融的印象"。在现代国家中,公民和国民都受到教育,被告知他们与那些未曾谋面的人共享亲缘。正如我们将要看到的,日本人通过共享自然环境这一话语体系,建立了对其共同体的想象,这一自然环境不仅由环绕的海洋清晰勾画,也源自共同的历史、语言和文化习惯。上述的很多内容都在本书各个章节的历史中被反复提及,因为它们对于日本之所以为日本非常重要。

但是,这部简史也并没有将国家完全视为"想象"的产物。国家并不仅仅是文化想象虚构出来的。由于本书的主题之一在于人与自然环境的关系,书中也揭示了日本的人口在其历史上所留下的物质印记。一代代肉身归于尘土,男男女女在同一片河流或海域垂钓,精心设计的景观反映出共享的生存价值,稍纵即逝的各种理念历经数个世纪层层堆积并塑造出日本人截然不同的存在方式,所有这些都形塑了日本的

9

存在,本书对其寻轨觅迹。从这一点来说,早期的绳文时代的居民确实也可以被视为最早的"日本人",尽管他们当时尚未自知。尽管具有超越时空的支配权,但国家仍然是以一种根本的物质性方式,在一代代先民打下的根基上建立起来的。在这一意义上,"传统"未必像某些历史学家认为的那样是被生造出来的现代性的替罪羊。有人主张,现代性若想在历史意义上自我界定,就必须"创造传统"。但是,日本的早期居民——为了方便起见我们姑且称其为"传统"居民——早已有了可供寻根溯源的物质实践,这些实践给日本留下了物质方面的印记,也对现代生活产生了影响。正是这些实践塑造了日本向现代国家的演化发展,而不是相反。如果我们给绳文时代的猎人贴上"日本人"的标签,并要求他们对日后日本制造的南京大屠杀(1937)罪行负责,无疑使他们背负了难以想象的重担。但绳文时代的猎人确实在日本的土地上消亡并化为尘土。他们的子孙以及弥生时代的后来者继承了他们的理念,做出自己的选择,将这些选择又铭刻在自身及其社会组织、政治体系和风土景观之上。这些物质的印记又塑造了他们的子孙、子孙的子孙,循环往复。最终,在其鼓吹的"大东亚战争"期间,这些受到一代代物质和文化驱动力引导的后世人们,决定洗劫南京城。

国家或许在一定程度上是被想象出来的,但又并非完全无中生有。同样,这也并不完全是非自然的现象。日本历史亦是如此。鉴于此,尽管面临气候变化等新的全球困境,现代国家仍是历史分析的重要范畴。

# 第一章　大和国家的诞生
# （前 14500—710）

　　日本的环境远不仅是日本文明的塑造者,与其说环境风雨无情、经年累月地挖凿出了日本人复杂的生活轮廓,倒不如说环境才是日本文明的产物。从考古学意义上的弥生时代(前 300—300)开始,日本列岛的早期居民便刀耕火种,把他们的生存需求与文明感知带入到了日本列岛的冲积平原、森林、山脉以及沿海地带,如同制作巨型盆景一般,他们对这些地方进行改造,使之符合其需求与希望。东亚文化的引入及其对日本列岛的改造是绳文时代(前 14500—前 300)与弥生时代之间最有意义的变化。本章将探究日本早期国家的诞生过程,以及国家发展与自然环境变迁之间的紧密联系。

## 早期觅食者与开拓者

　　有证据表明,在距今约 260 万年至 11 700 年前的更新世时期,第一批原始人、人类以外的动物,以及随之而来的植物迁徙横跨欧亚大陆,进入到了日本列岛。然而,那时的日本还不是列岛,它的南、北部通过海岸线边缘的低地与大陆板块相连,从而与日本海共同构成了一个新月状的陆地外沿,日本海也成了一个典型的内陆海。至于日本的现代人类是起源于非洲的移民取代了当地的原始人,还是当地的原始人进化成了现代人类,这一问题尚无定论。但是,在距今约 1 万年前,许多旧石器时代的觅食者游荡在亚欧大陆上,而他们中的一部分为了游猎或寻找其他的觅食机会而进入了这个新月地带。于 1931 年出土的一件左盆骨①首次证明,在旧石器时代,这片新月地带就已经有了人类的痕迹。不过,在太平洋战争期间(1937—1945)②,这件骨头毁于空袭,它的发掘者只得用后来发掘的、日本境内的其他旧石器时代的遗物来证明这一点。

这些旧石器时代及其后中石器时代的狩猎者们追踪并捕杀古棱齿象、巨鹿等大型猎物。一代又一代的狩猎者与他们的猎物共同见证着日本地理特征的变迁。气候与海平面起伏不定,最初,这个新月地带与大陆是连接在一起的,后来,在距今约 12 000 年前,海水涌入低地,新月地带与大陆分离,并形成了一串岛链。语言学家们发现,早期的觅食人群使用着三种不同的语言,分别是乌拉尔-阿尔泰语系(日语、朝鲜语、东北亚语与突厥语)、汉藏语系(藏语、缅甸语)以及南亚语系(越南语、高棉语与中国境内几种少数民族的语言),这也显示出了他们各自的迁徙路线。到了更新世末期,即所谓的"更新世灭绝"时期,日本早期的觅食者们已经过度捕猎了列岛上绝大多数的大型哺乳动物,饥饿的人类遍布各地。

无论操持何种语言,这些人类觅食者都不是唯一的、游荡到新月地带的狩猎种群。狼群也逡巡而至。日本各地都发现了西伯利亚狼的头盖骨。这些体型庞大的狼群在本州北部的针叶林里捕猎觅食,猎获草原野牛等大型猎物。这些野牛身形巨大,头骨长角,有些角的长度甚至超出一米。然而西伯利亚狼的个头也不遑多让。它们在牛群旁边游弋着,伺机寻找受伤的掉队者。我们可以这样推测:人类并不是导致更新世灭绝的唯一觅食者,他们不过是最终收拾了残局。在距今约

12

---

① 此左盆骨系日本考古学家、古生物学家直良信夫(1902—1985)于 1931 年在兵库县明石市西八木海岸崩塌土层处发掘。

② 学界对于太平洋战争的起始时间存在争议,有 1941 年 12 月 7 日珍珠港事件说、1937 年 7 月 7 日卢沟桥事变说和 1931 年 9 月 18 日九一八事变说等。

12 000年前,随着列岛与大陆分离,落叶林取代了针叶林,这使得大型野牛和那些以它们为食的、饥饿的觅食者失去了宝贵的草地。因此,气候的变迁以及随之而来的森林的变化也是导致更新世灭绝的原因之一。此时,由于大型猎物的灭绝,西伯利亚狼进化成了体型较小的日本狼,它们在 20 世纪初也灭绝了。这个时期还见证了日本常见物种的出现,比如日本鹿、野猪与其他体型更小的动物。在这个关键时期,日本地理形态的变化——从新月地带演化成群岛——的确促进了历史的发展。对于现代人类觅食者来说,他们的聚落形态、居住方式和狩猎路线都发生了变化;对于狼群来说,它们的形状与头骨的大小也发生了变化。但后来的(特别是弥生时代以后的)人类开拓者表明,他们能够更好地将这片列岛改造为家园,以适应生存和文化的需求。

在距今约 12 700 年前,新月地带演化为列岛,觅食者发现或引进(考古学家对此仍无定论)了一项意义深远的突破性技术:陶器制造。最早的陶器碎片出土于九州西北部的福井洞窟①,在当时,这个地区是与大陆交流的枢纽。但令人颇伤脑筋的是,中国和其他地区却还没有出土过年代如此久远的陶器。考古学家将这些人称为"绳文人",因为这些陶器上经常有精心打造的、绳子一般的花纹,这些花纹作为装饰,被刻在罐体的周边或其他部位。这项技术进步使得觅食者更易定居,因为他们现在可以加工那些以前不适合人类食用的植物与贝类动物,还可以蒸煮海水制盐以供消费或交易。栽培作物成了晚期绳文人在生活方面的一个特征,不过,与新石器时代的其他人类集团相比,他们的农业更简陋、更有限。第一个绳文人——日本的"亚当",于 1949 年在平坂贝塚②内被发现,屈葬③,直立身高 163 厘米,比当时男性的平均身高超出了大约 3 厘米,女性则被认为要更矮一些。未经使用的智齿和其他证据表明,他的寿命并不长。当时女性的平均寿命约为 24 岁,男性则要多出大约 10 岁。随着世纪的流转,绳文陶器的样式也发生着变

① 福井洞窟位于长崎县佐世保市吉井町。
② 平坂贝塚位于神奈川县横须贺市若松町二丁目。
③ 屈葬,亦称屈肢葬,即将死者手足关节折叠埋葬的葬仪形式。

化,但始终不失华丽,它们拥有漩涡状的图案与雕刻,精致的把手和其他装饰,虽不实用但形状精美的狭窄底部。对于游牧生活来说,较尖锐的底部是有利的,它让罐子能够立在松散的土地或沙地中,但在定居生活中地表坚硬,这些罐子并不实用。尽管如此,陶器的日益精细化表明,它们被广泛应用在宗教仪式以及日常的家庭生活之中,这也使得我们得以一窥列岛早期居民的宗教生活。

绳文时代的猎人改进了弓,与早期的矛刺相比,这种弓能够将致命的投掷物更快射出。狼狗跟随着绳文猎人一同狩猎小型猎物,它们或许是随着旧石器时代的觅食者们进入到了新月地区。神奈川的夏岛贝冢①中发掘出的狗的骨骼,距今已有9 500年。考古学家还发现了精心制作的陷阱系统,毫无疑问,这些陷阱被用来捕获、刺穿野猪或其他猎物。此外,绳文人赖以为生的食物还包括:水果、坚果、球茎、淀粉类块茎,软体动物、蛤、牡蛎等贝类动物,海鲷等鱼类。沼津贝冢②里的骨制鱼叉和鱼钩表明,绳文人已经成了技术娴熟的捕鱼者。但是,仅有这些还是不够的:骨骼类遗物表明,绳文人仍处在营养不良的状态之中,而且他们的生育极不稳定。食用高卡路里的坚果意味着,大多数人的牙齿从冠部开始蛀烂,这会异常痛苦。在较大的绳文聚落里,房屋呈环状分布,中间是用于葬礼、食物储藏、举行仪式的公共空间。条件更加优渥的家庭有用来支撑斜屋顶的堀立柱③,这使得绳文人可以积累更多的财产,其中便包括土偶④或者陶制小雕像。这些小雕像描绘的通常是丰润的女人,表明仪式的目的是祈求生育和顺产。性器崇拜显示出了与生育有关的各种仪式。蛇头状的花纹为与蛇相关的仪式提供了值得注意的证据,这些仪式的主导者或许是村落中的祭司。一些遗骨没有成人的牙齿,这表明存在某种拔牙的仪式,而这或许是一种成人礼。

---

① 夏岛贝冢,位于神奈川县横须贺市夏岛町。

② 沼津贝冢位于宫城县石卷市万石浦。

③ 堀立柱,此处用于描述竖穴式居住。竖穴式居住是指在地表挖洞,将其地面平整为地板,其上加屋顶而成的居住形式;其中用于支撑的柱子即堀立柱,洞称竖穴或柱穴。

④ 土偶,仿人形土器。

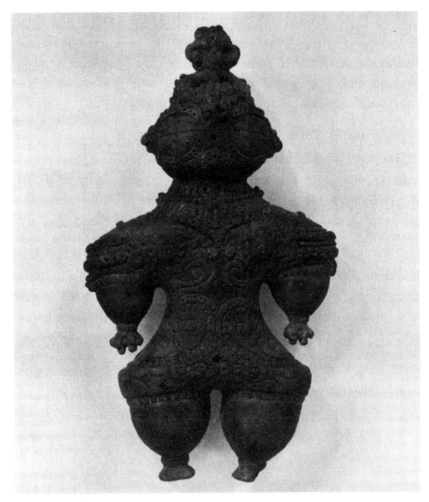

图 1　绳文土偶,宫城县

有些体积更大的陶罐,被称作"胞衣壶"①,里面装有胎盘甚至婴儿的遗骨,这反映出精细而复杂的葬礼仪式。

14　　虽然绳文人的生活日益复杂精细,但他们依然挣扎在生存的边缘,在面对环境变化与猎物减少时,绳文人显得措手不及。在距今约4 500年前,全球降温导致草本植物数量锐减,进而导致哺乳动物与坚果的减

————————

① 胞衣壶,即装有人类胎盘并做埋纳处理的容器。

少,而绳文人很快便发现,在面对食物短缺与饥荒时,他们显得脆弱无比。即使带着嗅觉敏锐的、可靠的猎犬,绳文人还是越来越难找到鹿和野猪,因此,他们不得不去捕杀体积更小的猎物,诸多内陆聚落也开始向沿海迁徙,以便更好地捕鱼觅食。一些学者认为,在距今 4 500 年前,日本人类的数量达到了 26 万,而在接下来的一千年里,数量减少到了 16 万。为了适应栖息地与不断变化的自然环境,绳文人已经竭尽全力,无法再有突破了。

## 农业的出现

考古证据表明,严格而言,自绳文时代中期(前 3000—前 2400)以后,新石器时代的早期农耕就已发轫。绳文人种植薯蓣与青芋,这些作物源自中国南部地区;他们还掌握了百合、马栗以及其他作物的种植技术,这些作物与他们的生存息息相关。把青芋或百合放在枝条编成的盘子上蒸,便可以制成简单的食物,考古学家们已经在长野县发掘出了相关的残留物。在绳文时代晚期(前 1000—前 250)的陶器上,考古学家们发现了稻米颗粒的痕迹。由此可见,绳文人已经开始种植一些简单的农作物,但是,除了局部的森林开伐外,他们并没有为了适应农业生产而去设计、改造环境。设计、改造环境以适应农业生产,这是弥生时代才出现的文化标志。1884 年,考古学家在东京大学校园内发掘出了第一处弥生遗址;后来,1943 年,在静冈县的发现让弥生时代的独特性愈发清晰起来。

起初,弥生时代的农业或许仅限于九州岛南部的荞麦与大麦种植。这两种谷物被认为都是源于大陆、由弥生时代的移民带来的,根据头骨遗物可以判断,这些移民似乎代表着一股新的进入列岛的迁移浪潮,他们或是与新石器时代的绳文人比邻而居,或是慢慢将其取代。弥生人似乎源自北亚,而与此不同的是,绝大多数的绳文人被认为源自东南亚。弥生时代的遗民身材更高、脸型更长,但随着时间的推移,他们失去了一部分身体特征,这或许是长期营养不良的结果。但是,在来到列岛之初,弥生人便以更快的速率繁衍起来。实际上,弥生人的生育率是如此之高,有人估算,在到达列岛三百年后,他们已经占据了总人口的

80％。他们显然更加健康,也比之前的觅食者更有繁殖力。

这些新的定居者们还为列岛带来了与水稻种植相关的技术知识。在与弥生时代同期的中国两汉王朝(前 206—220)的史料记载中,列岛被称为"倭国"。随着弥生新移民的到来,水稻种植技术在倭国传播开来,几乎覆盖了日本的西部和中部地区。弥生早期的水稻工程相对复杂:精致的水渠灌溉系统、堰、稻墙以及用以保证合理灌溉的引水和排涝闸。基于水稻农业,考古学家们推测,到 1 世纪,弥生时代的人口或许已达到 60 万至 100 万。让我们感兴趣的是,一些历史学家认为,在公元前 221 年至公元 907 年期间,随着儒家思想、佛教以及中国的汉字在大陆和周边地区的传播,东亚文化圈逐步形成。我们或许也可以把稻作农业作为东亚文化的特征之一。虽然儒学在此期间尚未能重构日本人的家庭观念、社会意识乃至统治理念,但随着稻作农业的出现,日本已然进入到了东亚文化圈之中。

随着汉朝对古朝鲜国(前 233—前 108)①的征服,以朝鲜半岛作为媒介,其文化影响力传播到了弥生时代的列岛。公元前 108 年,汉武帝在朝鲜半岛设立了汉四郡②,以统治这一地区及其人口,列岛从这条新开放的、沟通中国的通道中受益良多。中国的铜镜、朝鲜的手工艺品、铁制或铜制武器的残片都反映出列岛与大陆地区之间活跃的贸易往来。日本的水稻种植业的源头可以追溯到长江三角洲。对于弥生时代的耕作者来说,水稻之所以有吸引力,或许是因为水稻可按需储藏、烘烤并食用。正是弥生时代的耕作者设计了高床式仓库③,这使得储藏的稻米免于霉菌、蛾子和老鼠的破坏。在九州西北部的弥生时代早期的遗址(例如福冈县的板付遗址④)中,水稻还只是诸多农作物中的一种;而到了弥生时代的中期与后期,水稻已然是最为重要的农作物之一了。在板付遗址中,木桩被用作稻田的分界标,而这一遗址中还遍布

---

① 古朝鲜,汉武帝设立汉四郡之前古代朝鲜(檀君朝鲜、箕子朝鲜、卫满朝鲜)的统称。
② 公元前 109 年—前 108 年,汉武帝灭卫满朝鲜,设乐浪、真番、临屯、玄菟四郡。
③ 高床式仓库,高床式即干栏式,在底部加上支柱、使建筑高出地面的建筑样式。
④ 板付遗址位于福冈县福冈市博多区。

着用于掩埋和储藏的柱穴。狗和小马在聚落周围徘徊,而鹿和野猪的骨头表明肉类已经出现在了弥生人的食谱中。沟渠环绕在板付遗址的周围,它们或许被用来灌溉水稻,或许也被用作防御性的环壕。板付遗址还出土了瓮棺墓①,罐内大多是儿童。在弥生时代中期,瓮壶横葬;在弥生时代后期,瓮壶竖葬,罐口朝下。② 显而易见的是,部分瓮壶相当巨大,这表明瓮壶制作的专业化程度极高。考古学家们在瓮棺墓中发掘出了中国和朝鲜半岛的手工制品,由于其数量可观,有人推测,九州西北部曾是传说中的大和国——日本历史上第一个王国——的中心区域。我们将在稍后讨论这一问题。

登吕是又一处较为发达的弥生遗址③,它是安倍川④沿岸的一个村落,在被洪水突然摧毁前,这里有大约 50 块精作稻田。这一体现了较高技术水平的遗址包括水闸、灌溉水渠、水井以及一种形似后来神社的储藏设施⑤。考古学家们推测,登吕的生活比较公社化,在一座出土房屋当中,有各式各样的木制工具,它们在某种程度上也是公有的。但是,有吸引力的地区会诱发竞争乃至战争,一具长崎根狮子町出土的女性遗骸的颅骨上嵌着一支青铜箭镞,这反映出当时斗争的激烈。吉野之里遗址⑥是九州北部的一个军事聚落⑦,那里出土的一些遗留物表明,或许有一些人遭到斩首(然而这一观点仍有争议)。青铜成了极为重要的输入品,后来,列岛内部也开始冶炼金属,并制造武器和铜铎⑧等贵重的传家宝。青铜石范⑨表明,在公元前 1 世纪,列岛已经开始制

---

① 瓮棺墓,即以瓮、壶等罐状陶器为馆的墓葬。

② 绳文、弥生时代的墓葬形式极为复杂,在不同的区域、同一区域的不同历史时期,墓葬形式有所差异,学界一般认为:依据遗体摆放的形式,有屈肢葬、伸展葬等;依据棺的材质,有石棺墓、木棺墓、瓮棺墓等;依据棺的摆放,有横葬、竖葬、斜葬等。

③ 登吕遗址位于静冈县静冈市骏河区登吕五町目。

④ 安倍川流经静冈县静冈市葵区至骏河区的河流,是安倍川水系的干流。

⑤ 学界一般认为,登吕遗迹发掘出的储藏室即高床式仓库。

⑥ 吉野之里遗址,位于佐贺县神埼郡吉野之里町。

⑦ 日语称环壕聚落。

⑧ 直译为钟(Bell),这里应指铜铎,弥生时代的、形似吊钟的青铜器。

⑨ 直译为"砂石制的青铜模具"(Sandstone bronze mould),这里应指青铜石范。范,模具;石范,以砂石为原料制作的模具。

造武器甚至铜铎。青铜制造带来的运输需求值得追问,至少铜的来源是个问题。考古学家们相信,弥生时代的工匠们重复利用来自大陆的青铜器,并进口铅锭,因为鲜有证据能够证明 7 世纪以前的列岛存在地表铜矿。

## 文献记载中弥生人的生活

中国使节的观察,为了解弥生后期的生活、仪式与统治提供了一扇窗口。57 年,东汉向倭国派遣使节,并于 107 年再度遣使,尽管当时中国王朝内部混乱不堪,导致朝鲜各郡一度易手,而后者乃是青铜、植物栽培、水稻种植技术传入列岛的门户之一。在中国的文献中,最具代表性的是《魏志》(287)。到了 3 世纪,东汉覆灭,定都洛阳的曹魏政权(220—265)统治着中国的大片疆域。不仅魏国遣使赴倭,倭国大夫难升米①及其使团亦朝魏回礼。他们献礼于魏国皇帝曹叡,魏国回赐金印,"今以汝为亲魏倭王"——这是一个明确的线索,表明中国的王朝相信倭国隶属其朝贡体系。《魏志》记载:"是汝之忠孝,我甚哀汝。"魏国将领敦促难升米:"其绥抚种人,勉为孝顺。"②很明显,列岛居民已经越来越难以抵抗东亚文化圈的吸引力了。

倭国的外交路线主要是通过汉朝的带方郡③,带方郡亦地处朝鲜半岛,这里是魏国使节赴倭的起点。截至 297 年,已有约 30 个倭国的首领遣使往来于曹魏都城与列岛之间。魏国使节详细记述了途中访问

---

① 难升米(生卒年不详),邪马台国大夫。

② 本书原文为"Wei generals urged Grand Master Natome to ..."《三国志·魏书·东夷传·倭人》记载:"……诏书报倭女王曰:'制诏亲魏倭王卑弥呼:带方太守刘夏遣使送汝大夫难升米、次使都市牛利奉汝所献男生口四人、女生口六人、班布二匹二丈,以到。汝所在逾远,乃遣使贡献,是汝之忠孝,我甚哀汝。今以汝为亲魏倭王,假金印紫绶,装封付带方太守假授汝。其绥抚种人,勉为孝顺……'"——此处所谓的"魏国将领"应指带方守(即带方郡太守)刘夏,但"督促难升米"的并非刘夏。

③ 带方,即带方郡。189 年,辽东太守公孙度(150—204)将乐浪郡收入辖内,其子公孙康(生卒年不详)于 204 年将乐浪郡屯有县(学界一般认为在今黄海北道)以南的部分设为带方郡;后来,公孙康归附曹操,带方郡遂属东汉;公孙康死后,其子公孙渊(?—238)于 237 年独立,自称燕王,带方郡属燕国辖地;次年,魏国太尉司马懿(179—251)灭公孙氏,带方郡属曹魏。

的几个倭国首领,包括倭女王,文本写作"邪马壹国,女王之所都",许多人认为这是魏国文书的错误,当然,实际上这个名字很接近"邪马臺"。通过女王卑弥呼①,我们第一次有机会窥见当时日本的王权。

我们有必要记住朝贡体系定义下的文化视角,中国使节们通过这个视角看待卑微的倭国,尽管如此,文献中的描述仍具有极高的价值。例如,它们证明了弥生时代的列岛确实存在战争,"倭国乱,相攻伐历年……居处宫室楼观,城栅严设,常有人持兵守卫"。247年,"倭女王卑弥呼与狗奴国男王卑弥弓呼素不和,遣倭载斯、乌越等诣郡说相攻击状"。倭女王凭借自己"事鬼道,能惑众"而居王位。有一个与她异性共治的人:"有男弟佐治国。"在日本早期的"大王"②之中,异性共治确实是一种普遍现象。

一个令人惊讶之处就是魏国使节对于倭国明显的赞赏。使节写道:"其风俗不淫。"他们描述道:"男子无大小皆黥面文身。"还写道:"今倭水人好沉没捕鱼蛤,文身亦以厌大鱼水禽",一段时间以后"稍以为饰",且在各领之间有所差别,"或左或右,或大或小,尊卑有差"。"父子男女无别",这一点显然有悖于中国儒家的孝悌与等级观念。甚至在敬酒时"见大人所敬,但搏手以当跪拜"③,这些或许令魏国使节吃惊甚至反感。虽然社会关系中没有儒家规范,但这里"妇人不淫,不妒忌"。倭国被描绘成一个欣欣向荣之地,仓廪满溢,国家管辖之下的集市熙熙攘攘。倭国也存在阶级差别——我们可以从弥生时代的丧葬中看到这一点——以及分封臣属关系。

最后,《魏志》还描述了占卜和丧葬所体现出来的丰富的精神生活,其中最为显著的是卑弥呼的葬礼。占卜预示着未来:"其俗举事行来,有所云为,辄灼骨而卜,以占吉凶,先告所卜,其辞如令龟法,视火坼占

---

① 卑弥呼(?—约247),邪马台国女王。

② 大王,日本早期国家或部族首领的称谓。

③ 本书原文为"Even when greeting, that 'aristocrats clap their hands instead of kneeing or bowing'"。《三国志·魏书·东夷传·倭人》"见大人所敬,但搏手以当跪拜",而"搏手"与"跪拜"的主体皆非"大人"。

兆。"这一记录将倭国的占卜行为置于东亚的语境之中,或因这种占卜方式在中国商朝(前1600—前1046)业已出现。这种占卜方式极有可能是随着青铜器与农业技术,由朝鲜半岛传至九州东北部的。占卜对于战争的结果、出行以及农业起着关键作用,而占卜能力或许是卑弥呼的王权及相应的政治合法性的组成部分。

《魏志》还细致地考察了弥生时代的丧葬活动:

> 其死,有棺无椁,封土作冢。始死停丧十余日,当时不食肉,丧主哭泣,他人就歌舞饮酒。已葬,举家诣水中澡浴,以如练沐。

考古记录证实了弥生时代瓮棺葬的存在,但《魏志》中的"棺"也许是木质的。引人好奇的是紧接着哀悼之后的"水中澡浴",因其类似于后世的神道仪式。随着高床式建筑与净身沐浴的出现,一些后世神道仪式的早期要素在弥生时代的生活之中就已经初现端倪。

卑弥呼去世之时,"大作冢,径百余步,徇葬者奴婢百余人,更立男王,国中不服,更相诛杀,当时杀千余人"。[①]倭国的政治权力在这个时候达到了顶峰,倭女王去世后,精美复杂的坟墓歌颂着她的生平,诉说着她今世甚至来生的伟大成就,倭女王的坟墓标志着列岛进入到了考古学意义上的又一个重要的历史时期:古坟时代(250—700)。

## 古坟与大和国

卑弥呼诞生于战乱频仍的弥生后期,作为一位实现一统的女王,她平息了经年的战乱,并开启了与中国之间正式的朝贡关系。学者们提出了诸多假说,将卑弥呼逝世前后视作古坟时代和大和联盟[②]支配地位开始形成的时期。一个引人注目的理论再次提及了气候变迁与环境变化。历史学家通过中国的文献记载了解到,在弥生后期和古坟初期,

---

①　本节引文均出自【西晋】陈寿:《三国志·魏书·东夷传·倭人》。

②　直译为"大和联盟"(Yamato confederacy),学界一般认为,在弥生时代后期、古坟时代初期,列岛出现了各地首领联盟、统合的情况,本书下文亦有阐述。

尤其是在 194 年前后,气候剧变,这导致饥荒横行、人相啖食,或许还引 21
发了普遍的、对守护神信仰的幻灭感。我们可以把卑弥呼视作那一场
针对本土守护神的宗教动乱的急先锋,她平息了干戈,打碎了联系旧神
明的铜铎,支持那些与镜相联的新神明。这至少是对某些考古证据的
一种解释。卑弥呼与新的神明成了中心,她凭借神通——她的巫术和
"事鬼道"——与这些神明交流。或许可以推测,人们建陵墓、尊崇镜,
是借此期盼着更好的日子。例如,考古学家在兵库县发现了一个碎成
了 117 片的铜铎。铜铎被人破坏得如此细致,使考古学家们强烈怀疑
这是有意为之,意在驱逐那些原先与之有所联系、但现在已经虚弱无力 22

图 2　古坟时代的铜镜,群马县

的旧神明。我们或许可以再一次推测,卑弥呼将其法术化为了联系新神明的媒介,太阳神天照大神①是新神明的首领,也是后来日本帝国众生的守护神。

卑弥呼还代表着新兴的军事阶级,这一阶级是在弥生时代晚期的战事中历练出来的。军事阶级的精英们靠着大和社会中日益增长的农业剩余发展起来,这些剩余转化成了惊人的前方后圆坟。铁匠们将铁锻造成了更好的武器,它们大多随其主人入葬。古坟时代的聚落比弥生时代的更为精致,常常带有更为庞大的木质结构,以及壕沟或石质屏障。大片的房屋与竖穴式住所表明,更大的家族同居在了一起。在这些家庭中,女性在政治和生产中扮演着尤为重要的角色:将近一半的坟墓中出土了女性遗体,这说明她们能够拥有包括铁制武器在内的各种资源,并具有政治影响力,而这或许源于古镜巫术。墓中还藏有金质饰品,包括耳环与腰扣。

卑弥呼还象征着一种新型国王的诞生,这种新型国王以及我们接下来将要看到的、日本最早的天皇②,成了大和国家的权力中心。对于大和国家,最恰当的描述是联邦,在这里,国王行使着对附庸首领的支配权,通过象征性的馈赠与同质化的仪式,巩固中央与外围之间的关系。至于说大和国的中心位置在何处,学者们仍有争议,最有可能是在本州岛西部,也有可能是在九州北部,以吉野之里的军事聚落为首都。古坟时代得名于前方后圆坟,它们为大和国政治权力的中心提供了证据,尽管这种证据尚有争议;鲜有争议的是,大和的王们通过控制丧葬仪式来彰显其对王国乃至后世的统治。最大、最精致的坟墓建造于大和的中心,而较小的、相对不那么精致的坟墓则建于外围地区,历史学家称之为"前方后圆坟体制"。而重要的是,列岛境内普遍采用了前方后圆的坟墓样式,这在某种程度上暗示,当时存在着由政治核心所规定的、制度化的丧葬仪式。这些早期的古坟,例如奈良县的缠向石冢古坟③,就提供了

23

①　天照大神,太阳神格化的象征,日本皇室祖神。
②　关于"天皇"称谓的出现,学界仍存在争议。
③　缠向石冢古坟位于奈良县樱井市。

列岛社会阶级分化、贸易发展、王权出现的有关证据。这些古坟表现了大和联盟内部的地方权威与权力，它们还强烈地暗示着，大和的政治中心是在奈良县，而非九州北部。

前后相继的数位大和之王强化了中央集权，而古坟也不再是其唯一的象征。5 世纪的统治者雄略大王①在送呈中国皇帝的书信中自称倭国的王，并吹嘘他在国内和朝鲜半岛的军事征途，他写道："自昔祖祢，躬擐甲胄，跋涉山川，不遑宁处……东征毛人五十五国，西服众夷六十六国，渡平海北九十五国。"②大和的王及其祖先们已经成了军事首领。在稻荷山古坟等日本中部的古坟群出土的铁剑③上刻有铭文，揭示了雄略大王与地方首领之间臣属关系的本质。铭文详细记录道："获加多支卤大王寺在斯鬼宫时，吾左治天下，令作此百练利刀，记吾奉事根原也。"④

与军事文化、臣属关系一样，倭国的男女共治也是有关大和国王行为的记述中最重要的组成部分。不仅卑弥呼及其弟，后来的大王寸津毘古与寸津毘壳⑤、推古天皇⑥与圣德太子⑦、天武天皇⑧与持统天皇⑨，均共同统治着倭国。这种共同统治，可能是将倭国置于中国式的、阴阳相克相生的宇宙观内的结果，随着东亚联系的日益紧密，这种宇宙观渐渐渗透到了倭国的政治思想之中。正是卑弥呼这样的女性，在倭国的土地上履行着神圣的义务。然而，随着东亚联系的日益紧密，倭国王权

---

①　雄略大王，即雄略天皇（418—479，456—479 年在位），第 21 代天皇，和风谥号大泊濑幼武尊。

②　【刘宋】范晔：《后汉书·东夷列传·倭》。

③　稻禾山古坟位于埼玉县行田市，所出土的铁剑即稻荷山古坟出土铁剑。

④　《稻荷山古坟出土铁剑铭文》。获加多支卤大王，学界一般认为即雄略大王。

⑤　寸津毘古、寸津毘壳，《长陆国风土记》中的人物；《长陆国风土记》，长陆国地志，713 年开始编纂，721 年成书；长陆国，今茨城县大部。

⑥　推古天皇（554—628，593—628 年在位），第 33 代天皇，和风谥号丰御食炊屋姬尊。

⑦　圣德太子（574—622），本名厩户，推古朝摄政，学界对其生平的真实性存在争议。

⑧　天武天皇（？—686，673—686 年在位），第 40 代天皇，和风谥号天渟中原瀛真人天皇。

⑨　持统天皇（654—703，686 年称制，690—697 年在位），第 41 代天皇，和风谥号大倭根子天之广野日女尊。

中的男性色彩愈发强烈。

24　　倭国向男权社会转化的一个关键证据是,在推古天皇执政的 7 世纪早期,佛教被用作抗衡父权的武器。推古天皇修习佛经,尤其是《胜鬘经》①等经书,该经讲述了一位虔诚而又杰出的古印度王女的故事,阐明了菩萨亦会以女姿现世。推古天皇还监管了本堂佛像的建造(608),该佛像高 5 米,乃释迦牟尼像。② 她的统治联盟——其所统辖的朝廷——已经受到了儒家价值观念的影响,这种价值观重新阐释了政权与神权的理念,并愈发地父权化。身在这样的处境中,这部经书必定深深吸引着她。她还在小垦田建造了倭国历史上的第一个首都(603)③。那里拥有一处精美的集市,以及数条通往内陆与港口的干道。

在推古天皇探索佛教中女性王权理念的同时,与她共治倭国的圣德太子引进了儒家理念,并借此强化了大和国的政治权力。而这种趋势正是推古天皇抗争的对象。圣德太子起草了著名的"十七条宪法"(604)④,强调官僚政治与儒家原则。重要的是,它还为大和国的统治赋予了本质上的、内在的道德合理性。圣德太子的"十七条宪法"写道:"君则天之,臣则地之。"⑤同时,宪法还强调与官僚政治相一致的"礼"与"仁政"。这部文献与后世的"大化改新"(645)⑥、《大宝律令》(702)⑦、《养老律令》(718)⑧相结合,共同推动了日本律令国家的建立。

---

① 《胜鬘经》,即《胜鬘师子吼一乘大方便方广经》;胜鬘夫人,该经的主人公,印度古王国舍卫国波斯匿王之女。

② 本堂佛像,本堂即佛堂的一种,是寺庙中安置本尊佛的建筑。根据作者描述,这里或指飞鸟寺"丈六释迦像"的营造。

③ 小垦田宫,据近年的考古发现,学界认为其最有可能位于奈良县明日香村的雷丘附近。

④ 十七条宪法,学界对其是否系圣德太子所为存在争议。

⑤ 【奈良】舍人亲王撰:《日本书纪·卷第二十二·推古天皇纪·十二年春正月戊戌朔条》。

⑥ 大化改新,即以 646 年发布的"改新之诏"为标志的政治改革,学界对于"大化"年号的出现、收录于《日本书纪》中的"改新之诏"的真伪存在争议。

⑦ 《大宝律令》,702 年颁布的日本的律令,律 6 卷、令 11 卷。

⑧ 《养老律令》,718 年制订、757 年颁布的日本的律令,律 10 卷 12 编、令 10 卷 30 编。

律令制指的是一种在刑事与行政法典规定之下的法律官僚体制。在 7—8 世纪期间,倭国内部的行政官僚统治业已发轫。7 世纪的统治者天武天皇在《万叶集》(8 世纪)①的一首和歌中被描绘成神——"上神"。而另外一首歌中写道,"天武天皇日之子,子孙一统精宫原"②——这是大和国统治者被逐渐神格化的开始,而这一神话一直持续到了 20 世纪。大和的王们从神圣的统治者演进为神明本身。天武天皇在飞鸟净御原建造了迄今为止最为壮观的仪式中心(飞鸟净御原宫),其中包括各部官衙、正殿与池苑。在 689 年,天武天皇颁布《飞鸟净御原令》,概述了管治僧侣、司法、君臣关系以及官员选拔等事项。7 世纪末期执政的持统天皇是第一位被称为"天皇"的日本皇帝。持统天皇将仪式的中心迁到了飞鸟净御原以西的新都藤原京③,它仿造中国都城而建,而且符合《周礼》的哲学原理。宫殿位于藤原京的中心地带,地近朱雀大路④。在这个新的都城内,举行着各式各样的华丽的仪式,例如新年、新尝祭等。后来,在 669 年,倭国始称"日本"(にほん),今天日本的国名由此开始。

## 结语

在 8 世纪初,精耕细作的农业社会内部形成了日本国及其天皇。而这一切的形成也源于剧变的气候、食物的匮乏、内部首领的战乱纷争甚至宗教动乱。此外,这还受到了与东亚地区持续交往,以及在与中国王朝的交往中不断积累的正统性的影响。后来,当权者们利用神话、珠宝头饰以及其他王的标志作为自己的装饰,并建立起武装守卫与防御工事。他们的后继者将他们及其财产葬在大型的前方后圆坟之中,以炫耀其奢华的财富。最终,他们自称天皇,称其国家为"日本"("日出之

---

① 本书原文为"Collection of ten thousands leaves"。学界对于《万叶集》书名的由来存在争议,但一般认为是"万の言の叶"之意,"叶"即"言の叶"(语言)。

② 《万叶集·卷二·其一六七》。

③ 在今奈良县橿原市。

④ 朱雀大路,藤原京正中南北走向。

国")。本章讨论的早期律令,如大化改新时期的"班田收授法"①,建立起了国家对于财富所有、流转的控制权,这些都促进了日本历史上第一个官僚制国家的形成。在下一章中,我们将会简要地审视这些律令,并会谈到日本历史上第一个精心建构的宫廷,以及相应的宫廷文化,因为它们对奈良时代(710—794)和平安时代(794—1185)的政治制度的形成至关重要。

---

① 班田制,即班田收授制,古代日本实施的一种给予、征收、管理农地的制度,是日本律令制度的根基之一,国家掌握土地所有权,并根据户籍与记账(律令制下公文书的一种)向具有受田资格的民众班给土地,而受田者须承担租(交纳谷物)、庸(承担徭役)、调(纳绢代役)。

# 第二章　律令时代(710—1185)

　　随着大和国家的发轫及其皇统的诞生,日本进入到了奈良时代(710—794)与平安时代(794—1185)。这一新生的帝制政权的历史与其他初生的君主制国家有着诸多相似之处:边疆的战争与征服、司法与行政官僚制的实施、都城的规划、上层对剩余财富的垄断,以及繁荣的高雅宫廷文化。日本的律令时代正是作家紫式部(978—1014)笔下的虚构人物光源氏①活动的舞台。虚构出来的光源氏是生活于这一盛世的贵族,他精于和歌,与像夕颜②这般凄美的女子们谈情说爱,他与友人一同吟诵着鸟啭虫鸣,巧妙优雅地游走在平安朝复杂的社交圈中。他的心境往往忧郁而敏感,总是被这转瞬之世中的忧愁牵动着:这些稍纵即逝的事物催生了佛教式的审美观。重要的是,平安时代的这种自然的审美观,特别是保留在和歌中的那些审美观,长期影响着日本人对于自然界的认知。

　　日本律令时代的形成始于奈良朝廷对虾夷③的征服,虾夷是地处

---

　　① 紫式部所作小说《源氏物语》的主人公,平安时代贵族,桐壶院二皇子。

　　② 此处原文为"Evening face"。夕颜,《源氏物语》第四帖登场的女性,因文中用夕颜花来形容她而得名,其义并不是"傍晚的脸"。

　　③ 虾夷,古代日本大和朝廷对日本列岛东北部及北海道地区的异族的称呼,这一用语的起源学界存在争议,有"毛人说"、"东夷说"、"勇者说"等等。

列岛东北部的一群狩猎、采集者,自 4 世纪以降,源自中国的变化已经席卷了日本,但虾夷人在很大程度上并未受到影响。我们最好将他们描述为绳文时代的遗民:这是一群生活在律令(刑法和行政法)之外的人,而到了 7 世纪,日本诸核心地区①的人们的生活已日渐受到律令的左右。奈良朝廷建立了一个精细复杂的佛教国家,以及一套中国式的行政官僚政治以处理全国事务。天皇们沿着大和先祖的轨迹,成了大祭司与帝国的"现人神"②——至少在《古事记》(712)③里就已经记载了他们与太阳神共有祖先。《古事记》略过了日本天皇谱系中断的部分④,其要旨在于讲述这一片国土的起源神话。8 世纪的其他文献,例如《日本书纪》(720)⑤,类似于中国的王朝史书,它们记录了大和君主出现以后的历史。王朝的谱系殊为重要,因为它们与律令一同巩固了政治权力,并促使其合法化。到了 8 世纪末,平安文化已经发展为一种佛教政体与律令统治等多种元素构成的混合物。

## 虾夷及其大和对手

大和国家的出现并不意味着一统,因为并不是所有的绳文觅食者都屈从于东亚的引力,他们之中的一部分也没有向那些更富足的、为列

---

① 原文"Province"一词对应律令制度下的若干概念;奈良、平安时代地方制度变动频繁,有"国评里制"(646—701)、"国郡里制"(701—716)、"国郡乡里制"(716—740)、"国郡乡制"(740—);根据本书语境,"Province"似对应律令制下的"国"与"郡"。国,即令制国,又称律令国,日本古代律令制设置的地方行政区划,行政机构称国衙或者国厅,国衙所在地称国府,其官员称国司(分为守、介、掾、目四等官)。

郡,日本古代律令制设置的地方行政区划,其行政机构称郡衙,其官员称郡司(分为大领、少领、主政、主账四等官)。

② 现人神,以人的姿态现于世间的神。

③ 古事记,一般认为系太安万侣(? —723)于 712 年完成并献给元明天皇,但学界对于此书真伪、作者、成书时间等皆存在争议。

④ 即欠史八代,是指日本史书中第二代绥靖天皇(《古事记》作"神沼河耳命")到第九代开化天皇(《古事记》作"若倭根子日子大毘毘命")之间的八位天皇,其有年表却无史记。学界对所谓的"欠史八代"仍存争议,有"实在说"、"非实在说"、"葛城王朝说"、"古大和王权说"等等。

⑤ 《日本书纪》,日本现存最早的正史,六国史中的第一部,舍人亲王(676—735)于 720年编纂完成。

岛带来了诸多理念的弥生开拓者屈服。两种截然不同的文明于大和国逐渐形成之际显露出来,从而开启了7世纪王朝征服的时代,以一种引人注目的方式塑造了日本人的身份认同。虽然关于日本同质性的神话有很多,但正如我们将要看到的那样,这个国家是在文化差异与帝国征服的烈火中被锻造出来的。

在这一列岛上,各种矛盾冲突的历史使得日本统治的形成过程变得愈发复杂,因为有一股北部的文化势力处在大和帝国的范围之外,他们通过武力反抗着那些已经席卷畿内地区的变革。北方势力并没有立刻接受佛教、儒学、王朝史、律令官僚政治,或总言之,中国式的国家体制。在东北地区,考古学家所谓的续绳文(300—700)人①抗拒着中国式统治方式的向心力,他们延续着采集狩猎的生活方式直至11世纪。中国未能像改变弥生移民以及大和国王那般塑造续绳文人的文化环境。相反,其他来到北部地区的人,例如北海道擦文人②和鄂霍次克的文化③、更远的库页岛人,甚至黑龙江河口地带的人类,却做到了这一点。这些远方的人们而非显赫的中国唐朝(618—907)塑造了北方地区的生活节奏。

在朝廷的公文与史书中,奈良与平安时代的官员们给这些续绳文的后裔打上了"虾夷"这个标签——这是一个蔑称,意思类似于"可恶的野蛮人"——在8世纪,奈良与平安朝廷调动武装力量,对虾夷进行了军事征服。需要指出的是,其他部族也曾抵抗过大和国家的支配——例如土蜘蛛④、国栖⑤以及隼人⑥——但是大和国并未将其蔑称为"蛮

28

---

①　续绳文文化,一般是指以北海道为中心的、前3世纪至7世纪的文化,其内部存在时间与地域的差异,包括南部的惠山文化、中部的江别文化、末期出现的北大文化等。

②　擦文文化,一般是指7至13世纪以北海道为区域的文化,其内部存在时间与地域的差异。

③　鄂霍次克文化,一般是指3至13世纪的、以鄂霍次克海沿岸为区域的文化,包括北海道北海岸、桦太、千岛群岛,其内部存在时间与地域的差异。

④　土蜘蛛,其含义有二:其一,古代大和朝廷对于不服从统治的地方土著的蔑称;其二,妖怪的一种。

⑤　国栖,亦作国樔、国巢,其含义有二:其一,长陆国慈城郡的土著;其二,大和国吉野郡(吉野川上游)山地的土著。

⑥　隼人,古代日本萨摩国、大隅国的土著,其内部又分为阿多隼人、大隅隼人、日向隼人等。

夷";从一定程度而言,他们也隶属于东亚秩序当中,只不过是在抵制着大和国家的霸权而已。他们之间的冲突与其说是文化问题,倒不如说是政治问题。虾夷人则有着完全不同的一点:他们拒绝更庞大、更有组织性的事物。659 年,大和朝廷遣使觐见唐高宗(628—683),虾夷男女二人作为"奇人"陪同其间。中国皇帝对这些虾夷人颇有兴趣,询问他们的出身。使节解释道,他们是来自东北地区的"虾夷",没有定居的村落,过着采集狩猎的生活。① 此外,我们还了解到,他们说"蛮语",这明显表明虾夷人就是续绳文人的后裔,通过偏隅一方、刻意躲避或者武力手段,他们避开了以弥生农业为开端、从九州开始一路向北席卷、直至畿内地区的文化洪流。

　　但是,拒绝接受律令的代价便是征服。奈良朝廷针对虾夷展开的日趋激烈的镇压表明,想要部分服从东亚秩序是毫无可能的。在奈良时代,最北部的军事前哨是多贺城②(仙台附近),它于 724 年左右建成,780 年被虾夷军队摧毁。多贺城的使命是依据新律令的逻辑征服并整顿虾夷人的群落,其长官是"镇守将军"③,即"维护和平的将军",这是后来统治中世与近世的征夷大将军的最早前身。701—798 年期间,即几乎整个奈良时代,有 14 位将军担任过这一职位。奈良与平安早期的官员们还建造了其他城栅,比如秋田城④、雄胜城⑤(二者都在秋

---

　　①　秋七月丙子朔戊寅,遣小锦下坂合部连石布、大仙下津守连吉祥,使于唐国。仍以陆道奥虾夷男女二人示唐天子。伊吉连博德书曰:"……天子问曰:此等虾夷国有何方。使人谨答:国有东北。天子问曰:虾夷几种。使人谨答:类有三种,远者名都加留,次者麁虾夷,近者名熟虾夷。今此熟虾夷每岁入贡本国之朝。天子问曰:其国有五谷。使人谨答:无之,食肉存活。天子问曰:国有屋舍。使人谨答:无之,深山之中,止住树本。天子重曰:朕见虾夷身面之异极理喜怪,使人远来辛苦,退在馆里,后更相见……难波吉士男人书曰:向大唐大使触屿而覆,副使亲觐天子奉示虾夷。于是,虾夷以白鹿皮一、弓三、箭八十献于天子……"(《日本书纪·卷第二十六·齐明天皇纪·秋七月丙子朔戊寅条》)

　　②　多贺城,即多贺栅,日本古代城栅,位于今宫城县多贺城市;城栅,在 7 至 11 世纪期间、大和朝廷建造的军事防御设施。

　　③　镇守府将军,即镇守将军,奈良、平安时代在陆奥国所设置的镇守府"长官";所谓"长官",即"长官·次官·判官·主典"四等官之首。

　　④　秋田城,位于今秋田县秋田市寺内的高清水公园。

　　⑤　雄胜城,位于今秋田县雄物川流域。

田国内);然而,在这些地区,虾夷人进行了顽强的抵抗,无休无止的军事征伐格外残酷。直到 8 世纪末期,也就是在桓武天皇(737—806)①统治的时期,都城从奈良迁到了京都②,畿内首领们进一步加强了对虾夷的征伐,此即"38 年战争"③。在准备阶段,将军们在多贺城储备了大量食物与武器。然而,789 年,虾夷军队在衣川北侧击败了刚刚驻防的、畿内调来的军队。但朝廷并未被震慑住,迁都平安后,800 年,朝廷派遣了新任命的将军。坂上田村麻吕(758—811),一位贵族出身、与天皇关系密切的将领,取得了军事胜利:在 802 年战胜了虾夷军队并将其首领阿弓利为斩首后,他建造了数个新的城栅,805 年,征讨虾夷落下帷幕。

尽管对虾夷的征讨结束于 9 世纪初,但此时北部地区仍然是一个混合着边疆风气的地区:日本的东北部形成了一套不同的文化乐章。甚至直到 11 世纪,东北地区的一些豪族,例如平泉④的奥州藤原氏⑤,还保留了诸多虾夷人的习性,例如,他们在华丽的中尊寺金色堂⑥内,将尸体制作成木乃伊(未见于日本人,但是萨哈林岛人有这种做法)。在日本的中世,这些地区因其放马的牧场而闻名,这也表明其与北方地区之间存在着联系。至于说虾夷征伐留下的其他的历史遗产,12 世纪出现的阿依努文化,以及武士的出现都可归功于此。这些镇守部队曾

---

①　桓武天皇(781—806 年在位),第 50 代天皇,和风谥号日本根子皇统弥照尊。

②　京都,794 年桓武天皇迁都时称平安京。

③　38 年战争,学界一般将其分为四个阶段:第一阶段(770—778),从桃生城开始的军事冲突;第二阶段(780—781),以伊治呰麻吕为首的宝龟之乱;第三阶段(789—803),纪古佐美、大伴弟麻吕、坂上田村麻吕先后主导的历次征伐,以志波城筑城为结束标志;第四阶段,811 年,文室绵麻吕(765—823)征夷。

④　平泉町,日本东北地方中部、岩手县西南部的町,邻近奥州市。

⑤　藤原,这里指奥州藤原氏,学界一般认为其是平安末期兴起的、以平泉为核心的、主要势力分布于陆奥国与出羽国的豪族,历经四代;初代当主藤原清衡(1056—1128),其父系藤原赖远(生卒年不详)之子藤原经清(?—1062),其母系安倍赖时(?—1057)之女有加一乃末陪(生卒年不详);其后的三代当主依次为基衡(约 1105—1157)、秀衡(约 1122—1187)与泰衡(1155—1189)。奥州,一般是指陆奥国(今青森县、严守县、宫城县与福岛县)与出羽国(今秋田县、山形县)。

⑥　中尊寺金色堂,今岩手县西磐井郡平泉町中尊寺的佛堂,学界一般认为其建成于1124 年。

在虾夷征伐中奋战,并逐渐在内陆地区安顿下来,最终,他们将会夺取平安朝廷的统治权,并以幕府的形式在接下来的数个世纪中统治这个国家。

## 奈良与神权朝廷

30 　对历史学家而言,与其将征伐虾夷视作新事物——蒸蒸日上的奈良朝廷对崛起的虾夷敌人发动的边疆战争——不如将其视作国家形成这项未竟之业中的一个血腥收官。实际上,冲突随着弥生人的迁移扩散便已出现,中国的文献也记载了伴随大和统治崛起而出现的混乱,这些冲突和文献都以平安朝廷将虾夷将军斩首而告终。在日本,东亚秩序的实现以数个世纪的流血为代价,因为在不完全服从的状况下,这种体制很难发挥作用。

　710 年,虾夷征讨日趋激烈之时,大和国将首都迁到了奈良(即平城京)①,一个精细复杂的朝廷在这里逐步发展起来。正如前面强调的那样,征讨虾夷是奈良时代巩固朝廷统治的一种外延表现,是席卷列岛的官僚政治制度的大潮引发的连锁反应。奈良城仿照唐朝都城长安而建,它成了一个上演着律令制风水秩序、朝廷权力以及神权政治的舞台。如同在朝廷官僚机构中接近天皇就意味着政治权力一样,在地理位置上接近皇居也象征着权力。奈良神权政治秩序的核心是东大寺,它地处奈良城郊,营造于 728—752 年期间。就像前方后圆坟在某种程度上能够代表大和早期君主统治之下的、制度化的丧葬仪式一样,东大寺成为各地新建的国分寺②网络的中枢。寺内的奈良大佛③耗尽了全国储备的铜材,但这一大佛成了奈良朝廷与佛教结成神权联盟的象征。发起建造东大寺的圣武天皇④从大佛寺中看到:"广及法界,为朕智识。

---

　① 平城京,位于今奈良县奈良市以及大和郡山市一带。

　② 国分寺,741 年圣武天皇为宣扬佛教、镇护国家,下令在各(律令)国建立的寺庙,正式名称为国分僧寺(金光明四天王护国之寺)与国分尼寺(法华灭罪之寺)。

　③ 奈良大佛,是东大寺大佛殿的本尊佛像;毗卢遮那佛,汉语作平等寂灭佛,即大日如来。

　④ 圣武天皇(701—756,724—749 年在位),第 45 代天皇,和风谥号天玺国押开豊樱彦天皇。

遂使同蒙利益,共致菩提。"①

　　稍作回溯便可发现,佛教政治的发展远非一帆风顺。虽然这一印度宗教有推古天皇(554—628)的扶持,但佛教在 522 年"公传"②之后还是经历了一个缓慢的初始阶段。正如《日本书纪》所记载,百济③国王的使节赠来一尊年代久远的释迦佛像、佛经以及其他工艺品④,他们还解释道:

　　　　是法,于诸法中最为殊胜,难解难入……此法,能生无量无边 31
　　福德果报,乃至成辨无上菩提。譬如人怀随意宝,逐所须用,尽依
　　情,此妙法宝亦复然,祈愿依情无所乏……⑤

毋庸惊讶的是,通过这样一种宣传,通过对财富、智慧与权力的承诺,佛教融入到了大和国家的生活之中。然而,佛教公传之后瘟疫暴发,推广这个新的信仰尤须谨慎。在引进佛教后不久,"国行疫气,民致夭残,久而愈多,不能治疗"⑥。在中臣氏和物部氏的建议下,天皇下令将佛像丢弃在"难波崛江",佛寺被烧为平地。⑦

　　帝国的顾问们认为,佛像已经触怒了本土的太阳神,即神话中日本天皇的先祖。然而,在铜佛像被丢弃之后,"忽炎大殿"⑧。朝廷发觉自己处境尴尬,夹在了两个互相忌妒的神中间。虽然火灾将大殿化为了

---

　　①　【平安】藤原继绳、菅野真道、秋篠安人:《续日本纪·卷第十五·起天平十五年正月、尽十六年十二月·十五年冬十月辛巳条》。

　　②　直译为"佛教的传入"(Importation of Buddhism),日本学界称"佛教公传",其时间学界存在争议,有"552 年说"、"538 年说"等。

　　③　百济(346—660),朝鲜半岛西南部国家。

　　④　"冬十月,百济圣明王更名圣王,遣西部姬氏达率怒唎斯致契等,献释迦佛金铜像一躯、幡盖若干、经论若干卷。"(《日本书纪·卷第十九·钦明天皇·十三年冬十月条》)

　　⑤　《日本书纪·卷第十九·钦明天皇纪·十三年冬十月条》。

　　⑥　同上。

　　⑦　"物部大连尾舆、中臣连镰子同奏曰:……宜早投弃,勤求后福。天皇曰:依奏。有司乃以佛像流弃难波堀江。复纵火于伽蓝,烧尽更无余。"(《日本书纪·卷第十九·钦明天皇纪·十三年冬十月条》)

　　⑧　《日本书纪·卷第十九·钦明天皇纪·十三年冬十月条》。

灰烬,但是中臣氏与物部氏仍坚持反对礼佛。只有苏我氏试图礼佛,特别是在苏我马子①的庇护之下,而他的外甥女便是推古天皇。自此以后,在苏我氏的庇护下,佛教在朝廷政治以及最终的日本传统宗教之中找到了一个安全的立足点。在本书后面的部分,我们将会讨论佛教的复杂性,因为对许多相互矛盾的宗派需要加以区别对待。

### 外交事务与律令制

律令法典的传入(就像弥生农业和佛教的传入一样)与大陆事务有所关联。当朝鲜半岛的三个国家——新罗②、百济(佛教从这里传入日本)与高句丽③——爆发内战之时,大和国家介入其间,并在朝鲜半岛最南端的任那④地区建立了前哨站。562 年,新罗击败了大和的盟友百济,日本人撤出了任那。661 年,大和再次派遣军队支援百济,但是他们在 663 年的白村江之战⑤中被唐朝军队击败。此时,许多百济遗民和他们的大和盟友撤出了朝鲜半岛,这使得大和生活发生了一场真正的变革。许多来自朝鲜半岛的人成了新的精英,而朝鲜能工巧匠完成了诸多最辉煌的技术成就,其中就包括营造东大寺等建筑功绩。正如续绳文人的反抗一样,推动日本历史发展的,是其文化的多元性,而非其神话当中的所谓同一性。

在大和国家败于唐朝水军之手后不久,中国的朝廷就派遣了若干使节前往大和朝廷。郭务惊至少三次(664 年、665 年与 671 年)出使日本。大和朝廷担心这些官方的访问预示着对其军事介入朝鲜半岛的报复,因而修筑了防御工事与一系列烽火台,以守卫本土前线。不过,唐

---

① 苏我马子(约 551—626),苏我氏全盛时代的代表人物。

② 新罗(356—935),朝鲜半岛东南部的国家,韩国学界诸多学者从神话出发,认为其开国时间为公元前 57 年。

③ 高句丽(前 37—668),中国东北地区南部与朝鲜半岛北部、中部的国家。

④ 任那(?—562),古代朝鲜半岛南部地区,日韩学界对其存在以及地理范围存在较大争议。

⑤ 白村江之战,即 663 年倭国、百济遗民联军与唐、新罗联军在朝鲜半岛的白村江(今韩国锦江河口附近)展开的战役。

朝来访最重要的结果是律令制的强化：大和朝廷认为，一个坚实的、中央集权的国家，才能应对强大的中国唐王朝所带来的威胁。

律令制的关键在于天皇的地位。在奈良时代，天皇不仅仅是统治者，他(或她)还是最高的神职人员，正如我们之前看到的那样，天皇是朝廷想象之中的"上神"。如《大宝律令》与《养老律令》所述，奈良时代的官僚政治彰显着律令制管理的要旨：在官僚机构中居首位的是主要负责神道事务的神祇官以及太政官[①]。理论上来说，奈良的管理看起来就像是一个下达命令、征收赋税的同心圆。"乡"与"里"由"国衙"管理，将各"国衙"联系起来的则是源自东大寺的佛教神权权威，由其依据奈良朝廷的节奏协调礼佛行为、规范地方仪式。然而，律令制的强化并不是与大陆联系日趋紧密所带来的唯一影响。

日本与朝鲜半岛以及欧亚大陆的疾病生态建立联系造成了流行病的蔓延，天花就是这一后果以及欧亚大陆疾病生态的反映。在这些使节来访后不久，日本出现了第一例天花的流行。据说由朝鲜半岛渔民传入，太宰府[②]——九州西北部的一个港口城市，最先遭到了这种病毒的袭击。737 年的一份官方文献记录道："大宰管内诸国，疫疮时行，百姓多死。"[③]天花甚至在京都的朝廷内造成浩劫。后来在平安时代(794—1185)，一位仅知其姓名的女性——藤原道纲母(约 935—995)在她的《蜻蛉日记》(约 974)中写道："八月，爆发了一场天花流行病，本月末传到了城中这里，吾儿病得很重……吾为儿能痊愈感到庆幸，也为死去的人无比哀伤。"[④]藤原道纲染过天花，意味着他自身已拥有免疫力，因此才有可能在这场疫病暴发中幸存。他母亲却被认为死于这场疫病，因其忧郁的日记就此终结。

除了北方的北海道以外，亚欧大陆的疾病也蔓延到了整个日本列

33

① 太政官，律令制下主管立法、司法、行政的最高机关，长官称太政大臣，分左大臣与右大臣。

② 太宰府，今福冈县中西部的筑紫地域。7 世纪，始设筑紫大宰，664 年设置水城并加以驻防，671 年"太宰府"之名首见于《日本书纪》。

③ 《续日本纪·卷第十二·起天平七年正月、尽九年十二月·天平七年八月丙午条》。

④ 【平安】藤原道纲母：《蜻蛉日记·其七十九》。

岛,这是其与唐王朝接触带来的一个重要后果。因此,当日本在 16 世纪第一次迎来伊比利亚半岛传教士之时,虽然这些欧洲人携带着天花等病毒,但日本对此已经具有免疫力,于是这些病毒并没有像在美洲那样在日本造成大量的死亡。这使得日本人得以抵抗欧洲帝国主义最初的侵袭,并在 17 世纪至 19 世纪中叶期间进入到了一个相对封闭的时代。

## 平安朝廷

那位完成了征讨虾夷的桓武天皇,在 784 年发布了迁都京都(当时称为平安京)的诏令。迁都的决定与神道的修祓①丧葬、附近木材的枯竭(都城因其精细复杂的宫殿需要耗费大量的木材)以及声名狼藉的道镜事件(8 世纪 60 年代)②息息相关。在都城奈良,佛教机构已声势过大。僧侣道镜(700—722)试图通过他与孝谦天皇的关系扩大在朝中的影响力——他被授予"法王"称号,这一称号原为退位天皇所用——770 年,朝廷将道镜流放。但朝廷显然从中吸取了教训,新都平安京的官员们把大多数的佛寺建在了城市的外围,从而使其远离权殿。

长期以来,都城的修建都关乎着国家的形成。我们看到,天武天皇为了加强统治,开始在飞鸟地区修筑飞鸟净御原宫,但他的死亡推迟了竣工的时间。后来,持统天皇重启了飞鸟的工程,并监管了藤原京的建设。藤原京已经具备之后的奈良与平安京等都城的诸多特征:一条南北走向、穿过宏伟城门的林荫主道,两边是宫廷与官衙,终点是皇居。藤原京的建设需要从遥远的近江国③运来木材,这说明在宫殿早期建设的过程中,樵夫与木匠已经耗尽了周围的木材。元

---

① 直译为"神道净化仪式"(Shinto purification rituals),即祓,为了祛除罪与秽而进行的神事与咒术,进行祓相关的神道活动称修祓。

② 道镜事件,即宇佐八幡宫神托事件,769 年,大宰府中臣习宜阿曽麻吕称宇佐神宫降下神谕(让称德天皇让位于道镜)从而引发的政治事件。称德天皇(764—770 年在位),即孝谦天皇(718—770,749—758 年在位)重祚。

③ 近江国,日本令制国之一,今滋贺县。

明天皇(661—721)①践祚后,官员们迁都奈良,在元明天皇看来这遵循
了中国周朝天子的先例。710年,元明天皇迁到了新都城奈良,称为平
城京,开启了奈良时代。随着圣武天皇在756年逝世,奈良朝政慢慢废
弛。桓武天皇践祚后,再次迁都的意愿占据了主流。在经历了一开始
的长冈京②的失败后,桓武天皇于794年迁都平安京。尽管其城市的
扩展较之前的都城更为杂乱,但平安京的空间布局还是仿照了中国式
宇宙观的风水格局。其宏伟的主干道朱雀大路从罗城门一直通到都城
最北的宫殿。行政机构位于主殿——大内里③,由其处理日益拓展的
帝国征服的各种事务。

## 宫廷生活

京都成了丰富多彩的宫廷文化的中心。诸多佛教宗派,例如天台
宗(805)、真言宗(806)以及净土宗,蓬勃发展起来,而常常为无常所苦
的朝臣们则创作诗歌,歌颂着短暂的生命。随着季节的变换及其纤细
的感情愁绪的起伏,朝臣们唱和诗歌、往来书信、品评芬芳、聆听音乐、
穿着打扮。在平安时代的鼎盛时期,藤原道长(966—1028)的家族掌控
着强大的"摄政"④之位,凭借其在精英阶层中的优雅活动,成为这一时
期文化的典范。这在相当程度上也得益于其联姻政治掌控者的身份,
他养育了四位皇后,是两代天皇的舅舅,此外,还是三代天皇的外祖父。

35

---

① 元明天皇(661—721,707—715年在位),第43代天皇,和风谥号日本根子天津御代
丰国成姬天皇。

② 长冈,即长冈京,时位于山城国乙训郡,即今京都府向日市、长冈京市与京都市西京
区大部。

③ 大内里,即平安宫。

④ 摄政,即奉敕代替天皇处理国政,其权限包括代拟诏书、待批论奏、参与叙位、官吏任
免等。7—8世纪,摄政由强有力的皇位继承人担任,即"皇亲摄政"。平安时代,藤原良房
(804—872)初任摄政,藤原基经(836—891)初任关白,是为"人臣摄政"之始,而摄关之位由藤
原北家嫡流世袭。平安中期以降,摄政、关白皆为常设官,除却安土桃山时代丰臣氏两代关白
以外,皆由藤原道长的子孙(御堂流)担任,并在之后的历史发展中演变为"五摄家"(近卫、九
条、鹰司、二条、一条)。近代以降,实行"皇族摄政",大正天皇(1879—1926,1912—1926年在
位)皇太子裕仁亲王曾任"摄政宫"。

在平安时代的政治中受到挫败之人,如天才人物菅原道真(845—903)①则被流放到了西部国郡的政治中心——太宰府。在这个时期,天皇散发着神圣的光芒,群臣热切期盼沐恩。在一次皇家游行中,那个时代最敏锐的观察者之一清少纳言(966—1017)写道:"……主上坐舆经过之时,犹如神明,我甚至忘了自己因为在宫中的工作可以经常亲临圣驾。"②生活在京都城内就意味着处在天皇与皇子的身边。

平安宫廷与国家的其他地方是显著分裂的,这个国家的大多数人都在土地上耕作。当清少纳言来到京都附近长谷寺庙的时候,一群普通民众让她感到震惊,他们的穿着明显与这种场合格格不入。还有一次,在参拜时,蜂拥的人群使她扫兴不已。她写道:"那些蓑衣虫模样的人,都聚集在那里,或坐或立地礼拜着,无所顾忌,真是让人看了生气,真想把他们一起推倒了才好。"③不仅仅是在乡下,在京都城中,沿街行走的穷人们也常常去寺里乞讨。在《蜻蛉日记》中,藤原道纲母回忆道:"寺庙中的每一个乞丐都拿着破碗,无比寒酸,我不想离得太近。"④京都是一个人口密集的城市,城中充斥着朝臣、乞丐、木材商以及饥饿的、成群结队的野狗,这些野狗以吞食鸭川河畔腐烂的尸体为生。

对于像清少纳言这样的朝臣们来说,他们的生活依照的是几个世纪以前从中国传入的宇宙观的节奏。日本人根据中国的十二生肖测量时间,即以一个最基本的圆形代表日夜不停的时间,然后清晰地刻上"十二生肖"。这十二生肖表示着时间:例如,猪(亥)时就代表上午的十点与正午之间的时间⑤。而猪(亥)—羊(未)则象征着东北方⑥。根据中国的宇宙观,天地万物是以阴阳两种元素的平衡为基础的,包括

36

---

① 平安时代贵族、学者、政治家、汉诗家。

② 【平安】清少纳言:《枕草子·其二十》。

③ 《枕草子·其三零八》。

④ 《蜻蛉日记·其六十五》。

⑤ 原文如此。但猪(亥)时似应对应晚上9:00到11:00。

⑥ 原文如此。但水在北方坎位(子属坎位),火在南方离位(午属离位),木在东方震位(卯属震位),金在西方兑位(酉属兑位),土居中央,猪(亥)属阴水居西北,羊(未)属阴土居西南。

木、火、土、金和水等五行。一种以这种物质构造为基础的全新的科学由此诞生。日本的月份与社会活动，而非太阳周期有关。比如说，阴历五月是"早苗月"，阴历六月是"水无月"，对应日本的季风雨季。无数的节日占据了大量宫廷时间，平安朝的朝臣们热切盼望着这些节日，因为它们往往与天皇有关。

中国科学的其他元素也渗透到了人们的个人生活中。中国的十二生肖告知着生育的吉时，并解释了孩子出生的年份（比如说，龙年）如何影响着其性格。紧随生育的便是一系列的秽事，因为生育涉及血和胞衣。据《蜻蛉日记》，当藤原道纲母生育的时候，父亲解释说："唯怕身染污秽，不便去你那里。"①当然，这种神道中修祓和污秽的观念可以追溯到前面第一章里中国使节记述的、弥生时代丧礼之后的"水中澡浴"。一般来说，在平安宫廷里面，孩子大多由乳母抚养。在父权不断强化的日本社会中，男孩子愈加受重视，至少根据 8 世纪的《大宝律令》与《养老律令》，女人如果没有能力生下男性继承人，就有被休之虞。名门望族往往为了建立同盟而精心策划联姻事宜。正如我们看到的那样，通过精心策划联姻政治的技巧，藤原道长在平安时代的影响力达到了顶点。

然而，就像决定生活节奏一样，中国的宇宙观还决定着生老病死的节奏。平安的朝臣们常常把疾病解释为病魔缠身。藤原道纲母写道："有些日子，我被痛苦的咳嗽折磨着，不知患了什么病，也说不清是哪里疼痛，得请人祈祷除病。"②这确实是一种缠身，但或许是因某种病毒，而非鬼魂。平安的侍臣们还会利用方剂与艾灸（在患处点燃干燥的艾蒿）等各种精心制作的药物。从中国科学中衍生出来的五行理论，决定了医者用药的类型。比如说，与火相关的内脏器官的病痛，就可以使用含有水这一与它相克的元素的药物加以治疗。因此，这主要意在重建

37

---

① 原文如此。据《蜻蛉日记·其九》，这段故事的梗概是，藤原道纲母的丈夫藤原兼家（929—990）的另一个妻产下了一个男孩，藤原兼家以此推托不去看望藤原道纲母。产子的并非藤原道纲母。

② 《蜻蛉日记·其三十三》。

体内的平衡。朝臣还将死亡视为一种污秽,须在哀悼时妥善应对。

## 平安时代的审美

尽管有了中国的科学,但平安的朝臣们还是通过一种精致的审美视角去观察周遭的自然界。他们品味关于虫鸣、鹿鸣和落叶的诗歌,因其自身变幻无常的、忧郁的情感随着这些虫鸣兽啸而起伏。他们在自然界中发现了令人不安的变化:种种联系产生又破碎,生命出现又消逝。当紫式部说"怎得不见水上鸟,我心悲苦浮世中"①的时候,她将她的情绪、对无常的心神不宁与不断变化的周遭世界的转瞬即逝联系到了一起(参见图3)。

值得注意的是,9世纪末至10世纪这一时期见证了假名音节的兴起,这种书写语言是以中国传入的汉字部首为基础建立起来的。男人

图3　紫式部绘卷,江户时代(1600—1868)

---

① 【平安】紫式部:《紫式部日记·卷一·章二·其二》。

大多以汉文写作诗歌、散文以及政治文书。但在女性中,这种用假名音节书写文学与诗歌的本国传统开始兴起。假名的流行主要是因为31个音节的和歌,这后来演变成了平安社会中两性对话的主要载体。在更大型的社会活动中,和歌也占据中心地位,这些活动要求参与众人都能吟诗作对。在平安时代,和歌被收入天皇的选集,第一部便是《古今集》(约905)①。和歌作为一种体裁变得如此流行,广泛应用于自传体故事、旅行见闻以及其他题材(图4)。

38

　　日本国语的出现还推动了女流歌人与作家的兴起。正如我们看到的那样,紫式部、清少纳言、藤原道纲母以及和泉式部(生于976年)②等女性成了几个世纪的文学明星。对于大多数男性而言,书写汉文仍显高贵,而对于女性来说,假名书写的出现则为文学创作开辟了新的空间,这也成为平安宫廷文化的代表。然而,无论创作者是男是女,平安

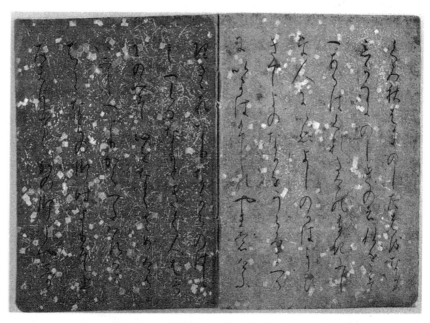

图4　《拾遗和歌集》节选,平安时代(794—1185),国宝

---

①　《古今集》,即《古今和歌集》,平安时代的敕撰和歌集。
②　平安时代作家、歌人。

诗歌的主题大多是爱情、离别与思念,以及自然意象,这些主题往往被巧妙地编织到一起,唤起忧郁的心绪。在《古今和歌集》中,才华出众的诗人小野小町①写道:"花色终移易,衰颜代盛颜。此身徒涉世,光景指弹间。"②这样的和歌借自然景物以抒发自身感受。《土佐日记》(约935)③也写道:"白浪涛中别君去,离人停处泣回声。"④

39　　　对于平安歌人来说,樱花盛开成了一个备受欢迎的题材,因为花的生命轮回符合平安时代审美中的无常之感。《古今集》中的一首佚名和歌写道:"樱花所以美,一散片不留,纵令长存世,终末令人忧。"⑤绽放的樱花,其短暂而又绚烂的生命,与这个变化无常的世界紧密交织。《伊势物语》(约947)⑥中的一首和歌展现了樱花绽放的强烈意象:"其易散兮诚可怜,樱花短绽赏时赞,世间多忧怎久全。"⑦对藤原道纲母来说,在一位平安朝臣去世之后,她借入土的深草山上那绽放的樱花表达哀伤:"深草山含樱,可能恤吾伤,但求汝今年,能以墨黛放。"⑧鉴于美丽而转瞬即逝的樱花之美及其在日本的和歌中无处不在,令人毫不意外的是,1945年,一位21岁的神风特工队员⑨在执行自杀性袭击前夕
40　吟诵的最后的俳句中,再次借用樱花绽放的意象:"在太阳之下,于春天消逝之樱,绚丽地绽放。"这微小的、璀璨的、生命短暂的樱花经过世世代代,在日本人忧郁的审美之中赫然留存。

　　不仅仅是绽放的樱花,随着季节转换,动物的鸣叫也象征着变动不居的自然与人的生命。例如,黄莺一直是平安和歌中的常见主题。《古

---

　　① 　小野小町(约825—900),平安时代歌人。

　　② 　【平安】纪友则、纪贯之、凡河内躬恒、壬生忠岑:《古今和歌集·卷二·春歌下·其一一三》。

　　③ 　《土佐日记》,平安时代日记文学代表作品,纪贯之自土佐国归京途中所作。

　　④ 　【平安】纪贯之:《土佐日记·承平五年一月十三日条》。

　　⑤ 　《古今和歌集·卷二·春歌下·其七十一》。

　　⑥ 　《伊势物语》,平安初期成书的歌物语,一卷,作者不详。

　　⑦ 　【平安】佚名:《伊势物语·其八十二》。

　　⑧ 　《古今和歌集·卷第十六·哀伤歌·其八三二》。

　　⑨ 　这里或指佐佐木八郎(1924—1945),参见大贯惠美子著、尧嘉宁译:《被扭曲的樱花·第三部·第九章·特攻队员的手札·其二》。

今和歌集》中的一首佚名歌这样写道："莺惜春将逝,野边闻泣哀,来访见之者,风吹散花愁。"①在平安时代的世界中,一切都是转瞬即逝的,这是受到佛教教义中无常与"四谛说"②的影响而形成的观点。《古今和歌集》中的另一首佚名歌优雅地捕捉到了物质生命的无常:"萩上露晶莹,欲贯玉串枝,取之即消逝,恭请唯看之。"③秋叶也表现了自然界变换的惯常主题,以纪贯之(872—945)某首诗的节选为例:"飘散无人见,零落莫谁知,邃邃深山里,红叶不出世,仿若夜锦故,孤芳自赏。"④

　　尽管光源氏的耀眼世界或许让人作此感想,但观察自然环境并探寻其意义的人并不只有朝臣。早期的农民也观察着环境,尽管是通过劳作的视角:农业种植的周期、手中肥沃的土地、挖掘灌溉的水渠、昆虫、闪电、与老天的争斗、收割脱粒的庄稼。平安京的朝臣与附近的农民在发现自然时的鸿沟异常之大。清少纳言与同行的朝臣们去京都之外踏春,创作关于布谷鸟的和歌,这是春天常有的惬意消遣,他们偶遇了一位哼着歌的农妇,用着"一件以前完全没有看到过的工具"给水稻脱谷。与诸多农民一样,这位农妇也在以自己的方式与自然环境交流。但是,在清少纳言的回忆里,这些朝臣们却对这个农妇的歌曲感到格外地新奇,以至于他们全都"爆出了笑声","完全忘记了自己要写杜鹃歌的事情"。⑤ 这一偶遇颇能说明问题:平安京的女性通过和歌与游记来歌颂自然,而农妇却试图通过脱谷与歌曲来歌颂自然。两者都不理解对方,这使历史学家们很难在这一偶遇中找出一种特定的、"日本人"对自然界的态度。

　　稍晚的某个集子里的一个故事再一次证明,朝臣们与农民们对自然的态度是如此不同。一个神官偶遇一个忧郁的男孩,问这个年轻人,

41

────────

① 《古今和歌集·卷二·春歌下·其一零五》。

② 谛,意为真理或实在。四谛即苦谛、集谛、灭谛和道谛。

③ 《古今和歌集·第四卷·秋歌上·其二二二》,但这首和歌的作者存在争议,有佚名说与奈良帝(平城天皇,774—824,806—809年在位)说。

④ 《古今和歌集·卷五·秋歌下·其二九七》。

⑤ 这则故事见于《枕草子·其九十九》。

是否因樱花的象征力量而悲伤。这个男孩回答道:"使我忧郁的并不是这个……我悲伤只是因为,这些花可能会弄坏我父亲的麦子,那样就收不到粮食了。"①麦花或那些微小的连着子房的花粉受体均非肉眼所能见到,但通过农业劳作,这个小男孩已有了深厚的自然知识。导致他忧伤的并不是《古今和歌集》的和歌中所描绘的、樱花凋零所体现出的象征性价值,而是老天对其父的麦收的可能伤害。

在过去的千年中,平安人的和歌中蕴藏着自然审美,这一自然审美塑造了日本人观察自然界的惯常认知。实际上,日本人以各种方式与自然建立联系,但其中,最不逼真的、与物质环境最疏远的、最程式化的、最具有民族特质的、最不普遍的那种方式,恰恰包含在平安朝臣的和歌之中,其与今天日本的关系却最为紧密。近于 2011 年,就在 3 月11 日的"三重灾害"之后,国际知名的作家村上春树在加泰罗尼亚国际奖的颁奖仪式上发表了演讲,他畅想了无常、樱花绽放、秋叶与日本的"民族意识"之间的联系:

> 樱花也好,萤火虫或红叶也罢,它们在很短的时间后便会丧失其美丽,我们为了目睹那短暂的荣光,不惜去很远的地方,我们不仅观赏着它们的美丽,更见证了它们在眼前散落、失去小小的光辉、被夺走鲜艳的颜色,我们甚至因此而放下心来……极盛的美丽突然逝去,通过这种事情,我们反而找到了安心的感觉。②

对于村上来说,日本人与生死自然的联系被保留在了平安时代的和歌歌人的作品之中,即使这一频遭地震的国家遭受核灾难,他们的文集与其他艺术形式仍能无数次地重生,提示着日本与自然持续至今的共时性。

在日本的历史进程中,平安时代的自然审美并不是一成不变的:

---

① 这则故事见于【镰仓】佚名:《宇治拾遗物语·其十三》。
② 村上春树:《非现实的梦想家》(演讲)。

它并没有像一些保留 DNA 的蚊子那样被完美地保存在琥珀里。历经世世代代,作家、思想家以及政治家不断激活这一审美,并利用它在政治上和文化上阐释日本与其周遭自然世界的关系。

## 结语

奈良与平安时代是日本历史的形成阶段。在 12 世纪末,日本国已经对南方诸岛的大部分完成了征服,并建立了行政控制,尽管这一控制仍显薄弱。尽管虾夷仍与东北亚地区藕断丝连,但他们已经开始向日本朝廷朝贡,这一进程将其缓慢地融入了日本人那种东亚式生活当中。朝廷在其国土上维护律令制,将这个国家纳入了一种同心圆式的领土与行政体制。但是,在平安时代,行政管理形式的重要性远远超过了行政功能本身,朝臣们对和歌韵律与衣饰选择的担心要远远多于其对国家事务的关心。与同时代的行政成就相比,律令时代的审美留下了更为不朽的遗产。在 12 世纪后期,帝国的向心力臣服于封建主义的离心力,日本进入到了一个地方割据的时代。

无论如何,平安时代的审美观念就是日本人与自然世界保持一种共时的关系,这表现在和歌当中,清楚地诠释日本人与其土地的文化情感之间的联系。当极端民族主义者试图在《国体的本义》(1937)一书中阐释日本的"国体"之时,平安时代的情感被援用最多。这一文本将樱花绽放的和歌作为证明日本与自然之间特殊关系的证据,强调日本人"爱自然";而通过和歌、日常行为与仪式,日本人证明了自己"自古以来便与自然保持着精妙的和谐"。正如《国体的本义》中所述,"有许多和歌歌颂着面对自然时的和谐的情感,和歌的主旋律便是那种对自然的深爱"①。总之,当日本的民族主义者试图界定国家"国体"时,他们所借用的正是平安时代的自然审美。

43

---

① 　日本文部省编纂:《国体的本义·第一章·大日本国体·其四》。

# 第三章　武士统治的兴起
# (1185—1336)

　　从朝廷统治到武士统治,这一转变永久性地重塑了日本政治与文化的面貌。武士的荣誉感催生了一个竞争与合作相互平衡的社会,其对日本社会的影响至今犹在。早期的武士——例如 13 世纪那些抗击蒙古入侵的战士们——通过个人英雄主义的行为追求名誉与奖赏,而后来的武士则长期被封建主从关系所驯化,必须通过满足公共事务的需求以追求名誉。在面对蒙古来袭时,武士们英勇作战以彰显个人声望,这催生了一种进取的文化。但与之相悖的是,主从关系强调对组织的顺从,这导致了日本人著名的集团主义倾向。在其数百年的统治中,武士们在名誉的追求和组织的义务之间保持着一种平衡,使得他们拥有了举世闻名的经久不衰的英雄形象。

　　武士们试图让自己的战绩彪炳史册,就像是明治企业家们追求有形的财富一样。据说,武士竹崎季长[①]在与"元寇"[②]交锋之前就曾高呼:"弓箭之道,以先为赏。"[③]武士在约束力日渐强化的主从体系中寻

---

① 竹崎季长(1246—?),镰仓时代武士,镰仓幕府御家人。"家人"最初是贵族或武家栋梁对部下的称谓;镰仓时代以后,与将军直接保持主从关系的武士被称作"御家人"。
② "蒙古海贼"(Mongol pirates),日本称为"元寇"。
③ 【镰仓】佚名:《蒙古袭来绘词》。

求彰显个人名誉的方法,正如当代日本人在令人窒息的公司文化中发 45
现表达个性的手段。在某种意义上说,这是武士统治为日本社会留下
的最重要的遗产之一。

## 土地、环境与战争

我们不妨把武士的统治分成三个阶段。在平安时代早期,在约
750—850 年期间,朝廷处在统治的中心,掌控着律令制官僚国家及其
国土。与此同时,天皇控制下的军队,则与帝国其他官僚体制的发展并
行不悖。在约 850—1050 年期间,藤原家以及之后的退位天皇垄断了
京城的一切事务,虽然此时不再强制征兵,且地方武士家族逐渐成了军
队的主流,但是军队仍或多或少地处在皇权体制之内。然而,在 1050
年之后,地方武士的力量逐渐增强,并最终从朝廷手中夺取了行政和财
政权力。但是,朝廷和天皇并未完全地淡出,他们为武士统治者叙位[①]
从而赋予其合法地位。在所谓的"大垦田时代"[②]中,武士控制了大部
分土地及其税收。权力向武士转移的过程,同时也是土地的控制权、产
品与税收私有化的过程。在这一过程中,朝廷掌控的土地不断流失,转
移到了寺庙与贵族的掌控之中,并最终落入到了地方武士之手。本质
上,朝廷掌握的公共土地演化为了封建庄园,这代表着帝国早期"大化
改新"(645)[③]之际形成的土地公有制与均田制的衰败。

在"大化改新"下的公有土地流入私人之手的过程中,庄园起到了
关键性的作用。在 8 世纪,庄园通常是指朝廷授权贵族或寺院开垦的
未经开发的荒野、土地和森林。因为这些土地是公共的,所以原则上朝
廷有权监控这些庄园,并管理其收益。然而到了 10 世纪,这些荒地越
来越少,所以贵族和寺庙将势力范围向耕地延伸。在此过程中,通过日 46

---

① 直译为"授予名义上的权力"(Granting titular authority),或指"叙位"(赐予冠位)。

② 直译为"广泛开垦田地的时代"(Age of widespread land clearance),根据上下文,或
指日本"三世一身法"(723)与"垦田永年私财法"(743)颁布后的土地大开发的时代。

③ 大化改新,即以 646 年发布的"改新之诏"为基础的政治改革,但学界对于"改新之
诏"的真伪、大化改新的实际情况存在争议。

渐复杂的"职"——规定了庄园的边界与谷物以及耕种过程中相关人员权利的朝廷文书①——贵族和寺庙避免了朝廷的征税与监管。天长日久,朝廷对于庄园的控制力变得日渐衰弱,陷于繁琐的"职"实际上又如此薄弱,这导致这些曾经公有的土地实际上变为了私人的庄园财产。由于贵族的限制,朝廷指派的检田使②越来越难以进入土地,朝廷由此丧失了国库的重要税收来源。到了 12 世纪,日本约有一半的可耕地集中在这种庄园之中。

这些土地占有与收益的趋势伴随着重要的人口变化。在 8—12 世纪期间,由于较短的平均寿命与高达约 50％的婴儿死亡率,日本人口数稳定在六百万左右。历史学家们指出,与作为公卿和僧侣大本营的西日本相比,作为武士家族崛起地的本州东部的人口增长微乎其微。鉴于这几个世纪中武士统治逐渐崛起,这一人口趋势自然预示了将要到来的权力转移。

从朝廷手中夺取对庄园的控制权和对粮米生产征税,并不是武士攫取资本以供政治崛起的全部手段。铁矿开采诱发了 10 世纪中期的平将门之乱(939—940),这显示出了地方经济的多样性。平将门的野心成了日本权力政治的风向标,它表明一些武士已经不满于一介乡民的地位。在之前的 9 世纪,铁矿多位于西日本,但是,在 10 世纪,随着铁砂炼铁这一新技术的出现,东日本出现了更多的铁矿。例如,考古学家在平将门的据点附近发现了一处设计完善的铁矿遗迹,那里有数座熔炉,并残留着明显的铸铁的痕迹。新技术使得人们能够在从前无法开采的地方采矿,这为蠢蠢欲动的平将门提供了财政支持。除作战能力外,开矿、养马与粮米生产也同等重要。

47

---

① 联系上下文,或指朝廷颁发的承认"不输不入"(参见下注)的"符",这种庄园亦称"官省符庄"。

② "检田使":亦作"检注使"或"检地使"。检田(注/地)即检查、记录耕地的面积、退转(退耕或转让)、耕种人、质量,古代称"检田",中世以降多为"检注",近世以降称"检地"。最初,检田多由诸道巡察使负责;律令制时代,国司设有专门负责田地调查的使官,即检田使;古代后期以及中世以降,随着"不输不入"庄园的日益增多,庄园领主开始自行派遣人员进行领内田地的调查与记录。

　　流行病也成了乡村不稳定的因素。在10—11世纪期间,武士叛乱频发,这与传染病和饥馑引发的社会动乱之间有着紧密的联系。从某种角度上说,疾病削弱了朝廷的权威,为武士的崛起铺平了道路。平忠常之乱(1028—1031)[①]就是一个例子。平忠常(975—1031)是一位经验丰富的逃税专家、"目无法纪的鼠贼"、祸乱的始作俑者,于1028年在其根据地上总[②]、下总[③]一带发动了叛乱。毫无意外的是,一连串的瘟疫和饥馑几乎与平忠常之乱同时发生。在993—995年、1020年、1036年期间,致命的天花接连暴发。在998年、1025年,麻疹两度打击日本。在1016年、1025年、1027年,肠道疾病导致大量死亡,作为病因的各种微生物既能与人体共生,也能导致疾病。在1030年、1044年,其他未知疾病又相继暴发。在1030年与1043—1047年期间,这些瘟疫与干旱对日本造成了双重打击。

　　在1025—1030年即平忠常之乱期间,麻疹和痢疾的暴发尤为严重。麻疹是由麻疹病毒引起的呼吸系统感染,而痢疾则是由细菌、原生生物或寄生虫引起的。1025年,东日本的七位国守病死,通往京都的路上到处都是病重将死之人。1026年,麻疹导致伤亡惨重,而在1027年,肠道疾病又雪上加霜。在1030年即平忠常之乱泛滥之时,一种未知的疾病席卷日本。这些微观和宏观的杀手,即微生物与武士,联起手来,对农业生产和朝廷威望造成了灾难性的打击。日本列岛的火山活动等多种原因造成了天气突变,并引发了干旱。平忠常之乱被平定后,在1108—1110年期间,浅间山(2 568米)[④]与富士山(3 776米)多次喷发,向大气中排放了大量的火山灰和碎片。这导致地表多年低温。流

48

----

　　① 　平忠常(967—1031),平安时代武将、豪族。1028年,平忠常杀死安房守,将安房、上总、下总纳入到了自己的统治之下,并显出了自立的姿态,拒不从朝廷之命;1030年,朝廷任命源赖信(968—1048)为追讨使,派其奔赴东国;1031年6月,平忠常于美浓(今岐阜县南部)病殁。

　　② 　上总,即上总国,今千叶县中部。

　　③ 　下总,即下总国,今千叶县北部、茨城县西南部、埼玉县东部。

　　④ 　浅间山,日本东京以西150千米,群马县吾妻郡嬬恋村与长野县北佐久郡轻井泽町及御代田町接壤处的火山。

感病毒在湿冷的天气中大肆猖獗,因此火山活动有可能导致了 1134—1135 年期间的流感暴发。

帝国朝廷对火山和瘟疫束手无策。仅有的对策之一,就是下令绘制《病草纸》(平安晚期)①,这源自中国唐朝(618—907)对于 404 种疾病的编目。该绘卷代表了一项重要的医疗技术,它类似于《默克诊疗手册》的雏形,努力理解并治疗疾病(参见图 5)。它还是了解日本平安晚期流行病学和医学状况的一扇窗口。《病草纸》原本所包含的图像数量已不可知,但是,直到 18 世纪,仍有 17 幅图被保留了下来,这些图片的内容从牙槽脓溢(牙床病)到阴阳人,涵盖甚广;而文字部分则从精确的疾病症状描述到详尽的病史,应有尽有。作为一扇探知过去的窗口,《病草纸》提供了一些疾病的目录,而这些疾病荼毒了中世纪早期的日本。它还反映出了当时社会平民的生活和医疗条件。其中列出的疾病中包括口臭,这是由于牙床组织和牙齿上残留的食物残渣被细菌发酵,

图 5 《病草纸》中患牙病而牙齿松动的人的形象

---

① 《病草纸》,平安末期镰仓初期出现的描绘疾病或畸形的绘卷,绘、书作者皆不详。

产生了含硫的恶臭气体。另外两种疾病,悬雍垂感染与感冒,反映出当时的日本正遭受着流感等病毒的侵袭。阴阳人极其少见,但显然存在于中世纪的日本。至少以中世纪的标准来说,有些治疗手段在医学上还是可行的。但也有另外一些故事,例如一位大和国的眼病患者问诊庸医,错误的手术和针灸用针导致这个可怜人痛失双眼。

### 帝国的统治与地方的不满

　　传染病的流行、土地的使用模式与实践、人口的流动、地方的叛乱,与这些相伴随的是一场重大的官僚体制变革,它重组了朝廷的军事模式,并随着时间的延续,加强了武士对于地方的控制。最初,帝国的官僚体制之中包括一支唐朝式的征兵制军队。在 672—697 年期间,随着土地公有制的建立,天武天皇与他的皇后以及后来的持统天皇向着建立帝国军队的目标迈出了坚实的步伐。特别是天武天皇,在 672 年的壬申之乱①中,他正是依靠武力才夺取了大权,同时为了与律令官僚系统的其他方面相匹配,他格外醉心于建立一支征兵制的帝国军队,以期将帝国的军队牢固地掌控在自己手中。684 年,天武天皇下诏道:"凡政要者军事也。"②尽管他剥夺了地方豪族在指挥军队时所需要的号角、法螺、军鼓、旗帜等装备,但是,"庚寅年籍"③——为征兵而进行的人口普查令——的起草工作,则被留给了持统天皇。689 年,她下令"其兵士者,每于一国四分而点其一令习武事"④。702 年,《大宝律令》的颁布使得帝国的军队牢牢植根在了律令体系之中,并服从于兵部省的组织与调遣。《大宝律令》同时要求地方长官建立军马牧场并监管马 50

---

　　①　壬申之乱:668 年,中大兄于近江大津宫践祚,是为天智天皇(626—672,662 年称制,668—672 年在位,和风谥号天命开别天皇),他与弟弟大海人王子(即后来的天武天皇)之间的对立愈发激烈。671 年,天智天皇任命其子大友皇子(1870 年被追封为弘文天皇)为摄政大臣。672 年 1 月天智天皇殁后,近江的大友朝廷与吉野的大海人势力之间的关系日趋紧张。同年 6 月,大海人呼吁东国首领举兵,并在草壁皇子(662—689)等人的陪同下成功进入东国。同年 7 月,隔赖田桥对峙的双方军队展开决战,大友大败北,大友皇子自尽。

　　②　《日本书纪·卷二十九·天武天皇纪·天武天皇十三年闰四月壬子朔丙辰条》。

　　③　直译为"人口记录"(Record of the population),这里指"庚寅年籍"。

　　④　《日本书纪·卷第三十·持统天皇纪·持统三年闰八月辛亥朔庚申条》。

匹繁育。马是人类征服世界时的盟友,就像对于非洲的松迪亚塔(约1217—1255)①及其马里帝国、欧亚大陆的成吉思汗(1162—1227)②及其蒙古帝国一样,对于崛起中的日本武士统治来说,马是至关重要的。

但到了 792 年,帝国军队却成了国家财政的沉重负担。为了应对这种情况,朝廷宣布军队"宜京畿及七国诸道并从停废,以省劳役"③——这实际上废除了征兵制。相应地,在治安维护和军事方面,朝廷日益依赖于地方精英,这推动了地方武装集团的形成,也鼓励了人们习学武艺。显然,这些人愈来愈"擅长作战"。

当平将门在 935 年掀起叛乱之时,朝廷了解到,威胁正在乡村地区酝酿。这场叛乱起初只是家族内斗,但很快便演变成了对朝廷权威的重大威胁。平将门驱逐了平安朝廷指派的七国的官员,随后,他遵照神官的指名,耀武扬威地自称为关东地区(今东京周边地区)的新天皇("新皇")。僭位之后,他成功并迅速地在常陆等八国建立了统治机构。这对皇权构成了前所未有的直接威胁。当时的摄政藤原秀乡④指派平将门的堂弟(也是他的死敌)平贞盛前往平叛。在下总国西北部,平将门与平贞盛所率领的官军进行了激烈的交锋。军记记载:"新皇暗中神镝,终战于涿鹿之野,独灭蚩尤之地。"⑤但是,像源平两家这般的武家贵族的遗产和权力并未消失,在之后的两个世纪中,地方的武装豪族逐渐崭露头角。

另一个类似的豪族是藤原纯友(死于 941 年)。他"遥闻将门谋反之由,亦企乱逆"⑥,他和心狠手辣的"海贼"⑦同党们在濑户内海大肆劫掠。藤原纯友出身伊予大族,却放弃仕途成了海贼。他的基地在伊予

51

---

① 马里帝国的开创者。

② 孛儿只斤·铁木真,蒙古帝国可汗。

③ 【平安时代】佚名:《类聚三代格·卷第十八·军毅兵士镇兵事条》。

④ 藤原秀乡(生卒年不详),平安时代贵族、武将,他凭借追讨平将门之功叙从四位,1918 年追赠正二位,其未曾为摄政(regent)。935 年,摄政应是藤原忠平(880—949)。

⑤ 佚名:《将门记》(成书时间不明,学界一般认为是 1052 年后成书)。

⑥ 【平安】皇圆(一说观圆):《扶桑略记·卷二十五·朱雀天皇·天庆三年十一月廿一日条》。

⑦ 日本史料称藤原纯友及其部为"海贼"。

国海上的日振岛,在那里抢劫朝廷和商人的船只。在攻击备前国时,他得到消息,说备前介藤原子高挈家逃亡,并试图前往京城报告朝廷。藤原纯友截住了藤原子高,据记载,藤原子高被"截耳割鼻,夺妻将去也……子息等为贼杀毕"①。藤原纯友一度以恐怖手段统治了整个濑户内海,直到他在九州西岸的博多湾被官军击败。尽管藤原纯友逃走,但官军俘获了约 800 艘船只,杀死了成百上千的海贼。后来,藤原纯友于伊予国被捕,并被斩首。在镇压平将门和藤原纯友叛乱的过程中,地方武士首领取代朝廷武将成了朝廷律令的执行者。他们取代了《大宝律令》下"公共的"征兵制军队,听从朝廷的命令行事。

然而,地方的治安形势随着时间的推移逐渐恶化。11 世纪,在源赖义(998—1082)②的领导下,源家及其同盟受命镇压安倍赖时(死于1057)领导的叛乱,这位军事豪族被称作"东夷尊长"③。安倍家统治着陆奥④的六个郡,各郡有地方长官,负责向臣服的虾夷部落收取贡赋。1051 年,安倍赖时率领的安倍一族获得了朝廷赦免,并向源赖义投降;然而他们于 1056 年再次开战,于是源赖义决定一劳永逸地消灭安倍一族。开战前,源赖义赢得了军中的衷心拥护,他们表示:"志在立节,不顾杀身。"⑤1057 年,尽管赖义有忠心的兵将,安倍赖时也已死去,但源赖义在黄海⑥仍大败于赖时之子——安倍贞任;直到 1057 年⑦,随着更多的东北地区盟友军队加入进来,源赖义才最终击败了安倍一族。源赖义的士兵杀死了安倍贞任,而安倍赖时的另一个儿子安倍宗任随即

---

① 《扶桑略记·卷二十五·朱雀天皇·天庆三年十二月廿六日条》。

② 平安时代武士,河内源氏二代栋梁。

③ 本书原文为"Abe no Yoritoki, a described as a 'native chieftain of the eastern barbarians'"。《陆奥话记》记载"六箇郡之司有安倍赖良者,是同忠良子也。父祖忠赖东夷尊长,威名大振,部落皆服"——安倍赖良(Abe no Yoritoki)即安倍赖时,被称为东夷尊长的应为赖良之祖忠赖。

④ 陆奥,即陆奥国,今青森县、岩手县、宫城县、福岛县及秋田县东北部。

⑤ 【平安】佚名(一说藤原明衡):《陆奥话记》。

⑥ 黄海,今岩手县东磐井郡藤泽町。

⑦ 本书原文为"But in 1057, after gathering more northeastern allies ...",但国府军加入源赖义一方且战局逆转是在 1062 年。

向源赖义所统率的官军投降。源赖义和他的儿子源义家因为这次功勋而得到了朝廷升迁。尽管许多历史学家将"前九年之役"（1051—1063）作为地方私人武装崛起的例证，然而在事实上，源赖义作为朝廷任命的指挥官，其军事行动始终寻求朝廷的支持。从本质上说，他仍然是在律令官僚体系之内进行活动的。

尽管源赖义在军事上取得了成功，但北方仍然是一个火药桶。"后三年之役"（1083—1087）始自北方出羽国①的清原家两兄弟清原真衡②和清原家衡③之间的争斗。与安倍家一样，清原家可能是虾夷的后裔，但也有证据表明他们是贵族的远支。1086 年，在沼栅的寒冬中，源赖义之子源义家吃了一场败仗。次年，源义家包围了清原家衡及其叔父④所固守的金泽栅⑤。尽管源义家并未获得介入这场纷争的朝廷授权——他向朝廷提出了请求，但被拒绝了——他仍然追讨了清原家衡，并为此牺牲了个人财产与名望。源义家的这次军事行动消灭了清原家，斩首 48 人。但是这些功绩并没有带来慰藉。次年即 1088 年，朝廷解除了源义家陆奥守的职位。

"后三年之役"与之前的"前九年之役"不同，在"前九年之役"中，源赖义拥有朝廷的授权，随之而来的便是援军与后来的升迁；而源义家在"后三年之役"中则没有获得授权，并最终丢掉了官职。尽管朝廷在两次冲突中起到了重要作用，但东北地区冲突中的封建因素仍不可忽视。在战场上，私人武装或源氏的家臣，在规模上远远超过朝廷的军队。显然，日本正在经历着历史重大转折的阵痛。

## 源平争乱（1156—1185）

这一历史性的转折很快就发生了。在"后三年之役"之后的一个世

---

① 出羽国，今山形县与秋田县一部。
② 清原贞衡(？—1083)，平安时代武将。
③ 清原家衡(？—1087)，平安时代武将。
④ 即清原武衡(？—1087)，平安时代武将。
⑤ 金泽栅，今横手市金泽中野。

纪里,朝廷不断动员武装力量用于执法,通常是为了平息因寺庙任命、地方政策、税负和不同宗教机构间纠纷所引发的宗教骚乱。例如,1081年,比叡山①延历寺②的1 000余名僧侣及其军事同盟下山来到京都,而朝廷则部署军队保卫京城。11—12世纪期间,这种涉及僧兵的事件发生了至少五起,而朝廷经常召集平氏或源氏保卫京都。1113年,兴福寺(奈良)③与延历寺因京都清水寺④的人事问题爆发了争执。朝廷屈服于兴福寺的诉求,却招来了延历寺武僧的怒火,他们洗劫了清水寺(兴福寺的分寺)。为了应对,朝廷召集平氏和源氏保卫京城。史书记载:"武士张阵终夜固守……僧等叫唤之声动天。"⑤

但是,就像保元平治之乱(1156—1160)显示的一样,召集武士进京是一件危险之事。1155年,近卫天皇⑥驾崩,平安朝廷爆发了继位之争。改革家藤原赖长(1120—1156)支持已经退位的崇德天皇(1119—1164)⑦,而藤原忠通(1097—1164)则支持隐居的鸟羽天皇⑧最宠爱的儿子后白河天皇(1127—1192)⑨。后白河天皇即位后,藤原赖长与源氏结盟,向京都进军,试图强行拥立崇德天皇。藤原忠通则和正与源氏苦斗的平氏联手。在平氏打败了崇德天皇的军队之后,他们对源氏展开了全面屠杀。连着几天,曾经叱咤风云的源氏家族血染京都街头。而平氏却不知为何放过了几名源氏成员,其中包括源赖朝(1147—1199)和源义经(1159—1189),这留下了一宗历史疑案。这两兄弟的悲剧及其日后掌握大权的故事,乃是日本历史上最为引人入胜的篇章之一。

源氏退出政治舞台伊始,平清盛(1118—1181)便开始努力地谋求

---

① 比叡山,位于今滋贺县大津市西部与京都府京都市东北部。
② 延历寺,位于今滋贺县大津市坂本本町。
③ 兴福寺,位于今奈良县奈良市登大路町。
④ 清水寺,位于今京都府京都市东山区。
⑤ 【平安】源师时:《长秋记·天永四年四月一日条》。
⑥ 近卫天皇(1142—1155年在位),第76代天皇。
⑦ 崇德天皇(1123—1142年在位),第75代天皇。
⑧ 鸟羽天皇(1107—1123年在位),第74代天皇。
⑨ 后白河天皇(1155—1158年在位),第77代天皇。

让平氏在朝中渐渐占据一席之地。事实上,他对京都可谓痴迷不已。像藤原氏一样,平氏也擅长操纵政治婚姻。平清盛之女嫁入皇室,并生下了未来的安德天皇(1178—1185)①。但与此同时,源赖朝也开始在乡间积蓄力量,并广交盟友。1180 年,他自信已有足够的实力挑战平氏对京都的控制权。一开始,源赖政(1106—1180)②将平氏逐出京都的计划败露,他逃到了琵琶湖(靠近京都)畔的园城寺③。当意识到园城寺的武僧无法从平家武士的手中保护自己时,他继续逃亡,而这次的目的地是古都奈良,在那里,他遇到了以仁王(死于 1180 年)④。而在前往奈良东大寺和兴福寺的途中,他们在龙田川⑤遭遇平军,并获得暂时性的胜利⑥。在这紧急关头,源赖朝及其盟军介入了冲突,在源赖朝之弟源义经的指挥下,强大的源家生力军击败了软弱的平家武士。《平家物语》解释说,这是因为平家武士在宫中养尊处优。对于平军,也就是西国的武士,《平家物语》这样评价他们:

> 亲死服丧,除服乃战。子死则思叹不能战……夏言暑,冬嫌寒。⑦

就像描述东边地平线上的乌云一般,《平家物语》预言般地写道:"东国全无此事。"⑧事实也的确如此。

这场平氏和源氏的战争,即"源平合战"(1180—1185),以东国源氏

---

① 安德天皇(1180—1185 年在位),第 81 代天皇。
② 平安时代武将、公卿、歌人。
③ 园城寺,位于今滋贺县大津市。
④ 以仁王(1151—1180),平安时代皇族、后白河法皇第三子。
⑤ 本书原文为"En route to the Tōdaiji and Kōfukuji temples Taira warriors forced an engagement at the Tatsuta River ..."。龙田川(Tatsuta River)在奈良西南,与此事件无关,战斗发生于京都南面的宇治平等院。
⑥ 本书原文为"... and the two emerged victorious, at least temporarily ..."。依《平家物语》,源赖政与高仓宫(即以仁王)在逃往奈良途中,于宇治平等院附近遭遇平军,源赖政与高仓宫皆阵亡。
⑦ 【镰仓】信浓前司行长:《平家物语·卷第五·富士川条》。
⑧ 同上。

的胜利告终。在战争的最后一幕坛之浦之战(1185)[1]中,平氏的残党乘船逃到了濑户内海上。平清盛之女二位尼也在船上,并带着她的儿子安德天皇[2]。当他们明白大势已去时,二位尼将安德天皇抱在怀中,准备投海自尽。七岁的安德天皇问道:"尼御前与我何往?"二位尼流着泪道:"此国为粟散边土,常伴忧思,彼波涛之下为极乐净土,有胜都焉,将与陛下同往。"她随即跳入了海中,平氏的未来也随之灰飞烟灭。[3]

55

　　源平之战结束后,源赖朝立刻令他的弟弟源义经统领京都。在京都,后白河天皇封源义经为守护。具有讽刺意味的是,这位天皇是在"保元平治之乱"中掌权的,而如前文中我们已谈到的,正是这场动乱促成了平家的得势。接受了官职的源义经似乎臣服于天皇,而非他的兄长源赖朝的权威,源赖朝当时正在镰仓,那里是源氏的新据点。被激怒的源赖朝下令追捕弟弟及其随从西塔武藏坊弁庆(1155—1189)[4]。当源义经和弁庆无路可逃时,他按照武士的方式英勇自尽。据记载,源义经"以刀刺左乳下,几透于背,切破创口三方,肠出于外"[5]。他的妻儿也在一旁死去。耐人寻味的是,尽管哥哥源赖朝活了下来统治着天下,并建立了镰仓幕府,但是在日本的民间传说中,反倒是弟弟源义经更受称颂。正如有学者指出的,这是日本"虽败犹荣"的文化,即为了忠义之举不惜一死,这在儒教文化中也备受尊崇。

## 镰仓幕府

　　源义经惨死之后,他的哥哥源赖朝(1155—1216)开始了在镰仓

---

　　①　坛之浦之战,1185年4月25日在长门国坛之浦(今山口县下关市)爆发的战役,标志着源平争乱的结束与平家的覆灭。

　　②　原文如此。但二位尼(Nii)即平时子(1126—1185)(系)平清盛正室,平清盛与平时子之女为平德子(1155—1214)即安德天皇之母,故安德天皇是二位尼之孙。

　　③　《平家物语·卷第十一·先帝身投条》。

　　④　西塔武藏坊弁庆,平安时代僧兵,通常作"武藏坊弁庆"或"弁庆","西塔"代表其出身延历寺西塔,而不是名字的一部分。

　　⑤　【南北朝时期、室町初期】佚名:《义经记·卷第八·其六·判官御自害之事条》。

巩固新的统治秩序的进程。尽管武士文化与京都贵族大相径庭,但镰仓幕府与京都的早期帝国官僚体制之间仍有着惊人的相似之处。1192 年,后鸟羽天皇(1180—1239)①敕封源赖朝为"征夷大将军",意为"征服蛮夷的将军"。与日本政治的传统特征类似,天皇无非是一个合法性的象征,"统而不治",他居于"镀金的笼子"中,超脱于琐碎的日常政务之外。就像藤原氏摄政一样,后鸟羽天皇的皇权仍然在于授位②,而接受位阶的源赖朝则得以全盘接收了最高军事权力、行政权力乃至于神权。在接下来几个世纪里,这一体制支配了错综复杂的日本政治。

1199 年,源赖朝殁后无嗣,他的妻子、机敏的北条政子(1156—1225)巧妙地以北条氏取而代之——她将自己的父亲推上了镰仓幕府官僚体系实际掌控者的位置。在承久之乱(1221)③之后,北条氏最终夺取了源氏后人手中的国家统治权。1232 年,北条家起草了贞永式目④,规定了各国守护与地头的义务,保护了朝廷的利益。实际上,这份式目勾画了中世法律的框架。

在武士的统治下,日本逐渐步入了中世,社会的各个层面都发生了重构。平安时期的夫妻分居的、入赘式的婚姻模式变成了夫妻同居的武士父权制模式。这种婚姻模式使得居住在男方的、父子相传的家族制成了社会的基本单位。在家族中,夫妻二人同为父系家庭纽带的核

---

① 后鸟羽天皇(1183—1198 年在位),第 82 代天皇,追号后鸟羽院。

② 这里应指"位阶"。在律令制下,以"位阶"表示人在国家秩序中的身份序列,在 701 年《大宝律令》颁布后,官职与位阶相对应的"官位相当制"得以确立。授予位阶的仪式称"授位",分为三类,即敕授(五位以上需以敕旨方式授位)、奏授(内位八位或外位七位以上需朝廷奏report天皇裁定)、判授(内位八位或外位七位以下由太政官授位)。律令制衰微后,虽然天皇日渐丧失了实权,但授位(尤其是敕授与奏授)权在形式上依然属于天皇。

③ 承久之乱:1221 年(承久三年),后鸟羽上皇令顺德天皇(1197—1242,1210—1221 年在位)退位,立幼子为天皇。同年 5 月,后鸟羽上皇动员其直属的军事力量袭击了京都守护伊贺光季(？—1221),并下令追讨北条义时。在北条政子的号召与北条义时的指挥下,幕府御家人的大军集结起来向京都发动进攻。最终,幕府另立新天皇,将包括后鸟羽上皇等流放到了离岛,并处死了诸多参与讨幕计划的贵族与武士。

上皇:即"太上天皇",对让位的天皇的尊称,其皈依佛门后则称"法皇"。

④ 贞永式目,即御成败式目,1232 年(贞永元年)颁布的镰仓时代的法令。

心。丈夫是家族的首领,而妻子的主要职责则是为家族生下男性后嗣。一般而言,这种变化带来了一个重要的结果——平安时代,女性可以是财产拥有者(像紫式部那样的平安时代最上流的女性拥有财产权与继承权),现在,女性既是财产拥有者,又是财产本身。例如,在处理强奸问题时,镰仓幕府与之后的足利幕府(1336—1573)表现出来的主要兴趣都在于对财产让渡的调停和对社会秩序的维持,而非为女性个人伸张正义。在1479年一个耐人寻味的案例中,一名赤松家的武士强奸了一位京都大酒商的妻子。酒商为了报复,在京都街头将这个武士斩杀。碰巧的是,这名商人的儿子是侍奉板仓家的,而板仓家与赤松家之间宿有仇怨。这一事件激起了两家间的冲突,扩大为一场家族间的战争。足利幕府判决,如果受害者的丈夫在家中斩杀了施暴者,那么他的妻子将被赦免,如果他在家门之外杀死了施暴者,那么其妻子就难逃一死,以显示这是纯粹的复仇行为。这种“丈夫必须杀死男女双方”的判例一直延续到了16世纪。这表示,在武家秩序内,女性成为一种财产,或某种可被故意破坏之物。

日本社会转为武士统治后,农业获得了较大发展,人口也有所增长。据估算,1200年(源平合战刚刚结束之时),日本的人口数约为700万。而到了1600年,即近世变革的前夜,日本的人口数达到了1 200万。农村的村落表现出了高度的独立性,村中官员监管着每一个乡村成员。佛教观念不断地渗透到了日本人的精神生活之中。根据佛教纪年,很多人相信世界已经进入到了“末法”的阶段,需要以新的方式来获得拯救。净土宗等旧的宗派继续存在,而新的宗派同时兴起,如法然上人创立的净土宗、亲鸾上人创立的净土真宗、一遍上人创立的时宗,以及禅宗当中的临济宗、曹洞宗等。除了相信人靠自己的修行得救的禅宗之外,其他宗派都寄希望于仁慈的佛祖。净土宗认为,长期持久地念诵“南无阿弥陀佛”,或诚心诚意地念诵一次,都能够带来救赎。对于处在历史深渊边缘的中世来说,经由某种超自然的力量而获得救赎的思想具有极大的号召力。

鸭长明(1155—1216)的《方丈记》(1212)描述了中世转折的全

貌,反思了佛教的无常、环境的剧变和政治的转型。50 岁过后,鸭长明厌倦了京都繁忙而又物质化的生活,在短暂造访镰仓后,他定居于畿内日野山①的一座小茅庵中。他写道:"朝死夕生,但似水中泡影。"这种关于佛教无常观念的描述在《方丈记》中比比皆是,但他关于环境变迁与政治变动间关联的思想却更具启发意义。1181 年,源平合战正酣,武士距统治全国仅有一步之遥,而此时,天气异常导致的饥馑重创日本和本就营养不良的人民。"春夏酷热,秋冬大风、洪水,恶事相续,五谷不熟。"祈祷也没能使谷物丰饶,农民只得弃耕。体面之民变身为赤脚乞丐。不断有人死亡,"异臭遍满世界"。在一个可怕的场景中,"幼子不知母死,吸乳不止"②。中世的转折成为大范围人口死亡的时节。

在中世人看来,河道与河水构成了现世与来世的分界线。河水具有净化作用,因为波涛起伏冲走了堆积的尸体。中世的日本人将河床用作坟场,他们不与京都周围的、生活在那里的贱民接触,因为腐烂的尸体导致这些人永远都是不洁的。他们也不埋葬或火化腐烂的尸体,而是让鸭川的波涛冲走这些不洁之物。因此,官府也在河边执行死刑。麻风病人、捨世僧③以及各式各样的贱民在鸭川变化无常的河岸边寻找着栖身之所。在这些肮脏的潮起潮落之地,贱民屠宰动物、鞣制皮革。后来,一些贱民得到了庭师④之类的工作,遍布于京都生气勃勃的社会场景之中。正因如此,1181 年爆发的大饥荒在鸭川河畔尤为醒目。

在三年后即 1184 年,鸭长明记录了一次大地震,这次地震进一步加剧了社会和政治的混乱。在类似于 2011 年 3 月 11 日的场景中,"山崩川埋,海倾于地……岩崩落于谷内,在渚之船摇曳波涛之内,行道之马几无立足之地"。鸭长明写道,面对这种自然灾害,人们相信"世间万

---

① 日野山,在今福井县越前市与南条郡南越前町。
② 本段引文皆见于【平安末期镰仓初期】鸭长明:《方丈记》。
③ "捨世僧"(Reclusive monk),指不属于任何寺庙的僧侣。
④ 泛指庭院的设计者、制作者以及庭院中负责裁剪植物或处理其他杂物的人。

事艰难……身上心中烦恼,数不能尽",但是这种情绪并未持续很长时间。关于自然异变与社会困苦之间的关联,他写道:"于我看来,众生苦恼,盖因人心以及其所居环境之变异而起矣。"[①]

伴随着地壳的震动,同时发生了日本政治版图的震动。根据日本的民间传说,列岛在一条巨大的鲇鱼背上保持平衡,当鲇鱼扭动时,日本便会晃动。这条鲇鱼非恶亦非善,成了绘卷的题材,也催生了破坏或财富的故事。[②] 且不谈扭动的鲇鱼的影响,日本地震还源于其所处的位置——"火之环",即环太平洋地震带。我们将在后面第15章深入讨论,导致日本火山与地震活动的直接原因是太平洋板块的下沉,而后者则是更大的板块构造的一部分。板块的下沉指的是一个板块潜进到另一个大洋或大陆板块之下,进入地幔之中,形成"潜没区"。基于这一原因,日本每年要经历约1 500次地震,其中许多颇为严重。考虑到频次和震级,地震在日本史上的作用不可忽视。

## 侵略的威胁

镰仓幕府的对手可不只是佛教的"末法"。纵观整个12、13世纪,日本和中国的南宋朝(1127—1279)、朝鲜半岛的高丽王朝(918—1392)保持着联系。中国商人的出现对九州西部一些寺庙的发展起到了相当大的作用。太宰府与博多这样的港口成了中国商人活动的中心。他们建造了博多的承天寺[③]、太宰府的崇福寺[④]等寺庙,推进了佛教天台宗在九州西部的发展。这种交流是双向的。创建了承天寺的圆尔[⑤]于1235年前往中国,回国后,他在京都创建了东福寺[⑥],推进了日本佛教

①　《方丈记》。

②　"鲇绘",浮世绘的一种,往往表现大地震之后受灾者的惨状和建筑业者借机发财的景象。

③　承天寺,位于今福冈县福冈寺博多区。

④　崇福寺,日本有多座崇福寺,这里指福冈崇福寺,位于今福冈县福冈寺博多区。

⑤　镰仓时代临济宗僧。

⑥　东福寺,位于今京都市东山区。

禅宗的崛起。

60　　然而与大陆的关系并不总是如此崇高而友好。在中世纪,劫掠朝鲜半岛南岸的倭寇①问题一直困扰着日本。1223年,倭寇劫掠了金州附近的海岸。四年后,高丽官员就从对马②而来的倭寇掠夺沿岸这一问题提出了抗议。在整个13世纪,高丽多次痛陈日本倭寇之苦,并烧掉了数艘日本的船只作为报复。日本担心倭寇可能会冷却与大陆之间活跃的贸易往来,1227年,当着高丽使节的面将90余名海贼处以斩首。太宰府官员如此担心倭寇的问题,其原因在于与高丽贸易的性质。日本主要从高丽进口原材料,而高丽则从日本进口高附加值的制造品。13世纪的贸易还包括铜钱的输入,这对镰仓幕府的货币改革至关重要。例如,1242年,一艘属于西园寺公经③的日本船只从宋朝返航,船上满载着铜钱,以及异域的鹦鹉和公牛。据后来证实,西园寺掌握的铜钱量相当于宋朝(960—1279)一年的总铸币量。

蒙古来袭被证明是日本与大陆之间的贸易文化往来的最大威胁。1206年,成吉思汗(1162—1227)率领着他的骑兵军团,将欧洲的一部、伊斯兰世界、北亚和东亚的一大部分都纳入到了蒙古的版图。成吉思汗死后,忽必烈汗(1215—1294)战胜了他的弟弟阿里不哥(1219—1266)。在继承了祖父的地位之后,忽必烈汗建立了元朝(1271—1368)。1274年、1281年,蒙古人曾两度试图入侵日本。尽管在适时出现的台风的帮助下,日本人成功抵抗了蒙古的入侵,但这两次事件仍对日本与大陆的关系的改变造成了长期影响,它加速了镰仓幕府的瓦解,并激起了日本全国范围内的民族意识的逐渐觉醒。

1265年,忽必烈汗开始与镰仓幕府产生外交纠纷,意在切断其与

---

　　① 日本文献称"海贼"。所谓"倭寇",即中、朝史料中对有"寇贼"行为的日本人的称呼,初见于高句丽广开土王(好太王)碑上的铭文。14—16世纪,"倭寇"一词逐渐被中、朝史籍普遍使用。学界对于不同历史时期倭寇成员的构成存在争议。

　　② 对马岛,日本九州北方玄界滩的一组群岛,位于对马海峡东端,今属长崎县对马市管辖。

　　③ 平安末期镰仓初期的公卿、歌人。

南宋(1127—1279)的贸易,此时南宋尚未被蒙古完全征服。以北条时宗(1251—1284)①为执权②的镰仓幕府决定无视蒙古的要求。北条时宗受南宋僧侣影响极深,这些僧侣将蒙古人视为侵略者,并因此否认他们统治中国的合法性。同样,无论中国是否处于蒙古人的统治之下,北条时宗遵循先例,拒绝承认中国在东亚外交中的核心地位。北条时宗甚至制定了先发制人的攻击蒙古在朝鲜半岛军事设施的计划,尽管这一计划最终并未实施。他还着手在博多湾沿岸建立防御墙。尽管一般认为,相较于身经百战的武士,恶劣的天气才是击败"元寇"的首因,但

61

图 6　骑马武士与蒙古军队作战场面　竹崎季长(《蒙古袭来绘词》,1293)③

① 镰仓时代武将、政治家,第 8 代执权。
② 执权:初见于后三条天皇(1034—1073,1068—1073 年在位)时期。1203 年北条时政就任镰仓幕府初代执权,协助将军总览政务,是为镰仓执权之始。
③ 《蒙古袭来绘词》绘者不明,学界一般认为竹崎季长为绘词主人公而非绘者。

不可否认的是,双方的交战仍然相当激烈。在战场上,武士们希望通过战绩与军功受赏来彰显自己个人的成就。在与蒙古军交战之前,竹崎季长宣称:"自知难以生还,如若生还,望将军御览。"对将军报告军功的手段是"军忠状"①、"军记"②和"证文"③。军功被认可后,将军会据此奖赏中世武士。

蒙古来袭被认为加速了镰仓幕府的衰落,一个原因在于许多武士认为他们的军功没有得到足够的奖赏。而蒙古的入侵也代表了对武士统治的新挑战。与平氏、源氏那种不同集团之间的内部争斗不同,蒙古代表了外来的威胁。日本人更加团结地为国而战。但是,由于从这场战争中没有获得国内外的任何土地,武士得到的封赏和战利品确实不足。如何奖励武士为国效劳而不是为家族效劳的方法尚未确立,镰仓幕府承担了由此带来的后果。

## 建武新政

但是,导致镰仓幕府灭亡的却是皇室政治。1259 年,幕府介入到了皇室二统④关于天皇继位问题的纷争之中,最终只定下了一个权宜之计,即二统交替继承天皇位。该体制在一开始还能够正常地运行,但在后来,文保和谈(1317)决定,由于持明院统没有合适的继承人,由出身大觉寺统的后醍醐天皇(1288—1339)⑤继位。因为他既不是前代天皇的直系后代,又不是皇族的近支,所以大臣们决定后醍醐天皇只能在位十年。而后醍醐天皇本人则有着另外的打算:他对于皇权统治的认知深受儒家经典和中国历史的影响。与天皇名义统治、镰仓将军掌握实权的日本不同,中国历代帝王的交替中充斥着王朝的更迭,这一点深深地吸引着后醍醐天皇,使他倾心于王朝更迭与帝王亲政的观念。一

---

① 直译为"战役状况汇报"(Battle service report),即"军忠状"。
② 直译为"目击记录"(Records of witness),即"军记"。
③ 直译为"证明报告"(Verification reports),即"证文"。
④ 即日本皇室的两个支系大觉寺统和持明院统。
⑤ 后醍醐天皇(1318—1339 年在位),第 96 代天皇,追号后醍醐院。

个"受命于天"的、日本式新政的念头,对于后醍醐天皇来说有着莫大的吸引力。

除了中国的皇权统治历史模式,后醍醐天皇还对其他一些中国式的因素颇为倾心。践祚伊始,他便立刻在身边聚集了一批并无深厚个人背景的但忠心耿耿的朝臣,例如北畠亲房(1293—1354)。这些人符合理想中的中国模式,即以才干而非出身受到任用。后醍醐天皇后来写道:"尝闻淮南(子)云:'少德而多宠一危也。'"文献记载,后醍醐天皇的臣下"恒忠心奉主"、"进忠言",而非一味顾及自己在京城的家族利益。后醍醐天皇还介入到了京都的经济事务之中,向过去不纳税的人群征税,例如酿酒业和东寺地区的居民。后醍醐天皇希望为京都广开财路,从而加强自己对皇位的掌控。

这种"二重政体"(即皇帝君临、将军统治的制度)仍令后醍醐天皇如芒在背。诸多事件的发酵最终在"正中之变"(1324)中达到顶点。后醍醐天皇的手下策划了一次并不完美的推翻武士统治的计划,他们在北野神社①的祭典上引发混乱,希望以此吸引幕府的注意,并同时派人前往六波罗(镰仓幕府在京都的前哨基地)。然而这一计划事与愿违,后醍醐天皇的手下被抓。后醍醐天皇立刻起草了一封书信,在信中,他就自己的皇权观念慷慨陈词道:"朕躬甚怒",镰仓将军"非天下之主,而传天下之大权于子孙……东夷之本分,唯有与天下万民依顺朝廷、俯首称臣"。后醍醐天皇表现出一种孟子式的自然形象。信中有一句显示了后醍醐天皇对天皇与将军关系的强烈认知,他说道:"朕乃天下之主,其下众人仰朝廷恩泽,逼迫朕躬,如同荫中摘叶,饮水忘源。"后醍醐天皇借用自然形象——饮水忘源——把皇权视为天然之物,而把将军统治归为人造之物。后来,后醍醐天皇又进一步抬高了赌注——他运用佛教的法术,例如参加立川流的神秘仪式,来诅咒镰仓幕府。

1331 年,后醍醐天皇召集了关东和畿内的不满武士来对付镰仓幕府。在这些武士之中,很多人仍因抵抗蒙古来袭之后封赏微薄而愤愤

---

①　京都北野天满宫,位于东京都上京区。

不平。但是,忠于北条家的力量早已准备周全,后醍醐天皇只得逃到
了拥有巨大弥勒(未来)佛岩面浮雕的笠置寺①。后醍醐天皇幻想自
己是"未来"的王者,所以其逃亡之地是经过了精心选择的,尽管后来
的事实证明,这并不是一个好的藏身之处。镰仓武士很快便抓住了
后醍醐天皇。他被流放到隐岐岛②,1332 年,他又躲在鱼干堆中逃了
出来。感到被北条家轻视的一些武士家族迫不及待地帮助后醍醐天
皇夺权。在足利尊氏(1305—1358)③和比叡山(延历寺)僧兵的帮助
下,后醍醐天皇最终推翻了镰仓幕府,并宣布开始"建武新政"。尽管
建武政权短寿而又充满戏剧性,但却建立了一套新的司法体系,重建
了皇宫,重振了宫廷祭祀,还为大德寺④、南禅寺⑤等强大的佛寺提供
了庇护。

后醍醐天皇对权力的掌控在很大程度上仰仗足利尊氏的继续支
持,但事态的发展却并不如其所愿。1336 年,足利尊氏背叛了后醍醐
天皇。在随之而来的争夺天下的斗争中,足利尊氏的武装遭遇到了后
醍醐天皇心腹的抵抗,从而上演了著名的凑川之战⑥。忠勇的楠木正
成(1294—1336)与其弟楠木正季率领后醍醐天皇的军队奋战,但战败
之后,两人在一户简陋的农家里一起自杀。兄弟两人在"共切其腹,卧

---

① 笠置寺,今位于京都府相乐郡笠置町。
② 隐岐岛,日本岛根半岛北方约 50 千米处的群岛,隶属于岛根县隐岐郡。
③ 足利尊氏(1338—1358 年在职),镰仓后期南北朝时期武将,室町幕府初代将军。
④ 大德寺,今位于京都府京都市北区。
⑤ 南禅寺,今位于京都市左京区南禅寺福地町。
⑥ 凑川之战:1333 年 6 月,后醍醐天皇返回京都,开始着手实施新政,由于其次年重祚
后改元建武,故史称"建武新政"。1335 年 7—8 月,北条时行(? —1353)拥兵攻入镰仓,杀死
了护良亲王(1308—1335),将成良亲王(1326—1344)送回京都,而足利尊氏未待救许即发兵
将北条时行逐出了镰仓,史称"中先代之乱"。足利尊氏进入镰仓后,后醍醐天皇下令追讨足
利尊氏,当年 12 月,足利尊氏率部攻入京都;次年正月,北畠亲房、楠木正成反攻并收复了京
都,足利尊氏率领残军逃到了备后国。1336 年 4 月,足利尊氏率军东征。当年 5 月 25 日,凑
川之战爆发,后醍醐天皇一方的新田义贞(1300—1338)、楠木正成与足利军展开战斗,楠木正
成及其部下 500 余骑英勇作战、先后冲锋 16 次,但仍未能挽回败局,合战进行 6 个时辰后,楠
木正成身边仅余 73 骑(一说 50 骑),正成遂与胞弟楠木正季退入凑川神社旁边的一间民房自
尽,留下了 11 岁的儿子楠木正行(约 1326—1348),史称"樱井诀别"。

于同枕"①之前的最后对话彪炳史册。楠木正成问弟弟最后的愿望,楠木正季回答道:"愿七生报国,殄灭朝敌。"他们的五十名心腹也随即"一度共切其腹"。后醍醐天皇向南逃至吉野,并在那里建立了南朝;而足利尊氏则拥立了持明院统的光明天皇②,建立了北朝。南北朝分裂的局面一直延续到了1392年。

### 结语

政治分裂的种子根植在武士建立的封建制度之中。随着日本渐渐进入到15世纪,离心力使得国家开始变得四分五裂,日本进入到了混乱的战国时代(1467—1582)③,这一名称源于同样混乱的古代中国。作为一个统一政治实体的"日本"分崩离析,变成了许多将自己视作独立"国家"的地方政权的杂烩。换言之,15世纪出现的这一"国家"(state)很少代表一个真正的国家(nation),而是各个武士家族统治控制下的地方政权。但这些并不是说中世的转折不重要。武士为日本社会塑造了一套新的肌理,强调儒家式的、居住在男方的、父系的家族结构,在随后的几个世纪中,这成了日本社会的核心。武士也试图在个人荣誉与臣属义务之间保持平衡,为今天日本人的个人生活和公民参与奠定了基调。武士对日本的统治一直维持到了明治维新(1868),在后面的数章中我们将重点介绍他们对日本历史的贡献。

---

① 本段引文均出自【成书年代不详】佚名:《太平记·卷第十六下·正成兄弟讨死事条》。

② 光明天皇(1322—1380,1336—1348年在位),日南北朝时期北朝第2代天皇。

③ 学界对于战国时代的结束时间存在争议,常见的说法包括:1568年(织田信长上洛)、1573年(室町幕府灭亡)、1590年(关东北条家覆灭)、1603年(江户幕府建立)、1615年(元和偃武)等。而至于说这里所采用的1582年(本能寺之变,织田信长死去),学界一般认为是安土时代的终结而非战国时代的终结;此外,本书作者自己对战国时代的界定也不明确,其第四章标题部分将战国时代界定在了1573年之前,其第五章(原书第89页)将战国界定为1590年之前,其第六章(原书第102页)将战国界定为1560年之前。

# 第四章　中世日本与战国时代
## （1336—1573）

　　14—15 世纪期间,政治权威从中央剥离并外移到了地方。如果说京都朝廷在 12 世纪之前还能通过律令官僚体系加强权威,那么,随着武士的出现,其统治的影响力已经变得愈发地分散化、封建化。随着足利幕府(1336—1578)的政治权威与军事力量的衰弱,在强大的武士家族、全副武装的武僧甚至京都周边的集团之间,国家权力以外的各种同盟开始形成。在这些集团的压力下,足利将军家最终衰落到了无能为力的境地,日本陷入到了一种被称为"下克上"①(即"下层起来反抗上层")的社会、政治状况之中。在这幕府孱弱所导致的权力真空中,被称为大名②的土地领主强化了他们在地方层面的力量。这些领地③及其大名产生

①　下克上,泛指下位者通过政治军事手段打败上位者、改变身份秩序与等级关系的行为。

②　大名:平安中期以降,以荒地开发与"口分田"的私有化为契机,出现了个人私有的土地,称"名田",持有名田并承担年贡者称"名主"(江户时代"村方三役"中亦有"名主"),大名即"大名主";室町时代,随着守护领国制的发展,在领国内承担经济、警察、军事权力的"守护"称"守护大名";战国时代,在一国乃至数国中确立支配地位者称战国大名;江户时代,石高 1 万石以上者称大名诸侯(即近世大名)。

③　直译为"领地"(Domains),即"所领"。最初是指领主知行(支配)的土地,战国时代以前,往往以"某某家领"、"某某寺领"等加以称呼;战国以后,复数国构成的大名领国逐步形成,军事组织称为"众",行政组织称为"领";江户时代以后,"领主姓氏或统治据点或统治组织后加领"的情况日益增多,例如以金泽城为据点的加贺藩,便称"金泽领"、"前田领"、"加贺领"。

了重要而深远的影响。当这个国家最终于 16 世纪末再次统一时,尽管江户幕府(1603—1868)在其新都强化了权力,但许多领地的大部分自治权仍得以保留。实际上,这种地方主义的影响至今犹在:尽管日本是一个相对较小的国家,但依然保留着一种强烈的地方认同感,如今,它通过地方食物、地方文学传统以及地方特产得以表现。在中世,地方主义显得更为恶性,通常是以掠夺战争的形式表现出来。

## 足利幕府

后醍醐天皇在凑川之战后幸存下来,南逃到吉野,并在那里建立了一个并行的朝廷,拉开了混乱不已的南北朝时代(1336—1392)的序幕。在得到北朝认可之后,足利尊氏于 1338 年就任将军,并于京都建立了幕府。足利尊氏的儿子足利义诠(1330—1367)继其父进行统治,直到37 岁那年死去。义诠的死导致他年幼的孩子足利义满(1358—1408)落到了权臣细川赖之的手中。在垂死之际,足利义诠对细川赖之说:"吾今与汝一子。"又对其子足利义满说:"吾今与汝一父。"①在细川赖之及随后足利义满的时期,足利氏的权力达到了顶峰,部分是得益于1371 年幕府创造性地开始对酒屋以及土仓②进行征税。与镰仓幕府不同,足利氏在土地方面一直捉襟见肘,而酒税带来了急需的财源。足利义满还发展了将军代理(管领③)制度以强化幕府的官僚制。最终,在1379 年,细川赖之被迫退位,而足利义满掌握了权力。足利义满统治幕府直到 1408 年去世,在 14 世纪下半叶到 15 世纪初这期间成功地渡过了波涛汹涌的政治危局。足利义满不得不与三个强大的集团进行斗争:宗教机构、后醍醐天皇的南朝的效忠者④、各国行政官(守护)。

①　《细川管领家御记》。
②　直译为"抵押券商"(Pawn brokerages),即"土仓",镰仓室町时代的金融业者。
③　管领:足利尊氏时期,设置"执事"一职,负责辅佐将军处理政务;足利义满时期,改称"管领",并由足利氏下的细川氏、斯波氏、畠山氏三个家族轮流担任。
④　后醍醐天皇殁于 1339 年,与足利义满同时期的南朝天皇是后村上天皇(1328—1368,1339—1368 年在位)与长庆天皇(1343—1394,1368—1383 年在位)。

1392 年,足利义满与南朝达成了协议,许诺轮流继承[①];他还轻而易举地镇压了一些有威胁的守护,例如在 14 世纪末,镇压了负隅顽抗的大内义弘(1359—1399)。

足利幕府的弱点在于其二分的官僚体制,在这一体制内,地方官既是隶属于京都的官僚,又是各国的守护。十四处守护家代表着足利氏的分支,剩余的远离京都的七家以领地作为交换进行着地方统治(这一数字有波动,在 1392 年,有大约 20 个守护管理着大约 45 国)。在将军之下,最重要的职位是管领,通常由三个家族的其中一个担任:斯波氏[②]、畠山氏[③]、细川氏[④]。他们成了足利霸权的核心:合则对各守护有效使用权力,分则使全国支离破碎。正如我们将要看到的那样,正是这三大家族之间的冲突导致了应仁之乱(1467—1477)的爆发,而京都也在这场十余年的短兵相接中毁于战火。

守护处在一个微妙的位置,因为他们在京都时是幕府的官员和侍从,在诸国则是当地的监管者,必须在两者之间分配时间。在各国时,守护与被称为"国人"[⑤]的当地领主争夺控制权,这些国人的权威并非来自京都,而是来自当地继承的联盟。随着时间的推移,特别是在那场摧毁了足利氏残余权力的应仁之乱之后,这些守护在各国的权威逐渐式微。随着幕府的倾颓以及守护在当地合法性的丧失,那些在当地拥有合法性的"国人"轻松地进入到了权力的真空地带。

幕府的问题始于足利义教(1394—1441)被暗杀。随后,幕府采取

---

① 足利义满与南朝达成了三项协议:其一,举行转让仪式,由后龟山天皇(约 1350—1424,1383—1392 年在位)将三件神器转让给后小松天皇(1377—1433,1382—1392 年在位);其二,今后皇位由南朝、北朝两大皇统轮流担任;其三,大觉寺统(南朝)管辖诸国国衙领,持明皇统(北朝)支配长讲堂领。

② 斯波氏,足利氏的一门,清和源氏分支河内源氏之后。

③ 畠山氏,本贯武藏国出身的武家,主要是桓武平氏与清和源氏两家系之后。

④ 细川氏,足利氏的一门,镰仓时代至江户时代的武家。

⑤ 国人,亦称"国众",其在当地定居,拥有实力,以本领为中心集中统治所领(领地)。一方面,国人可能作为守护的被官与奉公众;另一方面,国人也可能组织一揆甚至于建立起统治。

军事行动,狠狠地回击了播磨国的这些肇事者。① 主犯赤松满佑(1381—1441)在这次军事行动中自杀,但他的死并没有改善幕府的时运。义教的继承人是一个意志薄弱的年幼孩童。足利义政(1436—1490)②是一位最为臭名昭著的将军,因为种种滑稽的奢侈之举备受谴责。据说,他"完全按照无知妇尼的意愿进行统治"。③ 幕府的衰败往往被认为是足利义政及其执事伊势贞亲④的责任,尽管主要原因在于机制问题和自然灾害。在将军义政的统治下,畠山氏与斯波氏之间连续爆发纠纷,最终,纠纷扩散到了足利本家,并导致了应仁之乱,从此以后,幕府再也没能恢复过来。但在讨论应仁之乱这场人为骚动之前,我们必须把注意力先暂时转到一些大灾变,它们把幕府推向了深渊。

1457—1460 年期间,一系列自然灾害袭击了列岛,而义政登峰造极的奢侈行为则使得局势愈发严峻。各地都备感艰难。1460 年,一个见证者写道:"赴春公之招,日落而归时,历六条街,有一老妇,抱一子。亟呼其名,数声连续,遂放声哭之。余因见之,其子已死,母恸而仆地。"人们纷纷问这位老妇来自哪里。她回答说自己是来自河内的难民,她还说道:"三年大旱,稻粱不登……然而此子不得给,殆至此极也。"⑤与这种艰难时世同时存在的却是这位观察者记录的另一个贵族奢靡的景象:"逢贵公子看花,回从骑数千,士卒相随者如云也,其势不可以触。有傲睨路上之人者,有诟骂马前之卒者,有戏谑而夺花者,有醉歌而把刃者。"⑥

这就是应仁之乱的环境与社会背景。1464 年,足利义政意外退位之后,足利义视(1439—1491)成了将军。位高权重的细川家支持义视。

---

① 足利义教(1428—1441 年在职),室町幕府第 6 代将军。文中所述即"嘉吉之乱"。

② 足利义政(1436—1490,1449—1473 年在职),幕府第 8 代将军。

③ 译者未考据到与英文原著完全对应的史料,有类似记载"春公语余曰:大相公之嬖妾某氏,曾司室家之柄,其贵势焰焰,不可近焉"。(【室町】云泉太极:《碧山日录·宽政二年一月十八日条》)

④ 伊势贞亲(1417—1473),室町时代武士、室町幕府政所执事。

⑤ 《碧山日录·宽正元年三月十六日条》。

⑥ 同上。

但是,当义政的妻子日野富子生下一个男性继承人且有细川家的对手山名家作为后盾后,局势变得紧张。此时,围绕继承人的流血冲突一触即发。满怀仇恨的两家均召集了以当时的标准看规模甚大的部队(山名方 11 万人,细川方 16 万人),对峙于木质的、一点即着的京都。这场派系之间的毁灭性战争持续了 11 年,任何一方都没有取得决定性的胜利。在冲突中,京都遭到了彻底的破坏,被付之一炬,而幕府也遭受到了致命的伤害,尽管它还是苟延残喘了一个世纪。

尽管政治权威已经分散化并被降至领国层面,但地方上对法律与统治的态度却出现了种种变化的迹象。战国时代的领主们制订了"分国法"①,以维护不断扩大的家族与领国;他们还废弃了之前的中世法律,比如镰仓幕府制订的御成败式目(1232)。战国时代的分国法的耐人寻味之处在于,它缓慢地侵蚀着"私德",例如武士的道德准则,转而偏好"公法"。1536 年,在伊达稙宗(1488—1565)所制订的分国法中,复仇为公法所禁,从而遏止了仇杀。此即"法律高于准则",这也成为战国政治的基石。尽管一个武士实际上可能会被诱使持刀复仇,但法律却禁止他这么做。其中一条"分国法"规定道:"口舌之争引发之斩人事,其理在伤重一方。"②"斩人之罪,事发上报后等待处罚之期间,不可返杀。若违反此例,纵然有至高正当性,但因违背法度,将受处罚。"③

领国的法律禁止武士在本家影响力范围之外组成同盟,因为这种"众"④是混乱的根源。武士们通过"军役"⑤表示忠诚,而且这种忠诚的对象是"领地与国"。这种体制将许多武士吸引到了有凝聚力的政治集

---

① 分国法,战国大名为了统治领国而制订的基本法令。

② 《尘芥集·其三十八》。

③ 《尘芥集·其三十九》。

④ 直译为团体(Leagues),可以对应多个概念:其一,"仲间",指从事同一事物的一类人,江户时代也指代工商业者形成的同业组合;其二,"一揆",为解决特定问题或者达成特定目标而组成的集团,一揆的种类有很多,例如"国人一揆"、"庄家一揆"、"百姓一揆"、"一向一揆"、"法华一揆"等等;其三,"众",指特定人群构成的集团,如"三河众"、"三好三人众"等。

⑤ 军役:广义上是指被统治者所承担的兵役,狭义上是指中世、近世时期武士主从关系("御恩与奉公")的一环。所谓"御恩",即主赐予从领土并提供保障,所谓"奉公",即从对主履行军役、经济义务。战国时代的军役是指武士在战时为主君提供军事力量、军粮与其他。

团中,但是,依然有其他的团体反抗着大名的权力。武装起来的佛教信众①便是应仁之乱后出现的、对将军构成严峻挑战的一种集团。

## 佛教信众

在第三章中,我们讨论了几个佛教宗派的崛起。在 12—13 世纪期间,净土宗、净土真宗以及其他佛教宗派开始重构日本的宗教与文化版图,与此同时,它们也改变了军事与政治版图。1532 年,一向宗②的一干信众,即亲鸾开创的净土真宗的成员,宣称"进者往生极乐"③,他们动员了近 20 万人,在河内与摄津国内对三好元长④发动了军事袭击。死者数以千计。对奈良地区的春日神社⑤以及兴福寺的报复行动也接踵而至。惊恐的细川晴元(1519—1563)争取到了其他佛教宗派(即显本法华宗⑥)的支持,针对一向宗的据点,他们迅速展开行动并烧毁了几处寺庙,其中包括其总部山科本愿寺⑦。在这一被称为"合战"的军事壮举中⑧,法华一揆骑马穿过烧焦的京都街道,口中反复吟诵着"南

71

---

① 直译为"佛教的信徒"(Buddhist sectarians),即"信众"。平安时代后期,在寺院中治学的僧侣称"学侣"("学僧"),从事寺内运营的人称"众徒"("堂众"),从事寺内花、灯等内部设施管理与炊事的人称"行人",三者合称"大众";中世以降,大众多用于指代聚集的僧侣,尤其是指僧兵。

② 一向宗,广义上泛指镰仓时代净土宗僧一向俊胜(1239—1287)所开创的宗派,狭义上特指净土真宗内部的本愿寺教团。

③ 进者往生极乐,战国时期一向一揆为鼓舞信众而写在旗帜上的旗印,全文"进者往生极乐,退者无间地狱"。

④ 三好元长(1501—1532),细川晴元(1514—1563)家臣。细川晴元(1514—1563),战国时代大名,曾任室町幕府第 34 任管领。文中所即"饭盛城合战"。

⑤ 春日大社,位于今奈良县奈良市春日野町。

⑥ 显本法华宗:法华宗在平安时代由最澄传入日本,即天台(法华)宗;镰仓时代,日莲(1222—1282)创立了日本"佛教十三宗"之一的日莲宗,其门下又分诸多宗门;1334 年,日莲宗僧日向(1269—1342)受后醍醐天皇敕建妙显寺(位于今京都府京都市上京区),并得赐"法华宗";室町初期,初学天台、后归日莲的日什(1314—1392)开创了日莲宗胜劣派的一支(即显本法华宗),本山妙满寺(位于今京都市左京区)。

⑦ 山科本愿寺,1483 年 9 月 23 日建成,1532 年 9 月 23 日被烧毁,遗迹位于今京都市山科区。

⑧ 译者未考据到与原著完全一致的史料,有与之类似的记载:"见日莲宗人,有万余……四五百驾马……"。(【室町后期战国时代】山科言继:《言继卿记·天文二年三月七日条》)

无妙法莲华经"①。他们吹着法螺②、敲着法鼓③、骑着马对一向宗发起突袭,马上配有写着佛教真言的巨幡,上书"不受不施"④与"广宣流布"⑤,以此作为指导口号。在京都城中,日莲宗的大型寺庙都配有环壕与岗楼,与其说是宗教敬拜的场所,不如说更类似于防御设施,因此这场法华合战还赢得了京都人的共鸣。

法华信徒制定的城镇司法体系显示,足利氏的法令与秩序被民团主义取代到了何种程度。一位日记作家于1533年写道:"听闻日莲一揆逮捕了若干纵火者,因为无正式的民众集会(来决定这些纵火者的命运)……他们将那三个纵火者示众并立即处决。"⑥这位日记作家还观察道,"为了彰显正义并逮捕两个曾劫掠过圣护院与河内国东部的步兵,在京都北部,约5 000人发动袭击。据说他们逮到了两人并将其处死"。另一位作家总结了法华信徒无处不在的影响,他写道:"法华一揆已在京都掌权。将军与管领所控制的京都及其周边,都已在法华一揆的掌控之下了。"⑦通过激进的司法举措,好战的佛教信众已经成为京都城中的审判者与行刑者。因此毫不奇怪的是,16世纪后半期各路军事势力武力统一天下之时,他们均将有组织的佛教信众作为首要目标。在京都,由于幕府的缺位,其他组织纷纷登场。市民们自发组织成"町组"⑧以

---

① "南无妙法莲华经",日本日莲宗唱妙法莲华经之题号。

② 直译为"长笛"(Flute),这里应为"法螺",所指有三:其一,战国时代,法螺是战场上用来提高士气的一种唇振气鸣乐器;其二,法螺是佛教举行宗教仪式时吹奏的一种唇振气鸣乐器;其三,佛教经典常以法螺之音悠扬深远来比喻佛陀说法之妙,用吹法螺暗喻说法。

③ 这里应为"法鼓",所指有二:其一,暗喻宣扬佛法;其二,指代佛寺法堂东北隅放置的太鼓。

④ 不受不施,日莲宗思想之一,不受法华信者以外人布施,不对华华信者以外人供养。

⑤ 广宣流布,日莲宗思想之一,广宣法华经之教义。

⑥ 未考据到与原著完全对应的史料,有类似记载:"……付火者两三人,即切之……众四五千打出。"(【战国】近卫尚通:《后法成寺关白记·天文二年二月十八日条》)

⑦ 未考据到与原文完全对应的史料,有类似记载:"洛中、洛外之政道,咸归一向法华宗矣。"(《座中天文物语》)

⑧ 直译为"街区"(Blocks),这里应指"町"。室町、战国时期,城市市民常常依据其地标、(职业)功能、临时需求结成不同的"町",其类型众多,其人员称"町众";"山科本愿寺合战"到"天文法华之乱"前后,为了进行有效的自治与自卫,京都城中的"町"彼此合作,并形成了"上京町组"(以行愿寺为中心)、"下京町组"(以顶法寺为中心)等"町组"。

反抗武士的剥削。城市的町通常以当地地标、神社、寺庙或商家命名。有秒传寺町①、北船桥町②、扇座町③、行愿寺町④等，它们不断强化自己，以反抗各路强有力的军事力量。这些稳定的民众组合表明，16 世纪时一种新的、长期的城市认同形式正在京都得到不断强化。经过一段时间后，幕府甚至承认了这些町组的准自治权，准许它们在城中兵营为非作歹之时"收拾祸害"。

72

京都成为一个冲突之城。当佛教一揆互相残杀之时，城市的町组设置路障，偶尔还有武士成群争斗，京都遍布着前所未有的令人不安的气氛。1506 年，一位朝臣看到了一块官方的木牌，写着"禁止""盗窃"、"纵火"与"争斗"，此外，"相扑"与"舞踊"也在被禁之列。⑤ 他暗自思忖，这种禁止无异于"应该"。另一位日记作家记录道，"射礼"也是被禁止的，"游船"和"提灯远足"同样如此。在这种地区战争和法律缺失的状态下，乖张的权威取代了真正的政治和社会秩序。这座都城挣扎着试图控制其所能控制的、极少的残余部分。1526 年，一位旅行者记录道："现在俯瞰京都，无论贵贱，只见房屋十者留其一。平民的住宅被改为农田。而宫殿则被夏草覆盖。难以言表。"此情此景或许难以言表，但对"游船"和"舞踊"的禁止却是言之凿凿的。

实际上，在京都城中，舞踊确有危险。1520 年，一位日记作者观察到"今年每夜"都有舞踊，他不知道这是"因为举国太平呢"，还是说又进入到了一段"新的骚乱"时期。当数以百计的人占据街头舞蹈之时，这种夜间舞踊的壮观景象既意味着"太平"，又意味着"新的骚乱"。正如一位日记作家于 1532 年所记录的，这些舞踊是失控的，舞踊者"陷入

---

①　秒传寺町，当时属于下京"河西组"。

②　北船桥町，当时属于上京"河西组"。

③　扇座町，当时属于下京"中组"。

④　直译为"皮革工人"(Leather Workers)，或指以"革堂"(即行愿寺，位于今京都府京都市中京区)为核心的行愿寺町组。但是，行愿寺被称为"革堂"是源于"皮圣人"行元(生卒年不详)，与"皮革工人"无关。

⑤　即 1506 年幕府颁布的八条禁制：禁止恶钱；禁止盗贼；禁止纵火犯；禁止武士斩杀行人试刀；禁止争斗；禁止相扑；禁止赌博；禁止舞踊。舞踊即以跳跃为主的日本传统舞蹈，中世舞踊类型众多，包括念佛踊、风流踊等。

了狂乱之中"。舞踊戏谑地反映着混乱的政治,夸张地演绎着身份、阶级与性别皆失之扭曲的社会与政治结构。由于武装起来的町组、军事化的佛教信众、游荡的武士暴徒群体以及彻夜不停的夸张演绎政治和社会秩序的舞踊,京都已经成了战国骚乱的原点。在 16 世纪,日本或者说至少是都城京都,已经站在了社会全面混乱的深渊边上。

## 战争与医学

73　　在前面的章节中,我们探讨了疾病、公共卫生与日本的科学,其中主要探究了传染病在列岛的传播及其对于人口、政治与社会的影响。随着流行病的爆发,细菌的微观世界与日本人的宏观世界相互作用,在细胞层面上不断改变着这个国家的进化路径。当西班牙征服者踏上新世界的"处女地"时,那造成了生物意义上的浩劫,感染和毁灭了泰诺人[①]等当地土著,但日本人此前便感染过麻疹与天花,这使他们幸免于难。传染性疾病推动了西欧的崛起,但从免疫学上来说,日本人,或至少是北海道以南的日本人,在这些传染病中屹立不倒。

　　通过国际门户太宰府,来自大陆的佛僧与其他旅人也为日本带来了早期东亚的复杂药学。12 世纪晚期,明菴荣西(1141—1215)[②]两次前往中国,在那里,他学习禅宗,并将所学带回到了日本。他的《吃茶养生记》介绍了绿茶及其营养价值的新信息。在书中,他还列出了一些治疗糖尿病、中风等病症的药方。[③] 亦曾游历大陆的圆尔(1202—1280)在京都东福寺创建了一座医学书阁,其中收藏着日本与宋朝关于诊脉、针灸、药理等方面的书籍。东福寺坐落于京都城内一处萧条地带,寺中或许提供医疗救助。其他的佛教宗派,例如律宗[④],在其祖师鉴真的指

---

　　① 　泰诺人,隶属阿拉瓦克人,是加勒比地区主要原住民之一,其内部又分为东泰诺人、典型泰诺人与西泰诺人。

　　② 　平安末期镰仓初期僧侣,日本临济宗千光派祖师,天台密教叶上流祖师。

　　③ 　《吃茶养生记》,明菴荣西所著,两卷。上卷主要叙述了茶的种类、抹茶的制法、茶的功效,并探究了五脏与五味的关系;下卷主要叙述了桑在治疗饮水症(糖尿病)、中风、不食、疮、脚气五种病的过程中的用法与功效。

　　④ 　佛教宗派之一,倡导研究、践行戒律。

引下,亦从事慈善性的医疗救助,关注"河原者"①与"非人"②等贱民的健康问题。在镰仓,极乐寺③也成为公共福利的中心,救济那些食不果腹、衣不遮体、被社会排斥、恶疾(往往是麻风病)缠身的在镰仓幕府之都日益增多的"非人"贱民。

在 13 世纪以前,日本最重要的医学著作是丹波康赖撰写的《医心方》(984)④。深根辅仁(898—922)的《本草和名》(922)⑤与源顺(911—983)⑥的《和名类聚抄》⑦也颇为重要,这两本书代表了自然物的分类目录,其中相当数量的目录成为日本快速增加的药典的一部分。与经验观察相比,中国学问对这些著作的影响要大得多,但这些著作依然反映出中世的日本人试图对自然界建立某种秩序。在中世日本的医学著作中,妇产科尤为重要。医僧梶原性全⑧写道:"有时胎儿死了,但孕妇得以存活;有时两命融为一体均得以存活。"他认为,在治疗孕妇的诸多案例中"无所药不可用"。他呼吁医生将旧的治疗方法与宋朝传入的新的医学技术融合起来,这样才能攻克这些难题。

纵观整个中世,通过历史学家所称的"药品与处方的丝绸之路",医学著作、药学、器具与技术源源不断地流入日本。在如何对待从中国与朝鲜半岛引进的各种医疗手段上有一个重要的问题,即使日本与中国的药品在名称、剂量和单位上趋于一致。这就是《本草和名》一书的主要目的之一。在处理新近诊断的病症时,一些医学著作列出肉豆蔻等

74

---

① 中世日本的被差别民,一般是河原周边从事屠宰、皮革加工事业的人群。

② 中世日本的被差别民,是对特定职能民与艺能民的称呼。

③ 日本有多处"极乐寺",这里的镰仓极乐寺属律宗,全名"灵鹫山感应院极乐律寺"。

④ 《医心方》,日本现存最早的医学著作,丹波康赖于 984 年进献给朝廷。经后世修订,全书 30 卷,包括医师伦理、医学总论、各种疾病疗法、保健卫生、医学思想、房中术等,一般认为 27 卷成书于 12 世纪之前的平安时代,1 卷成书于镰仓时代,2 卷成书于江户时代。

⑤ 《本草和名》,日本现存最早的本草书,深根辅仁编纂,学界一般认为其成书于延喜年间(901—923)。

⑥ 平安时代学者、歌人、贵族。

⑦ 《和名类聚抄》,平安时代辞书,源顺应勤子内亲王(904—938)所命于承平年间(931—938)编纂成书,其流传下来的写本分"十卷本"与"二十卷本"两个系统。

⑧ 镰仓时代医师,著有《顿医抄》、《万安方》。

源自西方的药物成分,作为其药库中的有力新式武器。中世日本已经成为全球医学知识交换网络当中的一部分。肉豆蔻等药物成分源自伊斯兰世界,疾病的因果缘由等解释也源于印度和中国。

14世纪中叶,当战火使足利幕府分崩离析之时,"金疮药"便成了日本医疗文化中的一个重要部分。日本最早的两本关于金疮的医学著作《金疮疗治钞》与《鬼法》,都是14世纪流传下来的。在14世纪,残酷的大规模战争取代了之前的小规模战斗,刀剑近身搏斗取代了弓箭,全天候的战争取代了季节性战斗。14世纪的《太平记》①生动地描述了"秋霜破其肉,晓雪覆其肤"②的场景。《金疮疗治钞》列出了"落肠回腹之事"③、"出虫之事"④与"头伤致脑外露之事"⑤等主题,显示出战国时代残暴可怕的一面。通过实际经验、与其他医生彼此交流"秘方"以及参考中国宋朝传入的典籍,这些医书的作者积累了知识。不幸的是,接触这些重伤和创体如何推进了人们对于人体解剖和生理学的理解,只能由后世的历史学家们遥相猜测了。

## 乡村

虽然地方动乱波及到了乡村,但日本的农村还是进入了农业发展期。许多旧时的传染病逐渐变得地方化,发病或致死主要集中在儿童身上。传染病不时地侵袭着儿童,有的得以幸存并产生了抗体,有的则未能幸免而死去,但即便是去世的人也有助于日本逐渐产生出新的、遗传性的免疫秩序,这使其能够在16世纪应对欧洲人及其传染病的到来。在之前的章节中,我们已经探讨了13世纪的几场严重饥荒,但在这一时期饥荒发生的程度有所减弱。中世期间,由于耕地面积的增加以及种植技术的改良,农业剩余增多,日本的人口数由1200年的约

---

① 《太平记》,日本最长的军记物语,作者与成书年代不详,内容从镰仓末年写到室町幕府二代将军足利义诠死去(1318—1368)。

② 《太平记·卷第十一·长门探题降参事条》。

③ 《金疮疗治钞·其六》。

④ 《金疮疗治钞·其二十九》。

⑤ 《金疮疗治钞·其三十九》。

700万增长到中世末期1600年的约1 200万。

促进农业发展的因素有许多,贯高制①便是其中之一。贯高制是指用通货数量表示农业产出,包括领主从领内征收的其他资源和服务。检注使②在这一时期以贯高评估产出,而不像后来施行石高制③的德川幕府以石高评估产出。此外,检注使检注的对象并非个别土地所有者,而是整个村落,检注的标准也并非熟地,而是可耕地。换言之,由于各村按照可耕地缴纳"年税",这一制度就提高了它们开发更多耕地的积极性。农民也必须尽可能地利用土地,因为他们无论如何都必须依据贯高缴纳税役。由于军事建设与家臣俸禄的庞大开支,战国大名们往往想方设法地增加新的财政收入。1300年以后,在原本荒芜的土地上,新的村落与农田不断涌现。

这些村落开垦荒地,有的以领主为中心团结起来、结成惣村④以抵抗盗匪,有的则结成讲社⑤。由于使用铁制农具、灌溉技术的进步、肥料的改良,常规耕地的数量和质量都有所提高,农业剩余也随之不断增加;而随着农作物的日趋多样化,惣村乃至于更大规模的聚落亦不断涌现。平整耕地等某些农业改良颇为简单,但却能够使灌溉平均地覆盖整个农田。有些进步则稍微复杂一些,例如精致的引水系统将灌溉用水导向水田。农民配置了精巧的水轮⑥,开挖蓄水池,并通过闸门与水坝引导灌溉用水。复作技术也使得农业的产量与剩余有所提高。有历史学家估测,到1550年,在日本中部与西部地区,复作种植已经占到了

76

---

① 贯高制,用土地收成(高)与通货单位(贯)加以表示的一种土地制度、税制与军制的统和制度。镰仓、室町时代,用贯高表示领主领内的土地生产状况(同贯土地在面积上有所差异),从而确定其年贡与军役;战国时代,以贯高制为基础,各大名领国之内逐渐形成了普及化、统一化的知行役与军役;太阁检地后,石高制取代了贯高制,并延续至江户时代。

② 直译为"勘测员"(Surveyor),应指"检注(地)使"。

③ 石高制,以土地的产量(石高)确定年贡多少、身份地位的制度,是近世日本基本社会政治制度之一。战国时代,一部分大名开始以石高取代贯高;太阁检地后,石高制得以确立;江户时代,幕府以石高为标准规定大名贡、役,"表高"表示幕府记录的各大名所领(领地)的石高,"内高"表示新田开发与历次检地后各大名的实际所领(领地)的石高。

④ 惣村,中世日本民众由于地缘要素结成的村落形态的自治组织。

⑤ 直译为宗教共同体(Religious community),即"讲社",因宗教信仰而形成的结社。

⑥ 水轮,广义上指以水流为动力的机械装置,狭义上指排灌用的水车。

水田的四分之一。1420年,一位朝鲜使节观察到了兵库地区的复作种植,他写道:"日本农家秋耕水田,种麦,夏初刈大小麦,种苗种,秋初刈稻,种木麦,冬初刈木麦,种大小麦,一田一年三种。"①随着农业的发展,惣村才有可能建立起防御工事,以抵御战国乱世中的劫掠行为。一些村落甚至设置环壕以保卫领地。

农业的发展表现在"向下"与"向上"两个方面,即一位历史学者认为的这些变化对营养食物链造成的影响。"向下"是指农业扩张对人类以外的动植物生态群落产生的影响。创造更多的耕地意味着开垦更多的森林,这在冲积平原与贫瘠坡地等地区尤为普遍。建设村落与住房、发展新的农业技术都需要采伐更多的木材。肥料的需求则伴随着杂草、树叶以及树枝的采集。村人们以木材为燃料,进行烹调、冶金以及烧窑,木材还被用来建造灌溉设施与桥梁。越来越多使用烧垦的农业方式对惣村周边的林地造成了更大的压力,导致林火频发、土壤肥力下降以及土地流失。与后来的江户幕府不同,对林地条件的变动,足利幕府似乎无动于衷。森林的控制权大多分散在地方手中,而惣村也常常声称对附近的林地拥有所有权。1448年,近江国今堀村②试图禁止未经授权的伐木③,以解决森林退化问题。1502年,他们采取了更进一步的措施。

日本的地方斗争在生态上也留下了足迹,其林地亦深受其害。硬木所制成的木炭是制造盔甲、刀剑、长枪以及其他铁质武器的必需品。由于住宅条件的改善,对木炭的渴求超过了木柴(木柴会产生危险的火星),这也导致更多的硬木被采伐并制成木炭。13世纪,镰仓幕府常常苦于木炭与木柴的高昂价格。纪念物④的建造也需要木材。1180年的源平之乱期间,奈良的东大寺被烧毁,其重建工作消耗了大量木材。为了重建工程,在本州西部,一些木材在伐木工人砍伐之前就被印上了

---

① 【李氏朝鲜】宋希璟:《老松堂日本行录》。宋希璟(1376—1446):字正夫、号老松堂,李氏朝鲜官员,曾于1420年赴日作为回礼。
② 近江国今堀村,今滋贺县东近江市今堀町。
③ 即"定今堀地下掟之事",见《日吉文书刊行会号345·今堀日吉神社文书》。
④ 在镰仓时代,所谓"纪念物"多以神社、寺庙为主。

"东大寺"的标记。1219 年,文书记录"镰仓政所为大火所毁"[1],重建工作需要更多木材。总而言之,日本农业的扩张、纪念物与城市的建造和维护、地方性的失控与战乱、惣村的不断涌现,这些都给日本的林地带来了越来越大的压力。

农业发展"向上"的影响以商品经济的形式呈现,因为各种资源通过人的群落不断聚集。纵观整个战国时代的日本,各大名领国之间存在着贸易往来。内陆大名从沿海地区购买海货,歉收的大名则进口粮食。大名准许商人享有结"座"[2]的特权,少许商人甚至获得了"商人头"[3]的职位。进口限制成为某种中世形式的贸易关税,它保护了某些领内的产业以及税收来源。在一般情况下,货物在国内流动相对不受限制,因为绝大多数的大名都想从其领内活跃的商业活动中获取收益。

## 足利幕府的对外关系

中世时期,由于缺少强有力的中央集权,日本与大陆的关系显得异常混乱。怀良亲王[4]是后醍醐天皇的皇子和南朝的代表,他掌握着处理日本与中国关系的大权。1370 年,明朝(1368—1644)使节来到了日本,要求其臣服于天朝上国,怀良亲王在明朝的外交秩序中自称为"臣"。次年,根据中国朝贡秩序的规范,他遣使入明朝贡。中国的国际秩序——"天下"——包括统一于中国的仁政统治者"天子"之下的所有国家。明朝廷要求"四夷"朝贡,而在中国的观念里,"四夷"包括了日本。对于前来朝贡的统治者,明朝廷册封他们为"王",但这不免降低了中世日本的天皇和幕府将军的身份。

南朝持续不断地向明"天子"派出使节,在 14 世纪的 70—80 年代

---

这段时间内,至少派出过 7 次。其中有多次,中国亦遣使回访,可能是因为他们想要亲眼见见日本真正的统治者,也有可能是因为倭寇导致的外交紧张局势。实际上,倭寇问题已经变得如此严重,以至于明王朝甚至将"日本国王"亦视为"倭寇"。在朝贡体系的背景下,日中之间始终存在着矛盾,因为从地缘外交的角度而言,日本拒绝扮演中国臣属的角色。只有两次,日本统治者短暂地加入到了中国的朝贡体系之中:一次是 6 世纪的倭国,还有一次便是 1401 年足利义满将军统治时期。我们已经详细分析了第一次的重要性,至于第二次则需要进一步说明,因为它塑造了近世日本在亚洲的外交地位。

79 足利将军于 1374 年、1380 年两次遣使前往明朝廷。在 20 年后,即 1401 年,明朝廷终于同意接见日本使节。足利义满遣使朝贡,并放还了为倭寇所掠的中国水手。明朝使节随日本使团进行了回访,称足利义满为"日本国王"。1403 年,足利义满遣使向明朝廷回派使节,在致明"天子"的文书中,他自称"日本国王臣源",强调了他在中国朝贡体系中居于臣属地位。[①] 重要的是,明朝廷建议足利义满,日本应行汉历,这意味着日本这个岛国被纳入到了中国王朝的统治节奏之下。义满将军的动机与其通过"勘合"[②]制度调整对华贸易有关:日本获得勘合,从而得以进出天朝。然而,在足利义持(1386—1428)成为将军之后,他中断了与中国之间的勘合贸易。

通过对华的勘合贸易,堺[③]等特定的城市声名鹊起。堺商替幕府经营着对华官贸,他们与京都等地的武士之间建立了紧密的联系。堺商掌控了朝贡贸易中的商业部分,为前往天朝的船只配置装备、登记货

---

① 1401 年,足利义满遣使赴明朝贡,他在国书中自称"日本准三后源道义"(《善邻国宝记》),而明建文帝朱允炆(1377—?,1398—1402 年在位)则册封义满为"日本国王"。"靖难之役"后,明成祖朱棣(1360—1424,1402—1424 年在位)践祚,改元永乐。1403 年,足利义满再次遣使赴明朝贡,并在国书中自称"日本国王臣源"(《善邻国宝记》),朱棣亦遣使回访,赐予义满"日本国王"金印与勘合符百道。

② 直译为"标签、记账"(Tally),这里应指"勘合"。所谓"勘合",即验对符契,古时符契文书,上盖印信并分为两半,当事双方各执一半,用时将二符相加以检验。

③ 堺,今大阪府中部,日本政令指定都市。

物。他们还把持着堺的市政,从而给堺打上了商人统治的印记。与明朝的勘合贸易创造了经济良机,从而使这些商人对堺实现了高度自治的统治,近乎欧洲的威尼斯、热那亚等城市。

## 室町文化

北畠亲房①所著《神皇正统记》(1339)②中有一段著名的论述:"大日本者神国也,天祖始肇根基,日神延续传统,唯我国有此事,异朝则无此类,故云神国也。"③北畠亲房关于日本神话起源及其优越性的沉思,为原始民族主义提供了一个强有力的范例,这种以神话为支撑的原始民族主义一直延续到了 20 世纪,为日本帝国提供了正当性。在中世期间,关于日本独特性的共识不断成长,这种共识将日本与其东亚邻国区别开来,而北畠亲房的思想正是其中的一部分。北畠亲房主张,"天祖始肇根基"使日本区别于中国等其他国家,而明治时代的改革家与 20 世纪早期的军国主义分子对这一神话极尽利用。

在这些突出的日本的话语中,一种被称作室町文化的新美学油然而生,它以微妙的情感、茶道、能乐④、禅宗苦行、对朴素美的狂热执着为特征。最能表现室町文化本质的术语是一个能乐词汇——幽玄,它让人想到某种深邃的、玄妙的、高深莫测的、悠远的事物。细致耙平的白砂环绕在精心摆放于园中的石头周围,煞费苦心地表现着有序的宇宙,此外还有朴素的水墨画与木雕,室町文化就是这样一种世界。金阁寺与银阁寺等木质建筑成就是 14 世纪和 15 世纪的产物,激发出浓郁的禅宗情感。尽管在战国时代,相互对立的武士集团与僧兵将这个国家撕得支离破碎,但艺术家却将他们的自然世界改造为日本对全球艺术所做出的最持久的贡献。

---

① 北畠亲房(1293—1354),镰仓后期南北朝时代公卿。
② 《神皇正统记》,北畠亲房所著、叙述南朝正统性的历史著作,全六卷。
③ 《神皇正统记·卷一·序》。
④ 能乐,日本传统艺能,广义上包括"能"与"狂言"。平安时代业已出现,直至明治以前,一直被称为"猿乐"。以南北朝为分界,其前、后的形式大有不同,故学界多将前者称为"古猿乐",后者称为"能乐"。

图 7　银阁寺(1490)①,禅宗寺院,表现了中世后期室町文化的朴素审美,京都,日本

---

　　①　银阁寺,即慈照寺,位于今京都府京都市左京区。"银阁"即寺内观音殿。

## 结语

随着足利幕府的倾颓,战国时代见证了日本中央集权事实上的消亡。但正是在这一时期,一些政治、社会、知识与环境状况接连出现,日本被渐渐推入了近世。15—16世纪的战争与对抗将领国提升到政治身份的中心地位,这种状况或多或少地一直持续到了19世纪中叶。大名成为日本最有权力的政治人物,他们的"分国法"成为公法的早期范本。同样,在15世纪,佛教各宗屡次彰显武力,"天下人"①的怒火由此对准他们,使这些大名的竞争者被逐一消灭。

日本还成为全球医学知识交换的一个组成部分,推动了世界性科学的发展。正如我们将要看到的那样,随着欧洲人的到来,由于引进了启蒙运动前后的许多哲学与实践,日本的世界性科学变得更加复杂。与这种世界主义同步的是,日本的知识分子开始了界定日本独特品质的进程,将其归于国家的神话起源。最终,日本还见证了室町美学的诞生,它从大陆传来或本土固有的诸多形式中超脱而出,创造出了一种无以复加的朴素之美,这种美抓住了中世日本流畅而又粗粝的特质。

82

———————————

① 直译为"统一者"(Unifier),应指"天下人",即掌握天下的人。在战国时代至江户初期,"天下人"主要是指掌控了虾夷与琉球以外大部分日本的、具备强大军事经济实力的、具有一定家格与地位的人。

# 第五章  日本与欧洲的邂逅
## （1543—1640）

　　15 世纪晚期,几个欧洲小国开始重构世界。在此之前,大部分的世界财富都集中在亚洲、中东与印度次大陆,在这些地方,从香料到奴隶等奢侈品的传统贸易网络使得亚洲庞大帝国的各个苏丹与皇帝愈发富有。然而,随着两次引人注目的远航,欧洲步入了地理大发现时代,并最终进入到殖民主义时代。这些航海行动表明,欧洲人如何通过控制白银、糖等资源以及通过传播天花病毒等微生物攫取了全球霸主的地位。在 15—19 世纪期间,在欧亚微生物、军事技术、殖民统治、经济掠夺的冲击下,那些曾经繁盛一时的帝国与文明纷纷崩溃。近代早期见证了欧洲文化和制度向全球的扩散,它们也一路扩散到了日本。然而,日本在欧洲的地理大发现中幸免于难,基本完好无损,至少与新世界、印度、中国相比是如此,本章将阐述个中缘由。重要的是,在 16 世纪日本与欧洲的初次邂逅,有助于日本在 19 世纪较为成功地抵御其后西方的帝国主义。

### 帝国的生态

　　两次航海突破为欧洲的霸权奠定了基础。第一次较为著名,1492

年,克里斯托弗·哥伦布(1451—1506)踏上了通往亚洲的发现之路,结果却造成了他并不自知(尽管他始终坚持自己到了亚洲)的对美洲的殖民和大批印第安人的被杀。第二次航海突破也产生了重要的后果,1497年,葡萄牙探险家瓦斯科·达·伽马(1460—1524)从里斯本出发,绕过好望角进入印度洋。达·伽马顺着印度洋季风航行,在1498年5月,到达科泽德德(即卡里库特)。返航期间,达·伽马逆着沿岸季风航行,结果船队在来时只用了23天,在返航时却耗费了132天,这使达·伽马的船队伤亡惨重。船员半数死于败血症。尽管如此,他还是于1499年回到了里斯本,从而开启了与中东以及印度次大陆之间的利润丰厚的香料贸易。事实上,这两次航行一旦打入旧有的贸易网络,就凭借日益相互依赖的商业渠道、政权形式、技术、生态与观念,推动了近代早期世界的形成。这也使得欧洲人距离日本更近了一步。

　　传统上,历史学家认为,欧洲优势地位的确立是诸多历史发展的特殊因素混合作用的结果,例如欧洲各小国之间的竞争、启蒙运动、新教伦理、科学革命及其技术突破、资本主义的诞生等。修正主义者则认为这不过是地理造化使然。然而,产自新世界的白银和糖迅速注入到了欧洲经济和欧洲人的血脉之中,欧洲借此从全球落后地区摇身一变,成为竞逐世界霸权的一群国家。这一历史进程,既是军事、政治、经济意义上的,也是生物学意义上的,因为,自农业出现以来,欧亚人身上进化出的独有的微生物也为其提供了帮助,那些他们带上木制卡瑞克船①的顽强的草种、高卡路里的农作物与多肉的家畜同样如此。随着家畜的驯养,天花等微生物在牛与人之间传播,几个世纪以后,这些曾人畜共患的疾病变得只感染人类了。在整个欧亚大陆,这些疾病始终在人身上挥之不去,而死亡大多集中在儿童身上。那些从微生物侵袭中幸存下来的儿童会产生免疫力,而这些免疫力往往是终身的。正如我们之前看到的那样,在几个世纪以前,天花就已经传播到了日本,因此,与印第安人不同,日本人早就经历了欧亚大陆疾病的残酷考验,并形成了

85

---

　　① 卡瑞克船,是一种木制的三桅或四桅帆船,盛行于15世纪的欧洲,其拥有巨大的弧形船尾,船首拥有斜桅、前桅,中桅则装配数张横帆,后桅有一面三角帆。

免疫力。在唐朝(618—907)的相关技术传入之后,日本自奈良时代(710—794)就已经开始制糖,很可能是中式饴糖①那种糖。后来,甘蔗种植始于德川吉宗②时期,他从琉球群岛引进了甘蔗,并在江户地区进行种植。松平赖恭(1810—1886)③在赞岐高松藩鼓励种植甘蔗,所以日本人日后也得以利用这种重要的、高卡路里的作物。面对天花这种地方病,日本人已拥有充足的卡路里来加以对抗。此外,在战国时代,日本的各领国相对组织有序、政治成熟、武装完备。这些重要的因素都使得这个岛国有能力承受住欧洲地理大发现之初所造成的冲击。

16—17世纪,将近100万西班牙人移民到了新世界。在现在所谓的"哥伦布大交换"中,每一艘从塞维利亚起航的西班牙船只,所携带的都不只是人类乘客,也包括各种有助于欧洲对美洲统治的生物。当西班牙人从哈瓦那或者其他地方返航之时,他们也携带着各式各样的动植物,除了梅毒以外,这些已经相互交换的微生物的破坏性要小得多。玉米与土豆随着欧洲人的行程传播到了世界各地,从长江下游到撒哈拉以南的非洲,它们成了全球性的重要作物。当欧洲人于1492年到达的时候,美洲印第安人的人口数量或许在5 400万左右。到17世纪,经历大约17次流行病后,美洲印第安人的人口数量下降到了过去的十分之一,约500万到600万之间。天花等疾病是导致印第安人数量骤减的原因。当伊斯帕尼奥拉岛④上的泰诺人开始死于天花之时,当地的修士写道:"我主欣然降下瘟疫,天花无休无止地在印第安人中传播。从始至今它已经杀死了三分之一的印第安人。"这种瘟疫成为上帝偏爱西班牙的证据。由于高致死率,美洲印第安人被轻易地杀死、征服或被

86

---

① 直译为"糖蜜"(Molasses),结合"糖蜜"的形态以及奈良时代、唐朝的状况,这里或指"饴糖",是一种以淀粉植物为原料熬制而成的黄褐色含糖黏稠液,凝固后呈黄白色多孔块状。

② 德川吉宗(1684—1751,1716—1745年在职),江户幕府第八代将军。

③ 本书原文为"Matsudaira Yoritaka(1810—1886)later encouraged its cultivation in Takamatsu domain ..."。Matsudaira Yoritaka(1810—1886)即松平赖位,常陆宍户藩第8代、第10代藩主,其与Takamatsu domain(赞岐高松藩)甘蔗种植一事无关;应为Matsudaira Yoritaka(1711—1771)即松平赖恭,赞岐高松藩第5代藩主,在任期间,曾于领内推广甘蔗的栽培。

④ 加勒比海第二大岛。

强迫进入甘蔗种植园为新的主人服务。1493 年,哥伦布进行第二次航海行动期间,将甘蔗从加那利群岛带到了伊斯帕尼奥拉岛,这一旧世界的农作物开始在新世界的部分地区兴盛起来。糖成为加速欧洲征服过程中一种重要的卡路里来源。

白银很快便成为西班牙主要的出口品。据历史学家估测,在1561—1580 年期间,全球 85％的白银来自波托西[①]等新世界的矿井,在那里,十个美洲印第安工人中有七个殒命。作为近代早期全球经济的一环,大部分白银最终流入了中国。这是明王朝的货币与税收政策导致的结果,我们在接下来会讨论这个问题。征服为欧洲人及其经济所带来的好处无论怎么夸大都不为过,可能获得财富的前景,以及背后支撑的向"异教徒"传播福音的神圣合法性,最终推动葡萄牙人、西班牙人、荷兰人与其他欧洲人来到日本沿岸。

1542 年,葡萄牙船长弗朗西斯科·杰莫特到达了种子岛[②]——日本南部的一个小岛。因为葡萄牙人来自南方,又到了日本南部,所以日本人称其为"南蛮人",即"南方的蛮夷"。由于受到了中国朝贡体系的影响,在日本的想象中,世界的四方栖息着"蛮夷",而相较"蛮夷"的分类,日本人属于极少数的、优秀的人。例如,在北海道(当时被称作"虾夷"),日本人所居住的南部一隅有时便被称作"人间地"[③],即"人的居住地",而阿依努人则居住在"虾夷地",及"蛮夷的居住地"。

日本人巧妙地应对了与欧洲人的第一次相遇,因此,葡萄牙人登陆日本这一历史事件值得用某种比较的视角去看待。其在巴西的经历便颇具启示意义。16 世纪,葡萄牙人登陆日本的同时,葡萄牙王国正努力在巴西的大西洋沿岸扎下根来。为了顺利地实行殖民计划,图皮人[④]必须被赶出他们赖以生存的热带、亚热带雨林。历史学家指出,

---

①　波托西,今玻利维亚南部城市,波托西省的首府。1544 年,波托西山被发现盛产白银,1545 年 4 月 10 日,波托西城于波托西山脚下建立起来。

②　种子岛,位于鹿儿岛县南部海面。

③　人间地,日语"人间"有两个含义,其一为"人世",其二为"人类",这里应指后者。

④　图皮人,使用图皮语的南美印第安人,广泛分布于亚马孙平原与巴西高原。

87　　1500 年,从北里奥格兰德①首府纳塔尔②到南部圣维森特③、圣保罗④之间的区域,居住着大约 100 万图皮人。图皮人与其他美洲印第安人颇为不同,却反而与 16 世纪时葡萄牙遭遇的日本人有些相似之处——他们都是"勇敢的、不畏死亡之人",而且"敢于战斗"。图皮勇士们手持着用硬木制成的、边缘锋利的大剑巨棒,又是弓箭能手。不过在欧洲人眼中,图皮勇士有一点比日本的战国武士更为可怕,他们有时会吃掉手下败将,且往往伴随着喧嚣的公共仪式。尽管面对着如此可怕的对手,葡萄牙人还是试图将巴西开拓为殖民地,而天花之类的流行病则为他们提供了帮助。

　　16 世纪 30 年代,葡萄牙王国向巴西派遣了一支由四艘船组成的船队运送殖民者,他们还携带了各种种子、家畜和植物。后来,在 1549 年,即弗朗西斯科·杰莫特到达种子岛六年以后,葡萄牙国王派遣总督托迈·德·索萨⑤与 1 000 名移民前往巴西,携带着牛、猪、鸟、种子、烟草与病菌等生物。图皮人容忍了早期的葡萄牙人,他们甚至还采伐、运送一些巴西木与其进行贸易,但当葡萄牙人开始奴役印第安人到种植园劳作的时候,图皮人理所当然地进行了反抗。这些葡萄牙人以暴力对应,采取了一系列军事行动,"焚烧并摧毁"图皮人居住的村落。这些战役结束之后,"图皮人无一幸存"。制服或消灭了大部分图皮人以后,在 16—17 世纪,葡萄牙人及其非洲奴隶不断地殖民巴西,直至其殖民人口数达到约 30 万,其中约有 10 万是欧洲白种人。这些殖民者采伐巴西木,在甘蔗与烟草种植园劳作,饲养牛群,并在 1695 年以后开采黄金。1819 年,即巴西独立前夕,这个国家的人口已经达到了 440 万,其中有 80 万是尚未被同化的印第安人。巴西转而被纳入欧洲式的生态

---

①　北里奥格兰德,巴西东北部的州,滨临大西洋。

②　纳塔尔,北里奥格兰德首府。

③　圣维森特,圣保罗州城市,位于圣维森特岛西南岸。

④　圣保罗,圣保罗州首府。

⑤　托迈·德·索萨(1503—1579),葡萄牙在巴西的第一任总督。文中所述葡萄牙国王即若昂三世(1502—1557,1522—1557 年在位)。

体系中,其人种、种植园、大农场、金矿以及其他印刷技术或生物特征都带有欧洲秩序的标记。

欧洲在日本的殖民政治则明显不同。日本从未成为欧洲的殖民地,也没有采用欧洲的社会生态。当然,日本人与图皮人一样地好战。一位葡萄牙传教士观察道,与其他亚洲人相比,"日本人要英勇好战得多"[①]。日本人在政治上也颇为组织有序,葡萄牙人最初抵达的是日本南部地区,在那里,就有许多战国时代的强大领国。葡萄牙人曾被将在日本获得大量贵金属的传言所吸引,却终于失望地发现,"只有国王才能经营"金矿。鉴于"到处都有矿产,而且金属蕴藏量极为丰富"[②],他们的失望感就愈发强烈了。但用征服巴西的办法去征服日本人最终被证明并不可能:日本那种东亚式的、土生土长的生态已经在其民众耕耘者手中安定下来,且得到坚定的捍卫。在欧洲人征服"新世界"的过程中,疾病尤其是天花,成为扮演最重要辅助角色的因素——但在日本却已经成为一种地方病了。葡萄牙人不能依靠"我主降下瘟疫",只能转而求主另寻他法,努力使日本人改信天主教。

## 基督徒的故事

《吉利支丹物语》(1639)[③]讲到,在日本人看来,他们第一次见到的葡萄牙人显得极像蛮夷。南蛮船到来之时:"不知自何国来……其形不类,其语不通,见者以为奇怪矣。"[④]在日本人对域外世界的想象中存在着各种蛮夷,而葡萄牙人则正好与其想象相符。在日本人的眼中,外部世界的每一个角落都充斥着奇特的造物,大部分比较像人,但有的则可

---

①　未考据到与本书原文完全一致的史料,但有类似记载:"至今为止还没见过哪国人像日本人这样重视武器……他们非常好战,经常争斗……"。(河野纯德译:《方济各·沙勿略全书简》)

②　陆若汉著、土井忠生译:《日本教会史·第七章·关于日本的风土气候,以及国土上的产物》。

③　《吉利支丹物语》,两卷,作者不详,1639 年于京都地区出版。吉利支丹,即"Cristão"的音译,战国时代至明治初期日本对"基督徒"的(古语)口语称呼。

④　这段史料应出自《南浦文集·上·铁炮记》。

能奇特得多。18 世纪的日本百科书《画图百鬼夜行》①为读者们提供了这样一种世界图景——这个世界里生活着独眼人、三手人、无腹人以及居住在地球上的各种奇异人种。但其中也包括了其他一些较为正常的人，例如琉球人、北海道的阿依努人、朝鲜人。在当时日本人的想象中，很有可能在河边遭遇尖叫的河童②，这无疑让人紧张不安。

　　然而葡萄牙人并不是河童。他们大部分是传教士，对所遇见的日本人充满希望。传教士方济各·沙勿略（Francis Xavier, 1506—1552）③写道：“对我们之前遇到的人进行评价的话……我要说，日本人是我们迄今为止发现的最优秀的人，在异教徒中，没有再超过日本人的了。”④日本人把世界分为人与蛮夷，而欧洲人由于受到了基督教的影响，在他们的词汇里把非欧洲人称为“异教徒”。尽管看起来充满了希望，但沙勿略的传教努力很快就搁浅了。传教活动始于他的日本助手弥次郎⑤，弥次郎于 1548 年受洗，教名为圣达菲·保罗。⑥弥次郎并非神学家，沙勿略曾问他，如何将“全能的上帝”译成日语，弥次郎理所当然地提出将其翻译为“Dainichi”（即“大日”，毗卢遮那佛的日译），这利用了真言宗等佛教传统。大体上说，在最初的几年里，沙勿略试图把大日——一个在日本广为人知的、无所不能的佛教人物——介绍给日本人。沙勿略后来根据发音将“Deus”⑦译作“Deusu”，佛教僧侣却将“Deusu”戏称为“Dai uso”（意为“莫大的谎言”），借此嘲讽这种新宗教。尽管遭遇到了这种“滑稽的”阻碍，沙勿略还是在日本异教徒中取得了

---

　　① 　原文称为“18 世纪日本的百科全书”（18th—century Japanese encyclopadias），根据下文描述，应指《画图百鬼夜行》，日本画家鸟山石燕（1712—1788）于 1781 年完成。
　　② 　直译为“日本河边尖叫的矮精灵”（Goblins on the shores of Japan），应指河童。
　　③ 　西班牙籍耶稣会士。
　　④ 　河野纯德译：《方济各·沙勿略全书简》。
　　⑤ 　弥次郎（1511—1550），史料记载中日本最早的基督教徒。
　　⑥ 　1547 年 12 月，沙勿略结识了弥次郎。1549 年 4 月，沙勿略从果阿启程前往印度。1549 年 8 月 15 日，沙勿略一行抵达了鹿儿岛。1549 年 9 月 29 日，岛津贵久接见了沙勿略，他批准了沙勿略布道的请求，并许以补给。1550 年 7 月，佛教僧侣对传教士日益排斥，而岛津贵久也改变了最初的宽容政策。1550 年 8 月，沙勿略等人动身前往平户。
　　⑦ 　拉丁语里的“创世神”，即上帝。

一些收获。沙勿略在萨摩国①使 150 名信徒皈依入教，在平户②有 100 名，在山口③则有 500 名。沙勿略后来将其在日传教整体不甚成功的原因归咎于日本人的"四罪"：拒绝接受真神、鸡奸、堕胎与溺婴。

但是远比鸡奸险恶的问题威胁到了日本。当第一批传教士来到日本时，这个国家正处于政治动荡之中，即战国时代（1467—1590）。葡萄牙人与其他欧洲人不可避免地卷入到了战国政治的暴力与阴谋之中。陆若汉（Joao Rodrigues）④观察到："强盗与土匪充斥着整个国家，在海上，海盗数不胜数，他们不仅在日本进行劫掠，还在中国沿海进行活动……人们彼此之间互相攻击、残杀，他们放逐一些人，并没收看到的所有货物，在这种趋势下，背叛行为甚为猖獗，没人信任他的邻人。"他接着写道："在这里，秩序已然衰败，因为每一个人的言行都见机行事。"⑤对于传教士而言，这是一段在日本处境艰难的时期，武装精良的国家由被富有进取精神的武士统治着，而这些武士不会向自己以外的任何人屈服。

但是，伊比利亚的传教士们依然前仆后继地前往日本。1570 年，弗朗西斯科·卡布拉尔（Francisco Cabral）⑥神父成了耶稣会（日本教区）的教长，他坚持主张由葡萄牙人管理耶稣会，因为不能相信日本人。这一耶稣会建立于 1540 年，充满着特伦托会议（1545—1563）⑦之后反宗教改革⑧所蕴含的传教热情。卡布拉尔曾言："如果不中止或停止接

90

---

① 萨摩，这里是指萨摩国，今鹿儿岛县西部。

② 平户，位于九州岛西北部，当时属肥前国，处在松浦隆信（1529—1599）的掌控之下。1550 年 7 月，葡萄牙商船到达平户。同年 9 月，沙勿略一行抵达平户。

③ 山口，位于本州岛西南，当时属周防国，处在大内义隆（1507—1551）的掌控之下。1550 年 11 月，沙勿略一行抵达山口。

④ 乔奥·罗德里格斯（1561—1633），即"陆若汉"，葡籍耶稣会士，曾在日本担任"通辞"，1610 年遭幕府放逐并到了澳门，1628 年，他作为随军司铎北上支持明朝廷。

⑤ 土井忠生、池上岑夫等译：《日本教会史·第十一章·日本的风俗、统治、品格以及关于其富庶的记载极多，看上去矛盾实际上并不矛盾，及其理由》。

⑥ 葡萄牙籍耶稣会士，曾任耶稣会日本教区教长。

⑦ 罗马天主教会第十九次大公会议。

⑧ 反宗教改革运动，亦称"天主教改革运动"，泛指 16 世纪中叶天主教会为对抗宗教改革而进行的运动。

纳日本人进入耶稣会的话……这会使得日本的耶稣会——不！——这会使得整个日本的基督教崩溃。"他还进一步解释道："我未见过别国像日本这般自大、贪婪、反复无常和虚伪。"在卡布拉尔的管理下,日本的传教工作并没有取得多少进展,这很大程度上是因为他拒绝日本人加入耶稣会。

范礼安(Alexandro Valgnano, 1539—1606)[1]神父是耶稣会的又一任巡查员[2],他于 1579 年抵达日本后取得了更大的成功。他相信耶稣会需要融入到日本人的生活当中去,才有可能成功。他写道："就像孩子一般,(传教士们必须)重新学习。"这种文化碰撞中的一个有趣例子便是欧洲人的饮食习惯,以及他们随行携带的生物,尤其是猪与牛。可以想象这样一个场景:饥肠辘辘的传教士们围绕餐桌而坐,他们的盘子周围散落着牛骨头,浓密的胡须上沾着牛油,与此同时,他们却向那些文雅的日本人宣介上帝的荣光。当时的日本人几乎不怎么食肉,更少从事畜牧业,一定对此场景感到震惊,并在精神意识上对这些传教士敬而远之。正是看到了这一点,范礼安规定:"不得在住处饲养猪牛羊,也不得熏制和贩卖动物皮,因为,在日本人眼中,这些都是污秽的、令人生厌的行为。"只有在长崎等一些地方,由于中国人的进出,已经具备了一定的国际性,因而在当地"在符合日本人习惯的条件下,我们有时会在住处吃一些肉",但他强调,有一点很重要,那就是"不要把吃剩的或骨头丢在桌子上,肉块也不能切成那么大,以免让日本人觉得怪异"。在这一系列努力之后,到 1590 年,传教士已经招揽到了大约 13 万日本信徒。

在传教士最初招徕的信徒中,包括一些强势的大名[3],但这也给早期的基督教带来了一些问题。大村纯忠(1533—1587)便是这样一个领

---

① 亚历山德罗·范礼纳诺(1539—1606),即范礼安,意大利籍耶稣会传教士。1573年,范礼安被任命为耶稣会远东巡查员,当年他便视察了澳门教会。1579—1582 年,范礼安第一次巡查日本,而卡布拉尔则于 1579 年被调至澳门。

② 原著在叙述弗朗西斯科·卡布拉尔与亚历山德罗·范礼纳诺的时候都使用了"Head (of Jesuit)",但两者有区别,弗朗西斯科·卡布拉尔是日本教区的教长,而亚历山德罗·范礼纳诺则是远东教省的巡查员。

③ 战国时代至江户初期,皈依基督教并受洗的大名被称为"吉利支丹大名"。

主。他于 1563 年受洗,由于其领地地处九州西部海滨,在 1565 年,他便与葡萄牙人展开了贸易。没过多久,从澳门出发的巨舰①就将长崎作为目的地,而这座城市也逐渐成了欧洲人的居留地。1574 年,与葡萄牙人的友谊为大村纯忠带来了回报,葡萄牙人援助大村纯忠对抗他的对手——武将西乡纯尧②。六年以后,大村纯忠给予葡萄牙人在长崎的行政权③,这确保了利润丰厚的巨舰源源不断地来到大村纯忠的领地,并为葡萄牙人提供了活动基地。在长崎,耶稣会士曾公然主张,要强化工事、囤积武器以进行防御,并对其殖民。神国日本面临着被葡萄牙入侵的威胁——这不出所料地触动了丰臣秀吉(1536—1598)④敏感的神经,而他正是日本正在崛起的"天下人"之一。起初,秀吉对这个新宗教是友好的。他曾对教士说:"你们宣扬的每一条教义都让我喜欢,如果它不禁止一夫多妻的话,我可能也会当一名基督徒。"⑤他还劝诱传教士:"如果在这一点上你们能对我破一下例,我便会主动成为基督徒。"⑥但长崎的地位还与欧洲人的其他关切相交织,尤其是与中国的经济往来和白银贸易。

## 日本与全球白银贸易

葡萄牙人的到来不仅改变了日本的信仰版图,还带来了重要的环

---

① 巨舰,近代早期欧洲各国海军帆船或民用帆船只等级之一。学界一般认为,近代早期欧洲各国海军帆船大体上分为四个等级,即 Royal Ship(皇家级战舰)、Great Ship(巨舰)、Middle Ship(中型舰)、Small Ship(小型舰),而后三者有时也用来指代民用船只的等级。16 世纪中叶至 17 世纪初,巨舰多以 500—1 000 吨级(有时会超过 1 000 吨级)的卡瑞克船或盖伦船为主。

但是作者这里所指应为"南蛮船",16 世纪末至 17 世纪初日本对来航的西方贸易船只的称呼,相应地,与西方的贸易则被称为"南蛮贸易"。

② 西乡纯尧(生卒年不详),战国时代安土桃山时代武将,初为有马义贞(1521—1577)家臣,后为龙造寺隆信(1529—1584)家臣。

③ 这里是指 1580 年,大村纯忠将长崎港周边一部分与茂木(今长崎市茂木町)捐赠给了耶稣会,耶稣会从而获得了这些地区的统治权。

④ 战国时代安土桃山时代武将、大名、天下人、关白、太政大臣、太阁。

⑤ 松田毅一、川崎桃太译:《弗洛伊斯日本史·卷二·第七十五章》。

⑥ 同上。

境与科学后果。正如我们之前看到的那样,在新世界,葡萄牙人与其他欧洲人建造了规模庞大的银矿,这是他们殖民计划的一部分。沦为奴隶的美洲印第安人在这些矿井中劳作,大量的白银被注入到了近代早期世界经济的血脉之中。日本的战国领主察觉到了白银的潜在利润,也纷纷自行开发起这些资源。耐人寻味的是,这成为日本间接殖民化进程中一种常见模式。在美国对日实施占领(1945—1952)之前,西方人的军靴从未踏上过日本的土地,但信服于西方模式的日本人却主动发起了自我变革。随着欧洲人的到来,日本人立刻发现,使近代早期世界转动起来的要素正是白银,出于支持地方性战争的需要,战国领主们急欲与中国开展白银贸易。在 16 世纪,葡萄牙人与其他各式各样的底层海员们成了白银贸易的中间商。

16 世纪早期,富有创业精神的战国领主们开发了几处重要的矿井,但日本金银产量得以增加的原因不仅仅是矿井的增多,还有赖吹灰法[①]等技术的改进,从而能够提炼出更多的白银并输出到中国。这些数字颇为惊人:葡萄牙人到来的这个世纪里,日本的金银产量居高不下,直到 19 世纪末国际市场出现了先进得多的采矿技术,其产量才被超越。中日之间的金银贸易基本上取决于这两种金属的兑换比率。在中国,白银比黄金贵七到十倍[②],所以日本输出白银——而中国正好渴求白银。在明代,白银开始取代宝钞[③],而 1581 年推广的"一条鞭法"意味着白银税收取代了实物税收。其结果是,明王朝几乎所有的收入都是以各种形式的白银征收的。具有讽刺意味的是,就在明朝廷开始这一系列改革的同时,中国银矿的产量却开始下滑。因此,新世界的银

---

① 吹灰法,古代一种从银铅中分离出银的方法。

② 原文"Because silver remained about seven to ten times more expensive than gold ...";应为"中国的金银比价约为一比七到十"。所谓金银比价,即每单位黄金所能兑换的白银数,而明朝的金银比价在不同时期有所浮动:明朝洪武年间(1368—1398)约为 1:4—5、永乐年间(1403—1424)至万历年间(1573—1562)约为 1:5—8、崇祯年间(1628—1644)约为 1:10—13。

③ 纸币,明朝纸币即"大明宝钞"。1374 年,明朝廷颁布"钞法"并设"宝钞提举司",次年始造宝钞,票面上端为"大明通行宝钞"六个汉字。正德年间(1506—1521),宝钞在实际上已经被废止。

矿取而代之,而荷兰的武装商人与英国、意大利的金融家们便成了获取大量利润的中间商。在新世界产出的白银中,据信有大约四分之三流入到了中国。日本产的白银也大多流入中国。

　　自1371年以降,勘合贸易便是联系中国明朝与日本之间唯一的官方贸易,意味着在中国的朝贡体系中日本方面可以进行贸易的只有官方的使节,这使贸易状况变得更为复杂。但是,应仁之乱带来的混乱完全破坏了日本与中国的官方交往,在1549年,战国时代的日本派出最后一个朝贡使团在宁波觐见了明朝官员。其后不久,非法贸易便在中日之间兴盛了起来,恃强凌弱的汪直等中国海盗通过在日本与马来半岛之间走私金银而致富,直到1577年,他才被处决。由于明朝的贸易政策,葡萄牙人在到达种子岛之后,迅速介入到了与中国的白银贸易之中。葡萄牙的卡瑞克船将白银、武器、硫黄以及其他货物运往中国,用以交换丝绸、硝石、瓷器与汞矿。自1550年以降,在通常情况下,一艘卡瑞克船一年航行一次,而对于南方的战国大名来说,控制住所谓"巨舰"的停泊港便变得至关重要。

　　正如我们之前看到的那样,在大村纯忠的女婿①的统治下,到1571年,原本只是一座小村庄的长崎已经变成了葡萄牙卡瑞克船的停泊港。到1580年,长崎已为葡萄牙人所控制。这个城市很快便被卷入到了南部各个领主的角逐之中。因此,在1588年,长崎引起了丰臣秀吉(1536—1598)的注意。他将长崎没收为直辖地,并将其置于长崎代官与长崎奉行②的控制之下。秀吉对巨舰贸易一直颇有兴致,但他也渐渐相信,新传入的宗教触犯了佛教与本土神道的诸神。考虑到日本与其诸神之间的紧密联系,在某种程度上,这些传教士已对国家构成威胁。在1587年与加斯帕·科埃略③会晤之后,秀吉发布了第

93

----

　　①　大村纯忠的女婿即松浦久信(1571—1602),安土桃山时代武将、平户松浦氏第27代当主。

　　②　直译为"陆军中尉"(Lieutenants),这里应指"长崎代官"与"长崎奉行"。1588年4月,丰臣秀吉任命锅岛直茂(1538—1618)为长崎代官,负责监视长崎地区税役。同年6月,秀吉任命寺泽广高(1563—1633)与藤堂高虎(1556—1630)为长崎奉行,负责管理长崎地区贸易。

　　③　葡萄牙籍耶稣会士,1572年入日,1586年就任日本教区教长。

一份驱逐令。① 其中写道：由于传教活动，"伴天连……破坏日本之佛法……其不可留于日本，当自今日起二十日内归其国"②。"圣菲利浦号"是西班牙方济各会的一艘盖伦船，从事着利润丰厚的、从马尼拉到阿卡普尔科③的跨太平洋航行，途中在日本沿海失事。这艘船只的货物中藏有武器，这加深了秀吉的怀疑，认为这些天主教修士代表着伊比利亚殖民的第一波浪潮。在没收了那些利润丰厚的货物以后，秀吉听从了他的侧近④石田三成（1560—1600）⑤的建议，下令处死这些修道士及其信徒。秀吉的手下毁伤了这二十六名方济各会修士的脸，并将他们押至长崎钉在十字架上处死。⑥ 这些殉教者后来被称为"二十六圣徒"。一份反基督徒的文书记录着，在这二十六人被押送到长崎的途中，"他们不断地祈祷着主的神迹，他们盯着天空、凝望山峦——但是，神迹却并未显现"。在此"圣菲利浦号事件"（1596）之后，欧洲人与其日本信徒们的境遇进一步恶化。

秀吉在临死之前曾写信给印度总督，在信中，他指责欧洲人教授"邪法"和基督教的"恶行"，由此意欲破坏神道"正法"、佛法与儒道。这封信揭示了这位战国领主最忧虑的事情——那些来到日本的教士们试图"魔魅道俗男女"。他还警告道，如果还有教士来的话，"可族灭之"。⑦ 丰臣秀吉，这位当时日本的"天下人"，坚信基督教威胁到了日本。

尽管在16世纪末—17世纪初，日本对基督教传教的容忍度时高

---

① 1586年4月，科埃略在大阪觐见了秀吉。1587年7月24日，秀吉颁布了《伴天连追放令》，"伴天连"即"传教士"（Padre）的音译。

② 《松浦家文书·伴天连追放令》。

③ 阿卡普尔科港，位于墨西哥南部太平洋沿岸，始建于1550年。

④ 心腹，战国时代称"侧近"或"怀刀"，指深受主君信赖的家臣。

⑤ 安土桃山时代武将、大名、丰臣家家臣，丰臣政权"五奉行"之一。

⑥ 此即"庆长大殉教"，英文原文为"Hideyoshi's men mutilated the face of the 26 Franciscans and forcibly arched them to Nagasaki to be crucified"。"圣菲利浦号事件"后，秀吉下令逮捕京都、大阪方济各会修士及信徒24人，在将他们押往长崎的途中，两名信徒主动加入殉教队伍。1597年2月5日，26名殉教者被押到长崎西坂山冈钉死在十字架上，后来这26人被罗马教廷封为圣徒。

⑦ 村上直次郎译：《异国丛书·卷2·增订异国日记抄·天正十九年丰臣秀吉致印度总督书翰》。

时低,但江户幕府(1603—1868)对修士与信徒进行了持续性的镇压。1623 年,幕府三代将军德川家光(1604—1651)将 50 名基督徒烧死在了首都江户的刑场上。[①] 该事件与其他类似的事件拉开了幕府在 17 世纪早期残忍根除日本本土基督徒的序幕,这些行动以严密追捕信徒并迫使其弃教为标志。负责此事的便是江户幕府大目付井上政重(1585—1662)[②],他进一步利用了“踏绘”等方法,即让被怀疑是信徒的人踩在圣像上面。井上政重记录了那些基督徒被迫暴露的方法:“被命踩到耶稣像上的老妇与妇人会激动不安、满脸通红,她们显得头发散乱、呼吸急促、大汗淋漓。”如果他们表现出不情愿,为了强制他们弃教,会使用“穴吊”等恐怖的刑法,在行刑过程中,受害者被倒吊在一个装着排泄物的大坑上方,前额被切开一道伤口,这会导致流血不止。受害者的一只手尚可自由活动,以便示意放弃信仰。在“岛原之乱”中,天草四郎(1621—1638)是一个救世主式的领袖,他领导一大群底层农民反抗岛原地区的领主——松仓胜家(1598—1638),他们一路设置基督教的符号。在“岛原之乱”的尾声(1637),德川将军终于能够宣布除了“隐吉利支丹”[③]以外,这个国家基本肃清了基督教。

　　历史学家不应低估日本在 17 世纪禁止基督教运动所留下的遗产。首先可以推断的一点是,在 18 世纪后期和 19 世纪,日本能够逃过欧洲帝国主义冲击的原因之一在于当时传教活动尚未扎根。在 19 世纪的中国,至少有两场最具破坏力的事件,即太平天国运动(1850—1864)与义和团运动(1899—1901),它们都与传教活动有关,并导致清王朝的统治无力回天。对基督教的镇压还决定了之后几个世纪中日本对外部世

95

　　① 即“江户大殉教”,原文“... burned fifty Christians ...”。1623 年,德川家光下令逮捕了 52 名基督徒,其中一人弃教,其余 51 人被烧死。
　　② 安土桃山时代江户初期大名、下总国高冈藩初代藩主,曾任江户幕府大目付。
　　③ 直译为“隐秘的团体”(Small underground pockets),应指“隐吉利支丹”,江户时代,随着禁教的日益残酷,一些信徒转而以“隐秘”的方式维持自身的基督教信仰,例如将圣母像隐为观音菩萨像(即马利亚观音),在供奉的纳户神(保佑家庭住宅的神)背面藏十字架等圣器。

界的立场。远离欧洲成了德川政权的基石之一。在德川将军的统治下,日本通过四扇窗口将对外贸易仅限于那些有政治价值的往来:对马藩①负责与朝鲜贸易,萨摩藩②负责与琉球(冲绳)贸易,长崎负责与中国、荷兰贸易,松前藩③负责与虾夷(阿依努)贸易。

驱逐传教士以后,日本并没有与世隔绝,即历史学家所谓的"锁国"("封锁国家"),相反,日本重新构筑了对外关系,使其完全有利于德川国家的形成和商业活动。当朝鲜与琉球的使节造访江户时,他们出于同样目的,精心彰显德川幕府的政治权力。例如,朝鲜通信使造访东照宫④——祭祀德川家康(1543—1616)⑤的陵墓时,向这位神格化的德川家的祖先致敬。使节都着异域服饰,对所有参与这些宗教列队行事的人而言,这显示出德川幕府的权力超越日本国界乃至远国。江户幕府迫使使节着异域服饰,尽管像蔡温(1682—1761)⑥这样的琉球改革家早已花了一个半世纪的时间,努力使这一岛上王国能适应日本的观念和习俗,在此之前的 1609 年,萨摩藩劫掠了这一国家。这些外国使节的来访甚为重要。当琉球使节造访江户之时,幕府让他们着琉球本土服饰,以免将这些琉球人与日本人相混淆。换言之,与外族人的邂逅,无论他们是伊比利亚传教士、朝鲜人甚至是北方的阿依努人,都为日本勾画出了种族边界,这一边界并非基于人种理论,而是基于发型、衣饰、语言等区分各种人群的习俗差异的理论。直到今天,这些依然是日本人界定自我及其文化、区别于外域的重要方式。

---

① 对马,这里指对马藩,亦称"对马府中藩",江户时代诸藩之一,下辖对马国(今长崎县对马市)、肥前国的田代(今佐贺县鸟栖市东部及基山町)与浜崎(今佐贺县唐津市浜玉町浜崎)。

② 萨摩,这里指萨摩藩,江户时代诸藩之一,下辖萨摩国、大隅国(今鹿儿岛县西部、奄美群岛)、日向国诸县郡(今宫崎县一部)。

③ 松前,这里指松前藩,江户时代诸藩之一,下辖渡岛国津轻郡(今北海道松前郡松前町)。

④ 东照宫,祭祀东照大权现德川家康的神社。总本宫两处,久能山东照宫(1617 年建造,今静冈市骏河区)、日光东照宫(即德川家康灵庙,1617 年建造,今栃木县日光市)。

⑤ 战国时代安土桃山时代武将、大名,江户幕府初代将军。

⑥ 字文若,号鲁齐,和名具志头亲方文若,琉球国第二尚氏王朝时期著名的政治家、儒者。

## 邂逅欧洲所带来的知识遗产

1552 年,沙勿略曾写信给耶稣会创始人依纳爵·罗耀拉(Ignatius Loyola, 1491—1556),在信中,沙勿略主张所招募的对日传教之人应当"熟知天象,因为日本人热衷于了解天体运行、太阳活动、月亮盈亏",因为"这些关于自然哲学的解释极大地吸引着那些人的注意"。确实,到 16 世纪为止,日本人已经吸收了各种各样的世界性知识,尤其是中国传来的新儒学①与印度佛教的宇宙论。日本人仔细研读着与占星、天文、历法有关的历书。历法在传统上乃是京都贺茂氏掌管的领域。例如,1414 年,曾任朝廷阴阳头②的贺茂在方③出版了《历林问答集》,这是一本重要的著作,其中广泛引用了中国的宇宙观、新儒学以及佛教。在日本,各种历法在权力弥散的战国时代相互竞争、彼此冲突,但 9 世纪传入的中国历法书还是得到了重用。④ 在战国时代的日本,占星与历法一直盛行不衰,因为它们在前途莫测、政治混乱的年代预示了某种希望,正如中国的战国时代(前 475—前 221)里《道德经》提供了某种哲学指南一样。

在葡萄牙人登陆种子岛的那一年,欧洲正在开始一场科学革命。1543 年,文艺复兴时期的天文学家尼古拉斯·哥白尼(1473—1543)出版了《天体运行论》,以日心说取代了托勒密的地心说。后来,在 17 世纪早期,伽利略·伽利雷(1564—1642)发明了望远镜,借此实现了其革命性的发现。换言之,葡萄牙人带到日本的欧洲科学很快便过时了,不过这些外来的知识依旧对日本产生了持续的影响。

首先,日本人被迫面对地圆学说。日本人相信地球是平的,像书架

①　新儒学,即宋明理学,亦称"道学",宋、明时期的儒学思想体系。

②　直译为"朝廷的天文学家"(Court astronomer),即阴阳家,日本律令制中务省下设部门,掌管占卜、天文、历法。

③　南北朝时代、室町初期阴阳师、历学家,曾任阴阳寮长官阴阳头。

④　697 年,文武天皇废止元嘉历,专用仪凤历;764—861 年,日本采用大衍历;862—1685 年,日本采用宣明历。元嘉历:中国南朝宋何承天(370—447)所制历法;仪凤历:即麟德历,中国唐朝李淳风(602—670)所制历法;大衍历:唐朝僧人一行(673—727)所制历法;宣明历:唐朝徐昂(生卒年不详,主要活动于唐顺宗、唐宪宗、唐穆宗时期)所制历法。

97

一样是层层堆积起来的,这在很大程度上是中国新儒学影响的结果。正如我们之前看到的那样,天在地的上方乃是圣德太子"十七条宪法"中借用的一种自然意象。① 后来,在1606年,朱子学者林罗山(1583—1657)②与曾为禅宗僧侣的不干斋·巴鼻庵③就地圆说问题展开了一场著名的辩论。巴鼻庵断言地面是球形的,天既在上也在下,所以能够开展环球航行并最终回到起点。精通朱子学的林罗山则条理清晰地描述了一个有序的、分层的大地图像,就像一个空的书架,而天在地的上方。既然如此,地球就不可能是球形的。尽管巴鼻庵进行了勇敢的尝试,但地圆说终究还是没有渗入日本人的观念之中,这很可能是因为欧洲人及其快速发展的科学进入日本的短暂历史尚不足以产生更大的影响。

在日期间,耶稣会曾经出版过一部历法,但它主要被用于指导基督徒的宗教活动。④ 带有太阳赤纬表的葡萄牙航海历则要有价值得多,日本海员学会了如何在航海中使用它们。1618年,池田好运⑤便在《元和航海书》(1615—1624)中将一些比较实用的欧洲航海技术归纳成文。此书介绍了如何使用星盘、象限仪以及其他基础的航海仪器,还包含对航海历书和航海图的介绍。欧洲人还带来了机械钟,这也是航海技术的一部分,日本人由此开始制作这种不带玻璃前盖的机械钟与星盘、象限仪。不过在之后的几个世纪里,机械钟在大体上仍然是一种奢侈品。

1600年,一个叫威廉·亚当斯(William Adams)⑥(1564—1620)的英国人乘坐一艘荷兰船只到达日本,在得到将军的命令后,他监督制造了两艘西式船。其中较大的那艘有120吨,它被出借给了前菲律宾总督⑦,

98

---

① 即第一章所述"君则天之,臣则地之"。

② 江户时代朱子学者,林家(即江户时代"大学头家")之祖。

③ 战国时代至江户初期人,初为禅僧,后皈依基督教并成为耶稣会士,晚年弃教。

④ 即1590年,日本耶稣会制订教会历并用以指导基督徒在不同时候所应奉行的礼仪、阅读的经文。

⑤ 池田好运(生卒年不详),江户时代航海家。

⑥ 即三浦按针(1564—1620),英国水手,日本历史上第一位外国人武士,曾担任德川家康的外交顾问。

⑦ 即罗德里戈·贝拉斯科(1564—1636),西班牙贵族、殖民主义者。

在 1606 年①前往墨西哥途中,这位总督所乘坐的船只于江户附近海域失事。在精明强干的日本船员的操控下,这艘"圣布埃纳文图拉号"②于一年后成功抵达了墨西哥。后来,仙台藩藩主伊达政宗(1567—1636)③命一位西班牙人建造了一艘 500 吨的船④,以便派遣家臣支仓常长(1571—1622)作为使节访问罗马。⑤ 这艘船成功横渡太平洋抵达墨西哥,并于 1616 年回到菲律宾,在那里,西班牙人买下了这艘船并将其编入舰队。⑥ 有趣的是,从 1543 年葡萄牙人到来至 1640 年德川将军强制执行严格的"海禁",这段时期被一些历史学家称作"吉利支丹时代"。将其称为日本的全球化世纪或许更好,因为在此期间,日本人町⑦遍及东南亚,使节横跨太平洋。日本遭遇了形形色色的宗教、观念、科学与技术,这些都直接或间接地影响到了日本文化与政治的发展。

　　在这一全球化的世纪中,日本在面对新技术时显得格外开放。火药从中国传入欧洲以后,在 15 世纪,欧洲人开始制造首批火绳枪⑧,正如我们将在下一章中看到的那样,在 16 世纪下半叶,这些早期的滑膛枪在日本统一的过程中发挥了重要的作用。在葡萄牙人抵达种子岛之后,日本人很快便购买了两支火绳枪,并开始自行仿制生产。一段时间以后,日本的"锻冶屋"⑨生产了数以千计的滑膛枪,它们还成为出

99

---

　　① 原文"... his ship wrecked in 1606 ...";该事件发生于 1609 年 9 月 30 日,而下文所述圣布埃纳文图拉号抵达墨西哥则是在 1610 年。

　　② 即前文所述三浦按针所造的 120 吨船,日文称"按针丸"。

　　③ 安土桃山时代江户初期大名、仙台藩初代藩主、伊达氏第 17 代当主。

　　④ 即"圣约翰洗礼者号",日本称"伊达丸"。

　　⑤ 即"庆长遣欧使节团"。

　　⑥ 原文"The ship successfully crossed the Pacific to Mexico and returned to the Philippines in 1616 where it was purchased by Spanish and made part of their fleet";1613 年 10 月 28 日,伊达丸起航;1614 年 1 月 28 日,抵达阿卡普尔科港;同年 7 月 23 日,抵达哈瓦那港;1615 年 11 月 3 日,使节团抵达马德里;1616 年 11 月 3 日,使节团抵达罗马;1617 年 8 月 10 日,返回至马尼拉;在将"伊达丸号"出售给西班牙后,1620 年 9 月 20 日,常长返回日本。

　　⑦ 日本人町,泛指日本人在海外的聚地。

　　⑧ 日文将火绳枪、滑膛枪称为"铁炮",中国国内近来也多直接沿用"铁炮"这一表述。考虑到火绳枪、滑膛枪终究是"枪",而非"炮",译文除直接引文外仍照中文翻译。

　　⑨ 直译为"枪炮匠"(Gunsmith),即"锻冶屋";锻冶屋,又称"锻冶职人",从事铁制品制造与修理的职人,战国时代日本的铁炮生产、维修主要依赖于锻冶屋。

口到东南亚的商品。简言之,在日本人第一次见到火绳枪之后不久,他们便成了国际军火商,参与到在东南亚的这一暴利活动当中。

　　滑膛枪与早期火炮影响到了 16 世纪晚期日本的军事与政治格局,而欧洲的玻璃和玻璃透镜[①]则成为日本文化的重要因素,并促使日本看待周边世界的方式发生了认识论上的巨大转变。在与欧洲接触的早期节点,日本人开始构筑起自我版本的西方文化,玻璃透镜的影响为这一文化开拓出全新的观察世界的方式。这一新的观察方式较少是联系型的,而更多是解构型的,即一种固定的、集中的凝视方式。之前日本看到的是事物的外部联系,而玻璃透镜则促成了一种早期的科学凝视方式,它使事物内部的结构力学展现出来,人们从而得以观察、记录并最终开发利用其内部。玻璃透镜通过新的方法将观察者与被观察者区分开来,它使日本人的观察具有了客观性(图 8、图 9)。在玻璃透镜的帮助下,天

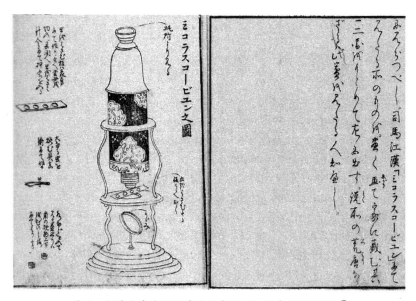

图 8　欧洲设计的显微镜的示意图,《红毛杂话》(1787)[②]

---

　　① 直译为"玻璃透镜"(Glass lens),根据下文,指早期显微镜与标本瓶。18 世纪初,长崎已经出现了可以观察虫子的"虫眼镜"的相关记载。
　　② 《红毛杂话》,森岛中良于 1787 年编订成书。森岛中良(1756—1810),江户时代医者、兰学家。

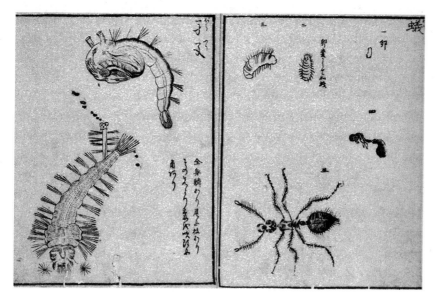

图 9　凭借欧洲设计的玻璃透镜所观察到的微观世界示意图,《红毛杂话》(1787)

空清晰可见,蚊子幼虫的微观世界也无可隐藏,浸泡并保存在标本　　100
瓶内的短吻鳄、蜥蜴也成为人们利用眼镜可以观察的对象。与欧
洲邂逅在文化上产生的启示是多方面的,但科学凝视方法的发现,
即一种全新的观察方式,却对日本审美与科学的发展产生了持续
的重要影响。

## 结语

历史学家曾将 1542 至 1640 年这段时期视为日本的"吉利支丹
时代",确实,通过第一批葡萄牙人以及后来的欧洲传教士、探险家、
旅行者、征服者,基督教成为传入日本的诸文化要素中一个重要的成
分。基督教留下的遗产既重要又持久,日本在驱逐传教士之后所选
择的地缘政治立场,界定了其对外接触的方式,这持续到 19 世纪早
期,那时日本的南北方都遭受着欧美新一轮更为猛烈的冲击。与欧
洲人在种子岛和其他地方的初次邂逅促使日本进入到了第一个全球
化世纪,它向东南亚出售武器,种植来自新世界的土豆,向中国明朝出　　101

口白银,还体验了从火器、航海辅助设备到天文理论、玻璃透镜的各种新技术。日本新的地缘政治立场以及对新技术尤其是军事技术的吸收直接引导日本"走向统一的时代",这一时代使日本政治再度集中,并将其推入到了近世。

# 第六章　天下一统(1560—1603)

在 16 世纪,日本与欧洲的邂逅意义重大,这是因为它恰好与战国
时代后期、日本统一时代(1560—1603)的开启相重叠。在这一时期,三
位雄心勃勃的战国领主意图统一日本。与葡萄牙人巩固对长崎控制几
乎同步的是,中部地方①的一位年轻武士向着权力的顶峰开始奇迹般
的攀登。织田信长(1534—1582),"三英杰"②中的第一位,开始打破目
无法纪的文化和中世地方分权的局面,着手将王国统一在一个单一的、
尽管未必完全是霸权式的将军权威之下。实际上,这三位"天下人"没
有一位实现了彻底的统一,因为在 17 至 18 世纪,各地大名依然坚守着
对政治和经济的控制。尽管如此,这三位"天下人"的成就依然左右了
之后几个世纪日本的政治走向。近代日本的确是 19 世纪横扫全球的
近代力量的产物,但它同样也是这些战国时代"天下人"浴血奋战的成
果,因为他们努力将战国时代之后的碎片重新规整,修补成一个统一的
王国。

---

①　"中部地方",日本"全国八地方"之一,下辖今新潟、富山、石川、福井、山梨、长野、岐
阜、爱知、静冈九个县,而织田信长出生于尾张国(今爱知县西部)。

②　"三英杰",亦称"战国三英杰",引导战国走向统一的三位人物,即织田信长、丰臣秀
吉、德川家康。

## 日本暴君

织田信长是在战国时代的严酷暴力中锻造出来的(图 10)。从他年轻时的行为即可看出他的性格。1551 年,信长的父亲、尾张国领主织田信秀(1510—1551)突然死于疾病。根据耶稣会士路易斯·弗洛伊斯(Luis Frois)的记载,僧侣的祈福没能拯救织田信秀,在这个时候,织田信长将僧侣们关在庙里,并从庙外用火绳枪向里面的僧侣射击,以逼

103

图 10 《织田信长图》,狩野元秀①绘,现藏于日本爱知县朝光寺

① 安土桃山时代狩野派画师。

迫他们更加用力地祈福。据传信长反复称:"为了自己的性命,他们就能更虔诚地向佛祈福了。"这位耶稣会士的记述显然有些添油加醋,充满了他自己对"异教徒"的偏见,但在后来,信长对待佛教宗派的残酷态度着实使他声名狼藉。在父亲的葬礼中,信长"匆匆忙忙地赶到灵堂,抓起一把抹香丢到了灵位上,便离开了"[①],这使得织田家的一些人认为信长过于乖张、不适合统领尾张国。

104

但信长却被证明极其擅长统治,巧妙地处理掉了诸多对手。这些对手的首领是信长的叔叔织田信友(1516—1555)与信长的弟弟织田信行(1536—1557)。信长在获得尾张国领主的统治地位的过程中,信友就已经发起过挑战。1555年,借助于另一位叔父织田信光的协助,信长杀死了信友,为得到尾张国要塞清州城[②]扫清了道路。接着在1556年,弟弟信行在两名战国领主对手的援助下再次造反。但信行最终失败了,在母亲[③]的干涉下,他得以赦免。1557年,为了一劳永逸地除掉信行的威胁,信长假装生病,并向母亲抱怨道:信行"未曾前来探望"。当信行终于上门探望"据说生病了"的兄长时,信长的手下[④]伏击并杀死了他。通过这些残暴的手段,在1559年,信长已经将尾张国统一在自己麾下。

1560年,强大的战国领主今川义元(1519—1560)挟着巨大的野心,途经小国尾张一路向帝都京都进发。今川义元声称要襄助足利将军[⑤],但他其实是抱着统治王国的野心。今川军达20 000人,在数量上远远超过了织田信长这个尾张国年轻大名的军队数量,今川义元本以为可以毫无阻碍地、漫步般地穿过尾张国。但在被称为"桶狭间之战"的战斗中,织田信长借着雷雨交加发动了奇袭。织田军发现

---

① 【江户】太田牛一:《信长公记·备后守病死事》。太田牛一(1527—1613),战国时代至江户初期武将,学界一般认为,《信长公记》成书于江户初期。

Incense powder:粉香,磨成粉状的香,葬礼过程中,吊唁者轮流拾起并撒进香炉。

② 清州城,又称"清须城",位于尾张国春日井郡(今爱知县清须市)。

③ 即土田御前(1512/1514—1594),织田信秀正室,织田信长、信行、秀孝(? —1555)、信胞(1543—1614)、市(1547—1583)、犬(? —1582)之母。

④ 应指河尻秀隆(1527—1582),战国时代安土桃山时代武将、织田氏家臣。

⑤ 即足利义辉(1536—1565,1546—1565年在职),室町幕府第13代将军。

了处于峡谷内的今川军,而后者正贸然庆祝着胜利。据说,今川义元正在"首实检"①,并未察觉到织田军正偷偷尾随。织田军毫无预兆地发动了突袭,今川义元陷于混乱,自己反被取了首级②。合战结束之后,今川军精锐 3 100 人倒毙在了泥泞的血污之中。出其不意的暴雨袭击成为信长非常规战术天赋的生动代表。

但信长所取得的最著名的胜利乃是 1575 年 6 月的长筱之战。在那一年,武田胜赖(1546—1582)已经成了信长的主要对手,他持续侵犯着信长盟友的领地,其中便包括了三河国——"三英杰"之一德川家康(1543—1616)的领地。早在 1574 年,家康便从胜赖手中夺取了长筱城③,胜赖若夺回长筱,便会借此发动对三河的进攻。一开始胜赖派出了 15 000 人,信长迅速做出了回应,派出救援力量援防长筱。与德川军会合时,织田军人数在 30 000 左右。武田的骑马队围攻长筱,他们对信长绕城设下的土垒与防马栅发动了五次冲锋。④ 在这些工事的后面,隐藏着信长的弓箭手与火枪手⑤。在随后的冲锋中,信赖的队伍被打得七零八落。火绳枪在信长的胜利中发挥了重要作用,同样的作用也体现在后来日本统一的过程中。

①　直译为"检查割下的头颅"(Inspecting severed heads),应指"首实检",在近代以前的日本,武士将讨取的敌方首级交由本方大将判定,并作为论功行赏的重要依据。

②　桶狭间之战中,今川义元遭遇到了信长的"马廻"(亲卫队)服部一忠(? —1595)与毛利良胜(? —1582),混战之中,义元砍断了服部的右膝、咬断了毛利的两根手指,但最终被二人合力讨取了首级。

③　本书原文"Ieyasu had captured Nagashino castle from Katsuyori earlier in 1574 ..."。

长筱城,位于三河国设乐郡(今爱知县新城市长篠)。1508 年,菅沼元成建长筱城,长筱城遂为长篠菅沼氏居城;后来,长筱城归附于德川家康。1571 年,武田信玄攻取长筱。1573 年春,信玄病故,武田家退兵,同年秋,家康夺取长筱。1575 年,胜赖发兵进攻长筱。

④　本书原文"As Katsuyori's cavalry laid siege to the castle, they made five charges against a barricade Nobunaga had erected around the castle"。Barricade 直译为"障碍物",结合长筱之战,应指防马栅与土垒,但信长并不是围绕长筱城设置的防马栅与土垒。

织田、德川联军抵达设乐原后开始布阵,织田本阵位于极乐寺山,德川本阵位于弹正山。两日后,联军已完成阵以及防马栅、土垒的修筑,此时武田军撤围,于鸢巢山留守约两千人,其余约一万一千人赴设乐原与联军对峙,并布阵于浅木。次日,联军奇袭队攻占鸢巢山砦,而武田军在对织田、德川阵地展开的数次冲击中伤亡惨重,最终被迫撤退,傍晚,织田、德川联军停止追击。此役,织田、德川联军阵亡 6 000 余人,武田军阵亡 10 000 余人。

⑤　"弓箭手"(Archer)在战国时代称"弓众","火枪手"(Harquebus musketeer)在战国时代称"铁炮众"。

早在 1549 年,即葡萄牙人到达日本六年之后,信长便从日本的锻冶屋手中订购了 500 杆火绳枪。其他史料证明,战国领主"其远近奴仆,皆有铁炮"。考虑到火绳枪在中世是颇为兴盛的出口产业,日本如此善于接受、制造火绳枪也就不足为怪了。1483 年,日本仅出口到中国的刀就有大约 67 000 把。一个多世纪以后,一位意大利商人见证了日本武器出口的繁盛:"这个国家有着各式各样的武器,无论是攻击型的还是防御型的,我想其供给之充足,比世界上其他任何一个国家都要多。"确实,在战国时代,日本是一个高度武装的国家。日本的刀跻身于世界最佳之列。一个荷兰人描述道:日本刀"锻造极佳、做工精良,能够斩断我们欧洲的刀剑"。

在长筱,信长使用了日制火绳枪。据史料记载,信长此役的战术是:"将 3 000 火枪手分成三列,事先训练他们列队齐射,从而形成持续的火力网。"1592 年,当日本在朝鲜的侵略开始陷入困顿之时,尽管诸多武将依然需要火绳枪,但由于某种根植于武士文化中的复杂原因,日本还是逐步停止了火绳枪的生产。对于武士来说,刀具有重要的象征意义,而用火绳枪远距离杀伤敌人的不名誉的行为侵害了这种象征意义。尽管枪炮在 16 世纪日本走向统一的过程中发挥了关键性的作用,但在 17 世纪末,枪炮生产却近乎停滞。近世日本厌弃了枪炮,这给 19 世纪的日本埋下了技术薄弱的隐患。

然而,在中世后期的日本,信长统一大业所面临的威胁不仅仅是战国时代的各地领主和他的家族成员。正如之前我们看到的那样,在中世日本权力流散的政治环境中,佛教信众崛起为一支强大的、非政府的力量。信长与延历寺①僧众的冲突始于 1569 年,在那一年,信长没收了天台宗僧侣的领地②,这导致他们开始坚决反对信长。信长被认为害怕并鄙视那些有组织的佛教信众;部分是因为信长将父亲的死归咎于僧侣。在战国乱世中,寺院的政治性与军事性愈发突出,严重阻挡着

---

① 延历寺,位于今滋贺县大津市。
② 1569 年,天台座主向朝廷申诉信长侵占比叡山寺领,朝廷下达了归还寺领的旨意,而信长并未遵从。天台座主:天台宗总本山比叡山延历寺的"贯主"。贯主,即"住持",对总管寺院的僧侣的称呼。

统一大业。天台僧众还与信长最大的敌人浅井长政(1545—1573)和朝仓义景(1533—1573)草率结盟。1571 年,信长对京都外围比叡山<sup>①</sup>上延历寺的僧众发动了进攻。合战期间,信长的 30 000 人大军杀死了3 000 名僧侣。总攻<sup>②</sup>结束五天之后,耶稣会士路易斯·弗洛伊斯详细记述了信长怒火之下的暴行。在洗劫延历寺后,"信长向山林中派遣了大量火枪手,追杀那些可能藏匿其间的和尚。军队彻底执行了信长的命令,没有留下一个活口"。信长并不满足于仅仅追杀天台僧众及其家人。弗洛伊斯还写道:"为了满足自己的复仇欲,并进一步提升名望……他命令全军即刻将僧侣们剩下的房子全部摧毁,烧毁了闻名遐迩的比叡山上约 400 间寺庙。"延历寺的毁灭留下了权力的真空,而作为这些寺庙征服者的信长很快就迫不及待地填补了这一真空。他没收了延历寺的领地并将其分赏给了家臣,其中便有信长的一位重臣——明智光秀(1528—1582)。

三年后<sup>③</sup>,在石山本愿寺<sup>④</sup>(净土真宗)的一向宗势力试图在越前建

---

① 比叡山,位于滋贺县大津市西部与京都府京都市东北部。

② 1570 年 9 月 16 日,"志贺之战"爆发,织田军与浅井、朝仓、比叡山延历寺联军展开战斗。同年 12 月 14 日,在朝廷与足利义昭的介入与斡旋下,双方同意媾和,"志贺之战"结束。1571 年 9 月 11 日,织田军于三井寺(位于今滋贺县大津市)布阵,9 月 12 日,织田军对比叡山发动了总攻。

③ 本书原文"Three years later";学界一般认为,织田政权与石山本愿寺之间的"石山合战"开始于 1570 年的"野田城·福岛城之战",而不是作者所认为的 1573 年平定越前国(今福井县岭北、岐阜县西北部)的一揆势力,"石山合战"简要过程如下:

    1570 年 8 月 26 日—9 月 23 日,"野田城·福岛城之战"("第一次石山合战");

    1570 年 9 月—1574 年 9 月,平定"长岛一向一揆"(其间织田方面进行了三次长岛攻略);

    1574 年 4 月—1575 年 8 月,(即本书作者所述的)平定越前一向一揆与土一揆,在此期间,1575 年 4 月 8 日—21 日,"高屋城之战"("第二次石山合战");

    1576 年 4 月—8 月,"天王寺之战"与"第一次木津川口海战";

    1577 年 2 月—3 月,"纪州征伐";

    1578 年 7 月—1580 年 3 月,"有冈城之战"、"第二次木津川口之战"、"三木合战";

    1580 年 3 月—8 月,在朝廷斡旋下,双方媾和,本愿寺第 11 世显如(1543—1592)退出石山本愿寺。

④ 本愿寺,这里应指石山本愿寺,位于摄津国东成郡生玉庄大阪(今大阪府大阪市中央区大阪城附近)的净土真宗寺院。1496 年,"大阪御堂"开始建造,是为石山本愿寺之始。1580 年,"石山合战"结束后废城。

立一个农民统治的领国,很显然,这种平均主义的愿望公然抗拒了信长的规划,因而引来了信长宣战。1574 年 4 月,他们再一次公然挑衅信长,调动力量打破了与这位脾气暴躁的领主之间脆弱的停战合约。长岛①是一向宗的要塞,位于密集的河网之中,这些河流注入濑户内海的伊势湾。②在这片水网密布的领地上,一向一揆曾一度阻止了信长的进攻。这一次③,信长围绕一向一揆主力建造了栅与砦,从而将其合围。随后,信长放火将其夷为平地,陷入包围的男女老幼约 20 000 人全部葬身火海。再加上信长围攻过程中饿死的 20 000 人,一向一揆方死亡人数合计约有 40 000 人。信长显然决意根除这些信众,他在合战之前声称:"无论这些一向众如何乞求,这一次,我都要彻底根除他们,我绝不原谅他们的罪行。"对信徒完成合围后,信长对武将下令"格杀勿论",而他们熟练地执行了命令。

　　信长在战场之外也取得了同样重大的收获。在京都,信长坚持主张幕府在国政方面必须与其商议,从而逐步削弱了足利将军尚存的政治权力。一条法令④宣称:"(义昭)发给各国大名的御内书,必先呈给信长阅览,并添上信长自己的书状。"⑤而另一条法令甚至更中要害:"对天下的统治被托付给了信长,赏罚之事,不需要(义昭)的旨意,信长可自行判断。"很明显,将军义昭发现自己在决策层中被日益边缘化了。1573 年,这位没有实权的将军陷入了莫大的困境,他给武田信玄⑥写信,呼吁这位信长的宿敌"采取军事手段,坚定不移地为天下和平贡献力量"⑦。与此 108

---

① 长岛,今三重县桑名市,木曾三川(木曾川、长良川、揖斐川)入海口。

② 本书原文"... Ise Bay on the Inland Sea"。大写"Inland Sea"在日本语境内一般指濑户内海,即日本本州、四国和九州之间的内海。但伊势湾不在濑户内海。

③ 这里应指第三次长岛攻略,1574 年 7 月—9 月。

④ 这里的"法令"应为"殿中御掟",即信长制订的室町幕府法令。1569 年颁布 16 条,1570 年追加 5 条。下文所引两端皆出自共管 1570 年的 5 条之中。

⑤ 应指足利义昭的"御内书"。御内书,室町幕府将军下达的、书状形式的公文书。

⑥ 武田信玄(1521—1573),战国时代武将、守护大名、战国大名,甲斐源氏嫡流甲斐武田家第 19 代当主。

⑦ 《信长公记·公方样御谋叛事》。

同时,义昭还着手准备撤离二条城①——他在京都的居城。

信长警觉到了自己的敌人们可能正在采取行动,而义昭似乎也在准备逃亡,他便向这位忧心忡忡的傀儡将军发出了一封重要的书信——即著名的"异见十七条"。信长痛斥将军支持那些"如今臣服之人",这隐约是在影射武田信玄。如果将军抛弃了"忠节疏略之人",反而支持"如今臣服之人","忠与不忠便没有差别了,人们不会认为这是好事"。在"异见十七条"中,信长很好奇将军为何要出售大米并准备离开二条城,"将军储存金银……先前洛中杂说纷纷,甚至就连底层民众都认为这是将军想要抛弃京都的一个信号"。这份"异见十七条"之所以如此重要,是因为其提及了"杂说"。义昭背叛了民众的信任,因此,他便丧失了统治天下的合法性。② 对日本的政治话语来说,"民众"首次融入政治合法性的概念之中。

1573 年 3 月,义昭与信长的死敌们结成联盟,这激起了信长的怒火。次月,信长试图以理规劝义昭,但遭到拒绝。信长在给德川家康的信中谈到了自己的下一步行动:"我已别无选择。"他把大半个京都烧为灰烬。一名京都的目击者写道:"整个上京都被烧毁,一处建筑都没留下。"通过向信长缴纳钱财,下京的民众得以幸存。随后,信长的队伍包围了二条城,劝说这位并无实权的将军求和。决定性的交锋发生在1573 年 8 月,信长的军队越过琵琶湖③并突袭了将军在二条城的番众④。当见到织田军的庞大规模后,二条城番众"皆至信长麾下",几天后,将军便被擒获。信长"放了他一条生路",义昭被流放近畿,成了"贫报公方",而足利幕府在京都几个世纪以来的统治亦宣告结束。⑤

信长与朝廷的关系也多有龃龉。他常常让朝廷敕使等候召见,有时一等便是数日。这种延迟通常是由于信长"正在休息"。1582 年 5 月,天

---

① 二条城,日本历史上有诸多"二条城",这里是指足利义昭的居城。

② 《信长公记·公方样御谋叛事》。

③ 琵琶湖,位于滋贺县内,日本面积第一大的淡水湖。

④ 直译为"守卫部队"(Garrison),这里应指二条城"奉公众"率领的"番众"。奉公众,室町幕府官职之一,统率直属于将军的军事力量——"番众"。

⑤ 《信长公记·公方样御牢人事》。

皇敕使访问信长,有意为信长叙位太政大臣或将军,因其征服了如此多的领土并罢黜了足利将军。使节们宣布:"平定关东已是须臾之事……已定(信长)为将军。"①但在整整两天的时间里,信长拒绝接见敕使,不免让人怀疑信长是否还愿意身居日本政治权威的传统框架内(即信长是否还接受冠位位阶制度)。在他之前的强人——藤原道长、源赖朝以及其他的摄政和将军——都接受了冠位位阶制度,并借此使自己的统治合法化。② 然而,信长可能渴望着建立一种全新的、以他自己为神权中心的君主架构。信长于1579年建造的安土城便是他追求统治神权的一个象征。这座城成了当时日本军事力量的最重要标志。正如一位传教士观察到的:"在城市中心的山顶上,信长建造了安土城及其天守③,这一壮丽的建筑象征着力量与财富,堪与欧洲最大的建筑相媲美。"④在一定程度上,安土城乃是信长排演和展示其新型政治权威的宏大舞台,这一权威伴随着宗教与军事的图腾,象征着其迅速膨胀的独裁统治。

信长采用铁腕政策统治着那些畏惧着他的家臣。他常常谈到"天下布武",他还鼓励手下众人践行严苛的"武士道"。即便是最忠心的家臣,信长也会对其严厉要求,将其像"盆栽"一般地移封⑤,以确保他们在政治与军事上无法建立稳固的根基。织田信长那枚见于全国公文的私章上刻着"天下布武",这恰好概括了信长的统治方式。但是,对待家臣的严苛终于反而伤害到了信长自己。1582年,身为家臣的明智光秀举兵包围身处本能寺的信长,并迫使他自尽而亡。在火烧本能寺之后,明智光秀将注意力转向了就在附近的、信长的继嗣者——织田信忠⑥,同样将其杀死。通过这一系列事件,光秀希望"追讨信长,成为'天下人'"⑦。

---

① 【安土桃山】劝修寺晴礼:《晴礼公记·天正十年夏记》。
② 即"三职推任问题",学界对于这一时期信长与朝廷的关系存在争议,有"对立说"、"融合说"等。
③ 直译为"宫殿与城"(Palace and castle),这里应指安土城及其天守。天守,亦称"殿守",战国时代以降的日本城中最高、最有象征性的建筑物。
④ 村上直次郎译:《耶稣会士日本年报·上·1582年2月15日科埃略致耶稣会总长通信》。
⑤ 这里应指"移封",即改变领地。
⑥ 织田信忠(1557—1582),安土桃山时代武将、大名。
⑦ 《弗洛伊斯日本史·卷二·第五十六章》。

110      信长统治的特征之一便是暴力,结果,48 岁的他却同样死于暴力的火焰。他的家臣与后继者——秀吉——尽管亦经历了战国乱世的残酷考验,但他寻求统一的方式却略有不同,并留下了持久的遗产。秀吉出身于中层家庭,因此,他的崛起之路格外引人注目。就秀吉受益于社会流动性而言,当时恐怕无人能出其右,这种社会流动性是中世的一大特征,而在 16 世纪晚期,却正是秀吉本人孜孜不倦地致力于消除这种流动性。

## 富有的太阁

在信长被谋害之际,秀吉正在北方发动对毛利家高松城[①]的战斗。秀吉意识到海拔接近海平面的高松城地势危险,于是开始尝试建设水坝与水渠,将水引入高松,从而将毛利军逼出城。秀吉的火枪手驻在摇晃的浮船艛楼之上,时刻准备攻击浑身湿漉漉的、试图逃走的敌军。要是信长在世,他原本会率军与秀吉在高松会合,在这场他眼中本州西部的决定性战役中亲临指挥。一切都计划得很完美,唯独没有料到信长已身亡。

在接到信长亡殁的消息后,秀吉悄悄与毛利家媾和,在仅仅六天后,便撤营急行军约 113 千米[②]到达姬路城[③]。在京都西南处,借助织田氏其他同盟军的帮助,秀吉击败了明智光秀的军队。[④] 明智光秀的

---

①    高松城,日本历史上有三座高松城,这里应指备中高松城,即战国时代位于备中国高松(今冈山县冈山市北区高松)的城。

②    即"中国大返还"。

③    姬路城,战国时代位于播磨国饰磨郡南部(今兵库县姬路市)的城。

④    似有误,学界对于"中国大返还"时间存在争议,但一般认为,秀吉到达姬路是在"本能寺之变"5 或 7 天后,"中国大返还"与"山崎之战"过程如下:

1582 年 6 月 21 日,"本能寺之变";

6 月 22/23 日,秀吉得到了"本能寺之变"的相关信息,并着手与毛利家媾和;

6 月 23 日,高松城主清水宗治(1537—1582)自刃;

6 月 25 日,行军至冈山城(时备前国、今冈山县冈山市北区);

6 月 26/28 日,行军至姬路城;

6 月 30 日,行军至尼崎(时摄津国内、今兵库县尼崎市);

7 月 2 日,"山崎之战"(时山城国与摄津国境内、今大阪府三岛郡岛本町山崎与京都府乙训郡大山崎町)。

首级被带回到了刚成焦土的本能寺,并在那里示众以警醒世人。1582年,即秀吉战胜光秀之后,清州会议在信长原先的要塞召开,讨论织田氏继任者的问题。绝大多数的织田氏支持者皆出席了会议,未出席的德川家康与佐佐成政(1536—1588)①则正在用心看管着自家领地。信长原先指定的继承人信忠(1557—1582)的死使得织田氏继嗣者问题变得复杂,而与会者分为两派,秀吉支持三法师②,而柴田胜家则支持织田信孝(1558—1583)。

　　清州会议结束时并未达成具体的决议,在之后的冬天,秀吉便在大雪覆盖的琵琶湖以北战场上,面对了劲敌柴田胜家及其同盟。在近江,足智多谋的胜家大败秀吉军。作为回应,秀吉连夜开拔,率军在 6 小时内强行军 52 千米③,在"贱岳之战"中直面胜家。他在一封信中写道:"是时候决定谁将统治日本了。"④秀吉这位精妙的战术家打败了胜家,按照至上的武士传统并为了垂范后世,胜家刺死了自己的妻子(信长的妹妹⑤),然后当着敌人的面切腹自杀。正如一位年代史家记录道:

　　　　柴田胜家登上了天守的第九层,对围在身旁的众人略作嘱咐,宣布想通过自己的切腹为后世留下(一个榜样)。胜家的部下深受感动,挥泪不已,浸湿了他们的盔甲与衣袖。当一切都归于平静后,胜家杀死了自己的妻子、孩子与亲人,然后切腹,他的八十余位家臣也随之自尽。⑥

随着胜家的惨死,秀吉终于可以把注意力转到信长领地以外的其他军事事务上了。

---

　① 佐佐成政(1536—1588),战国时代安土桃山时代武将、大名。
　② 三法师,即织田信秀(1580—1605),织田信忠嫡子。
　③ 即"美浓大返还"。
　④ 桑田忠亲编:《太阁书信・天正十一年五月十五日致小早川隆景书信》。
　⑤ 即织田市。
　⑥ 《柴田合战记》。

　　1585 年,秀吉对四国岛的长宗我部元亲(1538—1599)发动了进攻,同年,秀吉还对越中国①的佐佐成政展开攻势。与他的前任织田信长一样,秀吉也极力打击佛教势力,特别是真言宗的根来众②与净土真宗的杂贺一揆③。他警告这些僧侣不要再进一步提高军事化程度:"(冥想的)僧人、全世界的教士等人都未曾审慎研习教义。制造或持有目的不明的武器、滑膛枪等乃反叛的恶行。"1587 年,秀吉发动了"九州征伐",在其统治期间,该役规模仅次于后来入侵朝鲜之战。秀吉的军队约有 25 万人④,岛津义久(1533—1611)所拥有的军队规模则远远逊色,最终不得不臣服于秀吉,剃度出家并放弃了家督之位。三年后,秀吉进军北方,攻击北条氏政(1538—1590)。在仅仅八年间,秀吉就极大地扩张了自己的领土,在战国诸强中位居同侪之首。

　　战场上的胜利为秀吉带来了权力。但对秀吉来说,由于出身低贱,要想取得政治合法性便更加困难。在 1583 至 1590 年间,秀吉开始建造大阪城⑤——一座宏伟的筑城,意在向整个武家社会明确其权力。他还在京都建造了豪华的聚乐第⑥。1588 年,为了证明自己处于武家社会的顶点,秀吉精心策划了一场皇家游行,后阳成天皇(1571—1617)⑦亲自驾临,拜访这一新的宫殿。两人还以松树为题吟诗对和以表庆祝,而松树乃是长寿的象征。

　　秀吉还逐步瓦解了中世的秩序,虽然正是这一秩序将他推向了权力巅峰。其特征便在于社会流动性。就在秀吉于聚乐第宴请后阳成天

---

①　越中国,今富山县。

②　根来众,战国时代安土桃山时代伊纪国北部的、以根来寺为中心的僧兵集团。根来寺,位于今和歌山县岩出市。

③　杂贺一揆,安土桃山时代杂贺(今和歌山县和歌山市)地方兴起的一向一揆。

④　对于"九州征伐"双方的人数,学界存在争议,一般认为秀吉"九州平定军"人数在 20—22 万之间,岛津军人数在 3—5 万之间。

⑤　大阪城,安土桃山时代到江户时代、摄津国东成郡大阪的城。初为丰臣秀吉所建,丰臣氏灭亡后,江户幕府曾重建。

⑥　聚乐第,安土桃山时代、京都内野(今京都市上京区)的政厅、宅邸与城郭,丰臣秀吉所建,1587 年竣工,1595 年毁坏。

⑦　后阳成天皇(1586—1611 年在位),日本第 107 代天皇。

皇的那一年,他颁布了"刀狩令"①,目的在于解除"地侍"②与好战农民的武装,促使他们做出选择——或作为武士居住在"城下町"③,或作为农民生活在村落。在很长一段时间里,农民与武士之间的界限是模糊的,这被认为是导致战国乱世的一大要因,而"刀狩令"的目的便在于形成一种明晰的等级秩序体系,从而明确武士与农民的界限。"刀狩令"规定:"不准诸国百姓持有刀、胁差、弓箭、枪、滑膛枪以及其他任何武器。"④渐渐地,只有世袭的军事阶级——武士才能打斗。秀吉将武士们调离了领地,使他们失去了独立权利的根基。武士被组织为城中的武装,并处于大名的监视之下,由大名给予俸禄。

为了切实巩固"兵农分离",秀吉强迫武士进入城下町。相应地,农民则继续从事农业生产,并永远放弃任何军事抱负。秀吉承诺,收缴上来的刀剑将被熔化,"用作即将建造大佛所需的钉子。此举不仅将在今世保佑农民,无疑也将保佑其来世"⑤。这尊方广寺⑥大佛象征着和平逐步扩散遍及日本。1591年,通过限制地域流动与社会流动,秀吉从根本上固化了社会秩序,而正是这种流动曾使秀吉完成了几乎不可能的权力崛起。秀吉出身于尾张国的一个中层家庭,其父弥右卫门⑦是织田家足轻⑧,但秀吉却一路上升达到了一个至高的地位。由于秀吉的面貌特征,信长称他为"小猿"(Kozaru)。但这种社会流动性即将成

113

----

① "刀狩",即(武士以外的)农民、僧侣等放弃所有武器,日本历史上有数次刀狩。

　　镰仓刀狩:1228年,第2代执权北条泰时(1183—1242,1224—1242年在职)对高野山僧侣实施刀狩。1250年,第5代执权北条时赖(1227—1263,1246—1256年在职)将刀狩范围进一步扩大。

　　战国刀狩:1588年8月29日,秀吉颁布"刀狩令",禁止农民拥有或携带武器。

② "地侍",居住于村落、直接参与农业生产与经营的武士。

③ 城下町,日本都市形态之一,以领主居城为中心发展而成的都市。

④ 《小早川文书·天正十六年七月八日秀吉法令》。

⑤ 《小早川文书·天正十六年七月八日条》。

⑥ 方广寺,位于今京都府京都市东山区。

⑦ 弥右卫门,即木下弥右卫门(? —1543),战国时代农民、足轻。

⑧ 足轻,平安至江户时代日本步兵的一种,战国时代,足轻接受长枪、弓与铁炮的训练,并编成部队。

为过去。在 1592 年的人口调查①中,秀吉命令官员在登记时"奉公人即奉公人,町人即町人,百姓即百姓"②,由此使民众固化在了各自以职业为基础的身份中。这一身份系统也成了近世新秩序形成的关键之一。

自 1582 年开始,秀吉便着手精心开展土地调查,以加强对全国农地的控制。尽管其他一些战国领主也曾对所辖领地进行过检地,但秀吉的检地却是全国性的、标准化的,明显意在让新的"天下人"清楚了解全国经济状况。秀吉将这种清晰了解建立在对已耕地产量的评估上,这成了各领石高、年贡与税赋以及军役的基准。秀吉的军役建立了一支基本为预备役的国家军队,其基础乃是与农业产出相关的征兵率。1669 年,当面临被称为"宽文虾夷蜂起"③的阿伊努叛乱之时,通过这一制度,德川一方调集东北诸领(例如弘前④)参与到了北方的作战当中。秀吉的"太阁检地"在全国开展的标准化调查的涉及程度很容易被夸大,但是,官方的"一地一作人"⑤确实使领地进一步私有化。集体领有土地是一种农民群体确保抵御自然灾害的策略,这类实践在近世仍长期存在,但绝大部分的可耕地都近乎私有财产,对于日本出现那种基于农业的原始资本主义经济发展来说,这是重要的一步。

1585 年,鉴于秀吉的军事成就与新的对全国的清晰掌控,天皇授予他"摄政"这一皇家头衔——数个世纪之前,藤原家也曾得此任命,1592 年,秀吉又成为"太阁"⑥。1585 年,鉴于秀吉刚刚取得的全国性威望,天皇为他赐姓"丰臣",即"富裕的大臣"(图 11)。由于出身于中层家庭,秀吉用着他人赐予的姓氏度过了一生,首先是"羽柴",这是信

114

① 即"人扫令",1592 年以关白丰臣秀次(1568—1595)名义发布的法令。
② 《吉川文书·天正十九年三月六日条》。
③ 1669 年 6 月于静内郡(今北海道日高振兴局)爆发的一场阿依努人动乱。
④ 弘前,今青森县西部的市,时为弘前藩(陆奥国津轻郡,今青森县西部)藩厅弘前城所在地。"宽文虾夷蜂起"期间调动的主要有:弘前津轻氏、盛冈南部氏与秋田佐竹氏,幕府派遣的总大将为松前泰广(1626—1680)。
⑤ "一地一作人",即每块耕地规定一个责任人,其既是所有者,也是贡役承担者。
⑥ 太阁,退位关白的尊称。

图 11　丰臣秀吉(1536—1598),关白(1585—1591)、太政大臣(1587—1598)

长从其他重臣的姓氏中各取一字拼凑出来的。1585 年,天皇赐姓"丰臣",这意味着秀吉已经获得了全国性的声望并身负皇室信赖的神圣合法性。其后在 1595 年,《御掟·御掟追加》①强化了秀吉在整个日本的政治联系,它命令各战国领主在联姻前必须"获得许可",并严禁他们彼

115

————————

① 1595 年颁布的维系丰臣政权的基本法令。

此"有意缔结协议"。16 世纪 90 年代伊始,日本大部分似乎都已被秀吉所控制,但是,在这位战国领主的狂热想象中,远比控制日本更为宏大的军事野心已然萌生。

## 一统"三国"

早在 1586 年,秀吉就曾向信长的一位耶稣会知己——弗洛伊斯(1532—1597)透露,一旦"日本事态平定",他便会将其托付给弟弟丰臣秀长(1540—1591),然后便开始谋划"征伐朝鲜与中国"。次年,在"九州征伐"胜利后,秀吉更是充满了自信,他在给妻子①的信中写道:"我已遣快船传信朝鲜,令其遣使臣服天皇。如若不从,次年便予以惩戒……我还将攻略中国。"②1587 年,朝鲜拒绝了对马宗氏③先行传达的日本方面的要求,但其后日本于 1590 的交涉却更为成功一些。这一年,朝鲜同意作为"友邻"遣使日本,但拒绝纳贡——纳贡意味着明确认可日本的优势地位。但是,归返的使节还是带回了秀吉夸夸其谈的书信,其中写道"吾欲假道贵国,超越山海,直入于明,使其四百州尽化我俗",他指出,"(在日本、中国和印度等三国)以施王政于亿万斯年,是秀吉宿志也"④。

之后不久,秀吉发给印度总督一封不同寻常的信件,在信中,秀吉清晰阐释了他将通过武力统一一个更为广泛的"神国",他用神道诸神解释道:

116
　　　　夫吾朝神国也,神者心也,森罗万象不出一心,非神其灵不生,非神其道不成……此神在天土唤之为佛法,在震旦以之为儒道,在日域谓诸神道,知神道,则知佛法,又知儒道。⑤

换言之,从"神"的角度出发,秀吉已然洞见到了"三国"形而上的统一,

---

① 这里是指秀吉正室高台院(？—1624)。
② 《妙满寺文书》。
③ 对马宗氏,室町时代战国时代对马国守护大名家、战国大名家。
④ 【江户】赖山阳:《重订日本外史·卷十六·德川氏前记、丰臣氏中》。
⑤ 《异国丛书·卷 2·增订异国日记抄·天正十九年丰臣秀吉致印度总督书信》。

"三国"即所知的文明开化的世界(印度亦在其列,因其乃佛教诞生之地)。从这个角度来看,对朝鲜与中国的侵略俨然成了一种复归,这是一种在神学统一业已建立之处实现政治和军事统一的方法。此外,基于自己在日本统一中的作用,秀吉认为也应该建立一个包含"三国"的政治宗教圈。他写道:

> 天下非天下,余即天下。神佛非神佛,余即神佛。万民非万民,余即万民……日本非吾国,唐土非吾国:唐土、天竺、日本乃吾四体。故唐土、日本民之忧患,余痛之切肤。[1]

在秀吉的意识里,征服全球,至少是征服那些值得征服的部分,是顺应自然法则的必然之举。

1592 年,在小西行长(1555—1600)的率领下,秀吉的部队登陆朝鲜。事实证明,与其在 20 世纪犯下的罪行一道,日本的这次侵略毒害朝日关系长达几个世纪之久。三周之内,他们便已抵达汉城,而这里大体上已被遗弃和烧毁。当部队攻克汉城的消息传来时,秀吉在给母亲的信中乐观地写道:"在九个月内我就能征服中国。"随后,丰臣秀吉着手制订了一个大胆的占领明朝的计划。"我们的君主应迁至明朝首都",在这里他指的是日本天皇,认为他应该开始搬往北京,"需妥善安排"。秀吉将侄子秀次(1568—1595)预定为大唐"关白",而"日本的皇位"则由皇太子继任。他宣称,"获取朝鲜和中国将轻而易举"。秀吉的侵略军由经验丰富的战国武士组成,事实证明,他们能够在大多数战役中守住阵地。在这场长达 6年的战争中,秀吉动员了将近 50 万精锐部队前往朝鲜半岛(地图 2)。[2]

但就在秀吉写下上述言论时,朝鲜的反击也正在进行。当日本进

---

① 《异国丛书·卷 2·增订异国日记抄·天正十九年丰臣秀吉致印度总督书信》。

② 对于"文禄·庆长之役"(朝鲜称"壬辰倭乱"、中国称"万历朝鲜之役")期间日本军队的人数,学界存在争议。一般认为,日本方面统监军(驻守名护屋城)约 101 315 人,出征军(侵略朝鲜)则有"140 000 人说"、"158 800 人说"、"195 100 人说"、"205 570 人说"等,另有后续派遣的部队。"庆长之役"约为 14 万人。而本书作者所谓"50 万人"依据不明。

攻沿海的釜山镇时①,李朝②遣水军干将李舜臣(1545—1598)抗击日本军队及其穿越对马海峡③的补给线。与日本海军相比,巧妙运用"龟甲船"的全罗左道水师节度使④李舜臣可谓技高一筹,他在这场朝鲜称为"壬辰倭乱"(1592—1598)的战争中大败日本海军。在玉浦(1592)⑤、泗川(1592)⑥、闲山岛(1592)以及后来的鸣梁渡⑦等胜利中,李舜臣不断攻击日军,击沉其战船数百艘。后来,朝鲜义兵展开了焦土作战,不给日军留下资源或补给。明朝军队跨过鸭绿江后,1593年日本着手媾和以期结束战争。明朝拒绝了秀吉的要求,1597年,战端再启,秀吉又向朝鲜半岛派遣了大约14万人的部队。然而到1598年末,秀吉及其继嗣者已下令让大部分日军撤回到了国内。⑧

　　这场战争摧毁了李氏朝鲜,精美的李朝王宫被夷为平地,战争也引起农业歉收、饥荒横行、盗贼蜂起。在中国,尽管万历皇帝(1563—1620)的介入对战局起到了决定性作用,但战事给明朝财政增加了极大的负担,最终加速了明朝的灭亡,仅仅40余年后,明朝便亡于清军之手。在战争期间,朝鲜遭受了人才的大量流失,日本人劫掠了无数的匠人与学者,将他们带回到了日本,他们在日本促进了陶瓷和活字印刷业的发展。日本人在京都建立了"耳冢"并保存至今,里面埋葬着战争期间日军作为战利品割下来的约4万朝鲜人的耳朵和鼻子,没有什么比

---

　　① 即1592年5月23日"釜山镇之战"。

　　② 李氏朝鲜(1392—1910),高丽(918—1392)之后朝鲜半岛的统一国家。1392年,高丽武将李成桂(即后来的李朝太祖、康献大王,1335—1408,1392—1398年在位)废高丽恭让大王(1345—1394,1389—1392年在位),次年,明朝册封李成桂"权知高丽国事"。1401年,明朝册封李朝太宗李芳远(1367—1422,1400—1418年在位)为朝鲜国王。1897年,李朝更国号为"大韩帝国"。1910年,"日韩合并"。

　　③ 对马海峡,九州与朝鲜之间、连接东海与日本海的海峡。

　　④ 英文直译为"海军上将"(Admiral),李舜臣时任全罗左道水师节度使。

　　⑤ 玉浦,巨济岛东侧港口,这里是指1592年6月16日"玉浦海战"。

　　⑥ 泗川,尚庆南道港口,这里是指1592年7月8日"泗川海战"。

　　⑦ 鸣梁,即全罗道鸣梁渡,这里是指1597年10月26日的"鸣梁渡海战"。

　　⑧ "庆长之役"开始后,秀吉数次策划继续出兵。1598年9月,丰臣秀吉亡殁,丰臣秀赖(1593—1615)继承丰臣政权,"五大老"(上杉景胜、毛利辉元、宇喜多秀家、前田利家、德川家康)下令撤回军队。

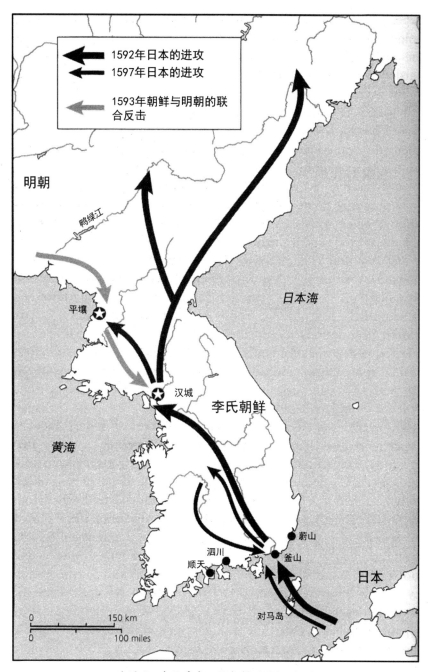

地图 2 丰臣秀吉入侵朝鲜,1592—1598

这更能反映"壬辰倭乱"的残酷。在武士战斗的恐怖世界中,胜利者往往会将割下来的敌人首级带回营地,作为论功行赏的重要依据。① 在第二次入侵期间,秀吉下令道:"消灭所有人……带回首级。"但在侵略朝鲜的过程中,跨过对马海峡的日本海军在回国的途中,由于空间的限制,无法将完整的首级带回国,而是将耳鼻割下计数、登记造册、腌制保存带回到了日本。

119

## 家康时代的到来

1598 年第二次入侵朝鲜期间,秀吉去世。他的辞世诗的前半句——"露珠凋逝似吾身"——隐喻了一代伟人的不朽功绩,在短暂的一生中,他完成了诸多梦幻般的不可能之举,重新塑造了世界。在秀吉颁布"刀狩令"、冻结社会秩序、征伐朝鲜与其他诸多决策之后,中世期间曾经流动的社会与地域环境被固化了,很少有人还能仿效秀吉一路上升。社会、政治与地域的不可流动性——或者说,后来所谓的"天下泰平"——成了近世稳定性的标志。

但是,秀吉对继嗣所作的安排并未发挥持久作用。秀吉原本选择了自己那个心理扭曲、反复无常的外甥——丰臣秀次。一位传教士称:仅仅为了好玩,"秀次剖开女性的身体,观察其内脏和怀孕情况"②。1593 年,秀吉侧室淀殿③为他生下了儿子丰臣秀赖(1593—1615),1595年,残暴的秀次被指涉嫌谋逆,他与 31 名亲人被处决④。他们的墓上刻有"秀次恶逆冢"字样。在秀次出局后,秀吉在垂死之际恳求自己的盟友们,尤其是诡计多端的德川家康,帮忙照料年幼的秀赖,直到其成长到足以统治日本并延续脆弱的丰臣血脉。据说,秀吉曾将自己的家臣召集起来,并嘱咐道:"一切都交给你们了。"

但是,丰臣政权的未来远比秀吉预想的虚幻。随着秀吉死去、年幼

---

① 参见前注"首实检"条。
② 琼·克拉赛特著、太政官翻译系译:《日本西教史·上卷·第六章》。
③ 淀殿(1569—1615),浅井长政与织田市之女。
④ 不同史料所记人数不同,学界对此存在争议,有"31 人说"、"39 人说"等。

的秀赖入主大阪城,这个国家分裂成了两个全副武装的阵营。这场节节迫近的冲突的结果将会决定近世日本的走向。1600 年的"关原之战"中,以石田三成(1560—1600)为首的大名组成"西军",与以德川家康为首的"东军"相对抗。家康的势力取得了胜利,而石田三成、小西行长与安国寺惠琼(1539—1600)等"西军"武将的首级被取,挂在京都三条大桥示众。1603 年,曾接受秀吉聚乐第宴请的后阳成天皇敕封家康为征夷大将军,而这位战国领主迅速采取措施,平定全国并巩固德川氏的统治。家康于乱局之中纵横捭阖,局势是如此动荡,即便是他的支持者池田辉政①也据传在其要塞姬路城中藏有 1 200 杆火绳枪。但对于那些在"关原之战"中支持自己的大名领主,家康则慷慨奖赏,将多达600 万石(1 石表示预产出为 176 升即 5 蒲式耳的大米)的土地移封给他们。

暴力是战国时代的一大特征,它延续到了 17 世纪。1615 年,秀赖于大阪城为德川军所杀②,其支持者的首级被悬挂示众于京都与大阪之间的大道旁。同年颁布的《武家诸法度》③对武士家庭的行为设定了基本框架,其中包括禁止私缔婚姻、新建城池、未经批准开展联盟等规定。它还为武士行为设定了道德准则,告诫他们要厉行节俭,因为炫富有害公德。德川幕府(1603—1868)将新的首都定于江户(今东京),并设立"目付"④与"大目付"⑤(实质是密探)仔细监察各地大名——不分敌我,一视同仁。

为了保持政治稳定与军事优势,幕府将全国的各藩分为三类,以便于更好地进行监督;而大名的种类决定了其能否进入决策层。"谱代大名"即"关原之战"中与德川家康并肩作战的大名。他们对德川家族发

---

① 池田辉政(1565—1613),播磨姬路藩初代藩大名。

② 关于秀赖的结局,学界存在争议,有"切腹自尽说"、"葬身大火说"、"生存说"等。

③ 《武家诸法度》,即江户时代幕府为统制武家所制订的法令,包括元和令(1617)、宽永令(1635)、宽文令(1663)、天和令(1683)、正德令(1710)、享保令(1717)。

④ "目付",若年寄辖下职,负责监察旗本、御家人以及役人。若年寄:江户幕府内仅次于老中的要职,负责管理旗本、御家人以及将军家家政。

⑤ "大目付",老中辖下职,负责监察大名、高家(江户幕府负责典礼的役职)与朝廷。

过血誓,可以担任"老中"①等幕府要职。那些与德川将军家有血缘关系的藩主称为"亲藩大名",他们在德川幕府的政令中居于特殊地位,其亲属有可能取得将军的身份。最后便是"外样大名",他们是"关原之战"中与家康联军对抗的不幸之人。他们被排除在决策层之外,并被孤立和排斥,遣散到日本各地。在德川幕府统治的前 50 年当中,有 213 位领主除封,有 172 位领主加封。

在 1603 至 1636 年期间,新都江户在日本东部湿地建造起来,这一地区被称为关东平原。出于军事防御的考虑,家康从一开始就选中了江户,当时它只是一座被遗弃了的、土墙围起来的小城,建在一处部分被小河环绕的陡岸之上。"江户"一词源自江户川畔一个约有百户人家的村落。家康随即开始改造这座湿地据点。职人们采伐森林、平整山丘以改造盐渍地、修整河道、搭建桥梁、建造大规模的城防石墙,并在城内建设了许多木质建筑。这是日本历史上规模最大的土地改造项目之一,而建设的财政负担大部分由外样大名承担。

日本的统一进程与江户等"城下町"的建设产生了严峻的环境后果,特别是对森林。在 16 世纪的数十年中,战国领主们反复建造、拆掉、焚毁或推倒军事防御工事,消耗了大量的工事所需木材。1576 年信长于琵琶湖畔的安土城中建造的高达 42 米的木质天守需要数量惊人的木材。统一战争同样也促进了城下町建设。日本在 1572 至 1590 这 18 年间所建造的城下町的数量几乎达到了前一个世纪的总和。寺庙建设也需要大量的木材,像家康这样的战国大名热衷于通过为寺庙和神社翻新允诺木材的方式来向那些主持与宫司示好。木材的高附加值意味着许多战国领主试图通过划定"御用木"来强化对领内林地的控制。例如,1564 年,强大的北条家便将天成山②的森林置于直接管理之下,而武田家在林木资源丰富的甲斐国③也采取了相同的措施。仙台

---

① "老中",将军直属的、负责统领全国政务的官员,原则上由 25 000 石以上的谱代大名担任。

② 天成山,位于静冈县内、伊豆半岛中部。

③ 甲斐国,今山梨县。

等地的战国领主则开展植树计划以防止海岸的水土流失。

尽管不少领主致力于林木管理与植树计划,但秀吉统治期间大幅增加的木材消耗量依然产生了破坏性的影响。1582 至 1583 年期间,大阪城的建造耗费了大量的木材。而在徒劳的朝鲜侵略战期间,又有大批木制战船被巧妙灵活的李舜臣击沉,同样耗材甚弥。为了彰显统治,秀吉建造了诸多豪华建筑,其中便包括京都的聚乐第、京都的方广寺(内有一尊高达 50 米的佛像,超过了奈良东大寺大佛),秀吉还重建了比叡山延历寺等一些被其前人烧毁破坏的寺庙。秀吉死后,家康继续消耗木材,在江户、骏府、名古屋建造了不朽的名城,此外,他还协助彦根城与膳所城(近江国)、篠山城与龟山城(丹波国)、高田城(越前国)、京都二条城等其他藩主的建设。家康还重建了京都皇城的一些部分,其中便包括桂离宫的建设。有历史学家估测,江户、骏府、名古屋这三座大城的建设需要砍伐 2 750 公顷的针叶林。这些木材绝大多数由各地领主提供。

1615 年家康亡殁之后,反而有更多的林地遭到砍伐,以极尽所能地歌颂家康在世时的功绩。日光东照宫是家康的灵庙,需要大量的木材,其他许多纪念家康生平的中等规模的建筑同样消费巨大。1634 年,将军德川家光(1604—1651)①上洛归来,下令在骏府建造浅间神社,这里是家康诞生与故去的地方②。为了获取必要的木材,今静冈县境内大井川沿岸的树木被采伐殆尽,大约有 6 万根木材被顺河运到东部海边,又逆流运到上游的骏府。这些建筑工程——从神社到城堡——需要不断地重建,因为不断有日式木制建筑为主的城与城下町毁于大火。有历史学家估测,在 1601 至 1866 年期间,日本发生了 93 起重大火灾(每一起都至少摧毁了十个町),这对日本的森林造成了持续的压力。到 17 世纪后期日本最终完成统一时,这个国家的森林大部分已采伐殆尽。一位儒学者哀叹道:"举国上下,十座山里有八座是光秃秃的。"

① 德川家光(1623—1651 年在职),江户幕府第 3 代将军。
② 家康生于三河国冈崎城,殁于骏河国骏府城。

各藩藩主提供了大部分木材,而他们还要承担像反复的"参勤交代"(1635)这一类政策的费用,德川将军规定各藩藩主每两年交替前往江户。他们要承担的不仅仅是精心准备前往首都的旅途费用,还有江户藩邸以及妻儿的花销。"参勤交代"促进了全国交往与文化交流,以及东海道①等沿线地区的城市化和商业化。此外,为了更为直观地掌控全国,将军还命令各大名绘制"国绘图"。对于江户幕府的军事规划者来说,这些"国绘图"②在战略上十分重要,因其包含着边界、山脉等诸多信息以及关乎贡役的"村高帐"③。

## 结语

在家康亡殁时,德川统治的诸多要素已井然成型。及至 17 世纪中叶,暴力与军事力量的作用已经削弱,谋求政治权威的新战略遍及全日本。各藩主在其藩内享有广泛的自治权,特别是在经济方面,但在政治层面,江户已崛起为日本新的统治中心。在"参勤交代"制度下,各藩藩主每两年交替前往江户,这使得他们的时间被分割成了管辖己藩与任职首都两个部分。由于年度的人员移动,日本的沿线地区经历了广泛的商业化,饭屋④、游女屋⑤、旅笼⑥和其他服务型行业都在人来人往的路途上不断出现。此外,将军还命令各藩绘制涵盖了山脉、海岸及其潜在的农业产出能力等信息的"国绘图",从而使各个领地的细节更为清晰透明。随着幕府"天下泰平"的实现,日本亦全面进入近世。政治权力的集中、原始资本主义的增长、广泛的城市化、世俗政治观念的涌现、技术的进步、对外关系的政治化,这些因素连同其他的历史性发展都将日本与全球各国联系起来,而它们也都在经历着相似的变化。

---

① 东海道,五街道之一,1624 年完成。五街道,德川时代以江户日本桥为起点的五条陆上交通线,即东海道、日光街道、奥州街道、中山道与甲州街道。
② 国绘图,江户时代各藩制作的呈交幕府的地图。
③ 村高帐,各村落名及其石高。
④ 饭屋,提供食物的店铺。
⑤ 游女,娼妇的古称。
⑥ 旅笼,江户时代旅人宿泊的场所。

# 第七章　近世日本（1600—1800）

近世日本见证了日本诸多不朽文化和政治特征的产生及其基本地理疆域的扩展。对我们来说，将这一时期界定为"近世"十分重要，因为在日本历史的发展进程中，"传统"与"近代"之间存在着一道鸿沟，而"近世"便是沟通两者的桥梁。一俟"三英杰"完成在军事与政治层面上统一日本的努力，日本进一步发展，开始向近代迈进。

日本于 19 世纪中叶进入到了近代，这并不仅仅是 1868 年之后吸收西方文明的产物，同样也是其内部推动力的结果。这些推动力带来了诸多本土的变化，例如早期资本主义的形成、政治集权的强化、科学技术的发展、早期民族主义的渐渐崛起等。这些发展与西方传入的制度和文化共同作用，使日本于 19 世纪后期成长为一个新兴的亚洲强权。如何认定日本的近世时期具有深远的意义。这一意义显示了超越明显文化差异的、人类历史的共通性。换言之，尽管几个世纪以来，日本人与欧洲人之间存在着诸如染黑齿①、丁髷②等差别，但他们的发展还是殊途同归，这一发展模式在全球范围内推动着各个社会的发展。

---

① 染黑齿，近代以前中国东南部、日本以及东南亚地区广泛存在的一种习俗。
② 丁髷，江户时代男性年长者的一种发型。

## 德川幕府的统治

1603年，"三英杰"中的第三位即德川家康(1542—1616)已接受了天皇敕封的征夷大将军的称号，建立了江户幕府。在16世纪攫取军事霸权的过程中，战国领主们可能已经砍光了日本的山林，而到了17世纪，日本的政治景象远比自然景象井然有序。纵观整个近世，除了岛原之乱(1637—1638)和其他严重程度不一的零星农民叛乱等例外之外，日本经历了一种相对稳定的状态，这促进了经济与文化的发展。而在17世纪至19世纪中叶之间，无尽的战乱折磨着欧洲：威廉王之战(1689—1697)、安妮女王之战(1702—1713)、英西战争(1793)、乔治王之战(1743—1748)、法国印第安人战争(1755—1763)、美国独立战争(1763—1788)[①]、拿破仑战争(1805—1815)[②]、德意志第二帝国崛起(1871—1914)[③]等，考虑到这一点，日本的稳定就更显突出。在同一时期，日本避免了这等消耗国力的冲突。相反，由于惊人的独立程度，日本发展出了一系列政治、经济与文化制度，这些制度推动了之后日本作为一个近代国家的崛起。

在日本最为引人注目的变化中，最大的关键变化莫过于17世纪城市的发展。在1588年收缴武装的"刀狩令"期间，秀吉将地侍(农村武士)迁移到了城下町，这样他也在无意中创造了日本当时最大的一些城市。居住在城市的武士由于其社会秩序的本质，呈现出低生产、高消费

---

① 美国独立战争(1775—1783，本书原文为1763—1788)。1763年，七年战争结束。1775年，"列克星敦枪声"，独立战争爆发。1783年，英美《巴黎和约》签订。1788年，美国举行了历史上第一次大选。

② 拿破仑战争(1803—1815，本书原文为1805—1815)。1803年，英国向法国宣战。1805年9—12月，乌尔姆战役、奥斯特里茨战役、《普莱斯堡和约》签订，第三次反法同盟的解体。1815年6月，滑铁卢战役。

③ 德意志帝国崛起(1871—1918，本书原文为1871—1914)，德意志帝国，亦称德意志第二帝国。1871年，普法战争结束，普鲁士国王威廉一世(1797—1888，1861年就任普鲁士国王，1871—1888年为德意志第二帝国皇帝)于凡尔赛宫称帝。随后，德意志第二帝国又经历了腓特烈三世(1831—1888，1888年3月9日—6月15日在位)与威廉二世(1859—1941，1888—1918年在位)。

的倾向。因此,像江户这样的城市便成了具有巨大影响力的消费中心,这一城市环境重塑了近世日本的政治、经济、文化与环境面貌。

在 17 世纪,随着武士的迁入,城市的人口数持续增长,这并不限于将军的首都江户,姬路、大阪、和歌山、冈山与其他诸多城市亦是如此。在部分城市,武士占到了人口总数的 50%—80%。为了建造城堡并提供供养,商人与町人随武士进入到了城下町,以江户为例,在 17 世纪早期,城中已充斥着 100 万左右的人口。新儒学的意识形态突出表现在身份等级体系上,在武士与其他阶级之间形成了社会分层,并决定了日本城市的结构布局。在 17 世纪,江户幕府精心制造了一种混合型的意识形态,最初包括禅宗与神道要素,但后来则受到了朱熹(1130—1200)新儒学思想的巨大影响。这种混合型意识形态的一个标志便是:当家康于 1616 年去世之后,幕府建造了宏伟的日光东照宫以及其他各地东照宫①,以纪念他的丰功伟绩。日光东照宫的营造反映了幕府获得合法性的战略并不仅仅通过军事力量,还要依靠神圣权威的来世力量。在东照宫中,家康被视为"神君",而其他各地较小的神社则被用来提醒世人这位"神君"及其子孙的"本土垂迹"。

作为上层建筑中的意识形态,朱子学非常切合德川幕府的政治抱负。新儒学围绕"四书"展开——《论语》、《孟子》、《大学》与《中庸》——即提倡"正心"、"诚意"、"主静"等基本儒学概念的几部中国经典。新儒学是一种包含了儒学、佛教与道教思想的信仰体系,与传统儒学相比,新儒学更注重人与天地万物之间的形而上的联系。新儒学相信"性本善",为了发掘人的"性理",人们应该通过学习与静思来净化自身。林罗山(1583—1657)②是主持 17 世纪杰出的新儒学学问所的学者,他表述了肉体物欲导致性善转向性恶的过程。他写道:"人性元善,何又云有恶? 性如水,清者也。入清者则清,入污者则污……而晦心也。"③

为了澄清欲望的浊水,新儒学强调宁静而非政治行动,而这有助于

126

127

---

① 参见第 5 章注释"东照宫"条。
② 参见第 5 章注释"林罗山"条。
③ 【江户】林罗山:《理气弁》。

创造国内的和谐。重要的是,新儒学还洞见到了自然世界的秩序。朱熹写道:"天地之间,品物万形,各有所事。"①也许人们理解到,其在社会秩序中的位置是自然世界的一种映像。实际上,自然秩序的一个重要表现便是社会秩序——这一自然等级结构将"武士"(士)置于顶层,接着是"农民"(农)、"职人"(工),最后是"商人"(商)位于底层。这种社会等级成了身份体系的基础,正是这一逻辑,在16世纪后期推动武士迁至城下町并固化了社会秩序。这种身份体系推动了德川统治、经济、社会、文化的各个方面,也显示在自然环境的变化上。

　　儒家身份体系还诱发了关于公法与私行的争论。歌舞伎剧目《忠臣藏》(1748)②以著名的"元禄赤穗事件"为原型,朝廷礼仪"高家"③吉良义央(1641—1703)辱骂赤穗藩藩主浅野长矩(1667—1701)是个乡巴佬,1701年浅野长矩遂于江户城内砍伤了吉良义央。④ 鉴于义央辱骂了长矩及其祖辈藩国,特别是考虑到两人之间的恩怨,按照武士的荣誉准则,长矩攻击义央可谓有理可循。但是,将军颁布的法令却禁止在城内拔刀,于是幕府命令长矩切腹,并没收了他的领地,他的家臣便沦为了浪人。在大石良雄(1659—1703)的领导下,这些浪人们假装过着醉酒放荡的生活,但实际上却在秘密策划着复仇。两年后,在1703年1月,良雄带领这些浪人在义央的江户藩邸讨取了他的首级;随后,他们将首级献到浅野坟上,显示已为主君报仇雪恨。按照当时的标准,赤穗藩浪人此举彰显了对主君的忠诚以及武士行为,但这又违背了法律。幕府允许这些忠心耿耿的武士切腹自尽,从而维护了他们的荣誉。著名的儒学家荻生徂徕(1666—1728)为这一决定做了辩解,他解释说,

128

---

　　① 《晦庵朱文公文集·卷三十二》。

　　② 《忠臣藏》,人形净琉璃与歌舞伎的一个剧目,1748年在大阪初演。

　　③ 高家,江户幕府中负责典礼的役职。

　　④ 依据故事《忠臣藏》,1701年3月,东山天皇(1675—1710,1608—1709年在位)遣使赴江户,幕府第5代将军德川纲吉(1646—1709,1680—1709年在职)任命浅野长矩为"御驰走役"(幕府方面接待朝廷使节的役职)。长矩不熟悉相关的仪式与典礼,便让吉良义央来辅助他,而两人之间屡有龃龉。由于义央的算计,当天皇使节到达的时候,长矩丑态百出。在仪式的最后一天,长矩在松之大廊下遇到了义央,遂拔出佩刀将其砍伤。

　　但是,对于历史上"松之廊下事件"的起因与过程,学界存在争议。

"四十七浪人"虽然破坏了公法,但他们守住了"知耻"与"义",因此他们应该光荣就义。总而言之,在儒家意识形态的范围内,近代法律和秩序的一些观念在德川将军及其役职的统治下正在不断演变。

如果说江户是幕府统治武士——包括违反法纪的长矩及其忠心耿耿的家臣等人——的政治中心,那么同样是大型都市、拥有 40 万人口的大阪便可谓是日本的金融中心,其商业文化生机勃勃。这是一座行商人、町人与匠人的城市。在大阪,各地藩主们以大米换钱,用以支付"参勤交代"期间前往江户的昂贵旅费。17 世纪的知名作家井原西鹤(1642—1693)[1]讲述了商人与町人的生活,他观察道:

> 大阪是日本最重要的贸易中心,在北浜的米市,每刻钟便有 5 000 贯大米的契约交易。谷仓中的大米堆积如山,投机商们重视天气的预兆、关注着傍晚的风暴或明晨的雨势……大阪的豪商们在全日本也是第一流的好人,而这也是他们的经商之道。[2]

随着财富的增加与社会影响力的提高,商人们也能够纷纷把孩子送到像怀德堂[3]这样的学问所,他们在这里所受的儒学教育不亚于林罗山向年轻武士传授的知识与理念。学者石田梅岩(1685—1744)[4]提出,尽管商人在儒家等级秩序中居于下层,但他们在商业中却发挥着至关重要的作用,他们也为日本整体上的秩序与繁荣做出了贡献。他坚信:"市农工商相天下之治……云夫汝独卖买之利,欲心无道,恶商人而欲断绝。何以贱嫌商人计乎?"[5]

尽管有了石田梅岩的理论,但许多接受过儒学教育的武士依然憎恶商人,并视之为国家的瘟疫,特别是由于在德川时代武士日渐贫困,

129

---

① 井原西鹤(1642—1693),江户时代大阪的浮世草子与人形净琉璃作者、俳谐师。浮世草子:亦称"浮世本",江户时代产生的一种文学体裁。

② 【江户】井原西鹤:《日本永代藏》。

③ 怀德堂,江户时代大阪商人所设立的学问所。

④ 石田梅岩(1685—1744),江户时代思想家、伦理学者,"石田心学"开祖。

⑤ 【江户】石田梅岩:《都鄙问答》。

这种憎恶商人的倾向愈发强烈。商人的奢侈惹怒了学者熊泽蕃山(1619—1691)[①],他写道:"大城小镇皆建于河岸沿海、利于贸易之地,以致骄奢之风日盛,一发而不可收。商贾日益富裕,而武士陷于贫困。"[②]在熊泽蕃山看来,这是一个结构性的问题:"武士的贫困意味着商人失去了以货易米的对象,只有那些豪商们变得愈发地富有。"[③]荻生徂徕有一个著名的论断——日本困苦的根源在于武士脱离土地转至城市。醉心于中国古代统治范式的徂徕主张:"古时智者们所创造的社会,其基础在于,人无分贵贱皆生活在土地之上。"[④]而在日本的城市,"人人集于城下町度日,犹如'旅宿',与智者之道截然相反"[⑤]。

然而,徂徕所谓的"旅宿"却成了日本旺盛的城市文化和原始资本主义经济增长的基础。它也对日本的自然环境造成了破坏性的变化。尽管德川幕府原本是想将首都江户打造为"居城",但商人与町人却慢慢攫取着这座城市的空间。所谓的"江户仔"就是这样一种人——他降生以后第一次洗澡用的便是江户水道桥[⑥]的水,他看着江户城头的鬼瓦[⑦]一点点长大——他们凭借其追求精致的意识,代表着城市生活。当聚到一起时,这些町人便参加各种活动,他们创作喜剧诗歌、养花、模仿歌舞伎、算命,还欣赏街头音乐和其他表演。江户人识字率很高,他们从诸如须原屋[⑧]之类的书贩那里借书。他们在新建的寿司屋内用餐,美美地享用着虾、鸡蛋与各式各样的鱼鲜。繁荣还意味着更好的房子,这些房子拥有坚固的岩石地基,以及箱型或者柜型的储藏空间——用来存放他们炫耀性消费的成果。实际上,由于这一类消费的炫耀意味是如此彰显,为了禁止商人公开他们的财富以引起社会的嫉妒与混

①　熊泽蕃山(1619—1691),江户时代阳明学者。
②　【江户】熊泽蕃山:《集义和书》。
③　同上。
④　【江户】荻生徂徕:《政谈》。
⑤　同上。
⑥　"水道桥",用于运输水的桥。
⑦　"鬼瓦",日本建筑物上正脊端头处的一种装饰。
⑧　须原屋,元禄年间(1688—1704)须原屋茂兵卫创建的书屋,家号千钟堂,是江户最大的书商,时称江户书林之魁。

乱,将军德川纲吉(1646—1709)于 1683 年推行新的政策,为近世日本　130
带来了第一次禁奢令。

当书籍与鲜虾不能再让町人感到满足时,他们便去吉原①行乐,在
那里,他们在中野大道游逛,物色着游女屋中的游女。如果关于梅毒与
淋病感染率的估计是准确的话(在江户居民中,据信约有 30％—40％
左右的人患有上述疾病中的一种),那么可见,性交易普遍存在,而且可
能获利颇高。在吉原以外,有更多特殊的卖春场所,例如若众茶屋②,
以满足那些喜欢小男孩的客人。德国医生恩格尔伯特·坎普法
(Engelbert Kaempfer,1651—1716)③描述了这些若众茶屋招揽顾客的
情形:

> 在这座城镇的主道上,坐落着 9 到 10 间若众茶屋,每间前面
> 都站着一个、两个或者三个 10—12 岁左右的男孩,穿着漂亮的衣
> 服、画着精致的妆容、摆出女性化的姿态,他们由下流残忍的老板
> 供养,以满足富有的旅者们那些私密的欢愉与趣味——而日本人
> 沉迷于这种恶习。

出于复杂的经济与思想观念,常常有父亲把女儿卖到花街。这与
近世日本的父系秩序中女性的地位有着很大关系,在这种秩序内,延续
家族与祭祀祖先神灵的是男孩而非女孩。人们期望女性遵守妇道,而
根据《女大学》(1672)④,这意味着女性应当"善良从顺"、贞节、不嫉
妒⑤、朴素俭约。⑥ 一个名叫阿竹的女子的离奇故事反映了日本性别角

---

① 吉原,德川时代江户外郊、公许游女屋集中而成的游廊,位于今东京都台东区千束四
丁目及三丁目一部。游廊,亦称"倾城町",即花街。

② "若众茶屋",亦称"若众宿"或"阴间茶屋",元禄年间出现的男性卖春的场所。

③ 恩格尔伯特·坎普法(1651—1716),出身于德意志地区北部,医生、博物学者。

④ 《女大学》,江户时代的女子教育书,作者与初版年存在争议。一般认为其源于贝原
益轩(1630—1714)所著《和俗童子训》第 5 卷《女子教法》,享保年间(1716—1736)被本屋(书
店)通俗化后出版刊行,现存最早的《女大学》为 1729 年版。原著"1672 年"不知依据为何。

⑤ 直译为"宽容"(Mercy),这里应指女性要避免"七去之法"中的"嫉妒"。

⑥ 大林德太郎校注:《女大学》。

色中所谓妇道的复杂性。当阿竹还是小女孩的时候,大家都知道她是一个假小子;在之后的人生中,她剪了头发,假扮成一个名叫竹次郎的小男孩,这一行为截然违反了妇道。她工作的旅笼的老板勃然大怒,为了使她重新拥有女性气质还强奸了她。当发觉自己怀孕后,她逃走并杀死了刚出世的孩子。被捕后,幕府指控她"扰乱风气",因为她的所作所为不符合她的生理性别。实际上,她之所以被捕是因为未尽妇道。就像身份预期在政治中起到重要作用一样,即商人必须做商人该做的事,性别角色也起到了这样的作用。这种将日本社会或多或少按照性别与身份分类严格统治的制度差不多贯穿了整个近世。

尽管面临着这种文化上的阻碍,但依然有女性成了一流学者,例如只野真葛(1763—1825)[①]。尽管从未批判儒家秩序将女性降为附庸,在《独考》(1818)一书中,她还是主张道,像她的外祖母[②]那样的"女性成就"也为社会做出了重大的贡献。男女的性别差异符合中式宇宙观中的阴阳平衡,只野真葛指出,两性之间的生理差别亦是如此。与她的父亲、学者工藤周庵(1734—1800)[③]一样,只野真葛就日本国内的社会问题以及俄国带来的威胁广泛著述。

新儒学的身份体系的关键之处在于它为日本社会提供了道德框架。它将武士置于社会阶梯的顶端,将商人置于底层。这不需要太多的实际政策,而基本上是一种文化监督,强调女性要守妇道,而武士要行武士道。但这种社会秩序却维护了稳定。当明治政府废除这种身份体系,将所有人统称为"平民"时,由于消除了曾经区分和维持各自群体的身份分类,在农民与过去的贱民[④]之间产生了暴力冲突。在近世日本,这种身份制度广泛存在于村落与城市之中,但明治国家在日本社会关系的间隙中抹上了新的意识形态的黏合剂,将前贱民与农民皆视作

---

① 只野真葛(1763—1825),江户时代女流文学家、国学家。
② 即桑原やよ子(生卒年不详),江户时代国文学家。
③ 工藤周庵,即工藤平助(1734—1800),江户时代兰学家,仙台藩藩医。
④ 贱民:日本古代律令制度下,民众被分为良民与贱民("五色之贱")。中世以降,律令制贱民制度废止,新的贱民制度产生,参见第四章注释"河原者"条、"非人"条。江户时代,"秽多"、"非人"等被视为贱民。

平民,从而激发了美作血税一揆①(1873)等暴力事件。关键在于,废除身份体系的举措诱发了暴力,这恰恰表明身份秩序在德川社会中曾经发挥了重要的调和作用。

## 土地的变化

近世大城市给生态留下了重要的印迹。村落为城市提供商品,这使许多原先仅为糊口的农民转变为出售粮食的商人。相应地,村落家庭中那种复杂的亲属关系开始解体。在中世,农村劳动力常常以养父收养儿子的形式呈现,因为他们需要更多的劳动力;然而,到18世纪,由于季节性的雇佣取代了收养,农村劳动力更多基于商业关系而非亲属关系。这种季节性的劳动力花费更少,因为不需要全年供养,相反,只需要在农忙的时候支付酬劳。养子是日本的农村剩余人口的组成部分,他们便不再仅在农地上劳作和生活,也不再祭祀祖先神灵,他们发现自己被逐出了土地,并面临着食物短缺的危险,食物短缺的现象在18世纪的日本——尤其是在东北地区——广泛存在。气候变化、冰岛火山活动、日本原始资本主义的产生等各种原因招致的自然灾害造成了数百万人的死亡。近世日本爆发了四次毁灭性的饥荒,即宽永大饥馑(1642—1643)②、享保大饥馑(1732)③、天明大饥馑(1782—1788)和天保大饥馑(1833—1837)④,这几场饥荒都以其发生时日本的年号命名。自然与人为力量的相互作用加剧了这一系列灾荒及其成因,显示了那些改变日本的历史变化所造成的环境影响。这些事件预兆着后来世世代代的自然灾害,例如2011年3月11日日本东北部的"三重灾害"。

日本在16世纪的统一、身份体系、大城市对生态的影响,这些因素

132

---

① 美作血税一揆,1873年5月美作地区爆发的一揆,参与者反对征兵令,反对废止贱民制。

② 宽永大饥馑,1640—1643年(本书原文为1642—1643)日本的灾荒。

③ 享保大饥馑,1731—1732年(本书原文为1732)日本的灾荒。

④ 天保大饥馑,1833—1836/1839年(本书原文为1833—1837)日本的灾荒。

合而为一与自然要素共同作用,引发了饥荒。就此看来,它们既是自然灾害,又是"非自然"灾害。在这几次饥荒中,天明大饥馑(1782—1788)可能是最严酷的一次。它导致了大范围的食物紧缺,影响到日本许多藩,而东北部成为受灾最为严重的地区。1782 年,北部的弘前藩遭遇了严重的反季节低温、暴风、无休无止的降雨以及其他诸多伴随小冰期①的天气异常——全球农民皆受其害。冰岛南部拉基火山②与格里姆火山③的喷发使得情况进一步加剧。通过驱逐传教士,德川幕府确实已经成功地将日本置身于全球政治浪潮之外,但却不能使日本避免全球环境和气候的冲击。简单来说,拉基火山位于火山裂缝之上,其与格里姆火山相连。在 1783 年和 1784 年,这条火山裂缝的喷发持续活动了 8 个多月。在此期间,这些裂缝和火山喷发出大约 14 立方千米的玄武岩浆与包含大量致命氢氟酸和二氧化硫的烟尘,扩散到了全球。这些有毒烟尘导致冰岛超过一半的家畜死亡,所诱发的饥荒则导致冰岛四分之一的人口死去。在冰岛,这场火山喷发被称作"斯卡夫塔大火",其造成的伤害遍及全球,引起了埃及的饥荒与欧洲的极端天气。

在日本,这一系列火山喷发与全球和当地的气候异常相互作用,导致日本弘前藩森林锐减到了原来的四分之一。次年,灾情依然严重,而津轻藩④官吏错误地向江户与大阪输送了 4 万石大米作为上缴幕府的年贡,粮食短缺重创全藩。有限的大米供应意味着米价骤升,到了夏天,已没有大米可供给饥饿的人群。农家纷纷遭荒,骚乱此起彼伏。到了秋天,人们到处寻找树根、野草充饥,甚至还吃牛、马、狗和猫。当灾情进一步令人绝望时,人吃人的传言也到处可闻。作为应对,幕府为弘前藩提供借款以建造救灾棚屋,并从周围的藩购买大米作为援助。及至 1784 年,由于营养不良和免疫力下降,疾病重创了饱受饥馑的地区,

---

① 小冰期,15 世纪以降的全球性的寒冷时期,结束于 20 世纪初左右(本书原文为 1550—1850)。
② 拉基火山,冰岛南部火山,靠近瓦特纳冰原西南端。
③ 格里姆火山,冰岛东南部的瓦特纳冰川的格里姆火山口。
④ 津轻,这里应指津轻藩,即弘前藩。

死亡人数骤增。灾荒结束后,弘前藩的死者高达数十万。在全国范围内,天明大饥馑(图12)造成将近100万人死亡,大部分是由于日本经济转型而无力自顾的人。

图12　天明大饥馑的景象

　　正是日本经济的原始资本主义化将这些自然灾害转化为人为的灾害。以天明大饥馑期间1749年南部八户藩①的"猪饥馑"②为例,其原因既有当地与全球气候异常,亦存在着有迹可循的人为要素。在整个18世纪,八户藩和东北地方的农民已开始砍伐和烧毁杂草,从而开垦新田种植大豆,而这些大豆绝大部分是为了供应江户或其他城市市场的需求。大豆在日本人的日常饮食中占有重要的比重,提供了必需的蛋白质。最初,农民在靠近江户的地方种植大豆,但随着这些地区改种

---

　　①　南部八户,即南部八户藩,位于陆奥国三户郡的南部氏的藩。
　　②　猪饥馑,1749年,八户藩野猪泛滥,与人争地,从而导致饥荒。

一种更为有利可图的作物——桑树——以满足蚕事需求,一些更远的荒地便被开垦出来,以满足城市的食物供应。山地的大豆种植业要求农民必须轮耕或休耕,以保持土壤肥力;但是,休耕地尤其是山区的休耕地常常是野猪的栖息地。当农民砍倒橡树为种植大豆开垦更多耕地时,他们无意间便剥夺了野猪主要的食物来源,这些饥肠辘辘的有蹄类动物只好去寻找其他食物,例如野山芋或竹芋。山地转变成了大豆耕地,这使得八户藩野猪的数量暴增,在达到某种临界点后,这些有蹄类动物便开始与农民争夺食物。在小冰期(约 1550—1850)期间,由于粮食产量下滑,这种竞争也日趋白热化。通常情况下,农民可以回到其田地里挖取野山芋、竹芋或者其他野生植物,但是许多季节性的劳动力——即日本的无地阶级——无地可去。即便有些人打算去山地到处寻找野山芋或竹芋,却发现野猪早已捷足先登。最终,数以千计的农民死于灾荒,而造成灾荒的部分原因便是日本大城市的市场需求。印度在孟加拉饥荒(1769—1773)[①]期间成为全球力量的受害者,当时,英属东印度公司从印度港口运走了粮食,这使印度人饥肠辘辘。八户藩的农民发现自己也成了类似的受害者,虽然规模较小。一些历史学家认为近世日本各藩的一体化类似于一种国内殖民主义,因为其造成了相似的恶果,这种观点并不让人感到吃惊。

在日本,城市给生态留下的印记还体现在环境的其他方面。受到日本经济转型创伤的并不仅仅是饥饿和营养不良的人们。为了建造大型城市,伐木从生计和命令式的砍伐——领土们下令砍伐树木以建城堡——逐渐扩展成一种牟利性的砍伐。在这种牟利性的伐木过程中,像大和屋[②]这样的商家曾砍掉了利根川[③]、片品川[④]附近的 8 000 棵树,但上交给将军的不足半数,其余的全被出售到市场。由于木材价值颇高,日本林业管理的传统逐渐形成,这使得 17—18 世纪期间列岛的植

---

① 孟加拉饥荒,1769—1773 年南亚次大陆的灾荒。
② 大和屋,1824 年成立,1834 年获得木材商许可。
③ 利根川,发源于大水上山的关东地区河流。
④ 片品川,群马县东北部的利根川水系一级河流。

被相对较好。日本经济还带动了沿海的变化。日本开始新的肥料渔业，用于经济作物的种植。鲱鱼捕捞业扩展到了遥远的北方虾夷地，来自大阪与近江的商人前往虾夷地，雇佣那里的阿依努人捕鱼，然后把鱼干用船运到南方。这样一来，近世日本的城市所产生的影响已经跨出了这个国家的传统边界。它不仅改变了本州岛上的木材供应与森林环境，还改变了北海道周围的渔业与海洋环境。

## 征服虾夷

在北海道的贸易导致了土地的变化与传染病的流行，这逐渐削弱了阿依努人抵抗日本侵略的能力。鲱鱼捕捞业仅仅是近世日本人闯入北海道的过程中的一个组成部分而已。之前被称为虾夷的北海道占据了日本约20％的领土，因此对这一地区的征服值得我们关注。后来，它还成了重要的煤炭产地，而煤炭是推动日本早期工业化的关键资源，在美国顾问的协助下，北海道还转变成为重要的粮食产地，这些顾问对于如何将原本原住民栖息的土地开发成殖民地经验丰富。重要的是，日本人对阿依努人土地的征服始于江户幕府倡导的政治变革之中。

在关原合(1600)之后，德川家康便已承认了松前氏①对虾夷贸易的"独占权"②，而在 17—18 世纪期间，他们在整个北海道不断地拓宽与阿依努人的贸易。松前氏仅仅统治着位于北海道最南端的一小块领地，这里被称为"和人地"，或曰"日本人地"。③　与近世日本人一样，北海道的阿依努人也远没有统一，考古学家已经发现了五个主要部族——西(Shumukuru)、东(Menashikuru)、石狩④、内浦⑤、宗谷⑥——

136

---

① 松前氏，原称蛎崎氏，战国时代靠近虾夷地的大名，江户时代改姓松前氏。
② 这里是指 1604 年，德川家康发给松前庆广黑印状，承认松前氏对虾夷的贸易独占权。
③ 参见第五章注释"松前藩"条、第五章注释"人间地"条。
④ 石狩，即石狩国，戊辰战争(1868—1869)后设立，今石狩振兴局辖内千岁市、惠庭市以外的部分。
⑤ 内浦，即内浦湾，北海道西南部海湾。
⑥ 宗谷，即宗谷郡，今宗谷综合振兴局辖下郡，江户时代属西虾夷地。

他们都栖息在北海道,但其语言、丧葬礼仪与其他文化行为皆有所不同。① 由于北方的高纬度以及北极亚区②的寒冷气候,松前藩不产大米,其家计依赖于与阿依努人的兴盛贸易,后者部分是早先的续绳文人留在虾夷的子孙。最初的贸易规模较小,松前氏的船只驶往分散在北海道各处的沿海居民点,在那里,他们交换着合意的商品,从毛皮、鸟类羽毛到异域药物,种类繁多。

贸易据点多建于近河沿岸地区,因为阿依努人群落——阿依努语称"pet‐iwor"——往往在这些地方定居。这与几个世纪以来采集游猎者留下的遗产有关。在相当程度上,阿依努人通过他们与当地"神威"③(或曰神灵)的神圣关系以确定他们的居所,而这种"神威"往往表现为动物。相应地,与这些动物之间的神圣关系又是通过狩猎表现出来的:阿依努人通过杀死这些动物来解放它们的灵魂。棕熊、鹿与鲑鱼等动物都是阿依努人群落的成员,而正因如此阿依努人对这些动物负有神圣的义务,与他们对祖先负有义务一样。阿依努语中的"iomante"(或曰"熊祭")④或许便是这种义务最精致的表现,他们从小养大棕熊并最终杀死它们作为祭品,以此维系与这片土地及其神灵的联系。

换言之,与日本人相比,狩猎这种行为对于阿依努人有着几分不同的意义。这并不是说日本人就完全将动物当作一种客体。实际上,许多动物身上的器官——例如熊胆、海狗鞭——都具有药用价值;而在政治圈子里,水獭皮与鹿皮乃是名贵的赠礼。此外,与阿依努人一样,日本人也相信动物皆有神圣的一面,表现为神道所称的"神"。更进一步说,日本人不仅将狼等动物与大明神⑤等神道使者联系起来,而且将其

---

① 虾夷地包括三大部分:(一)东虾夷地,内含胆振国、日高国、十胜国、钏路国、根室国、千岛国;(二)西虾夷地,含石狩国、天塩国、北见国;(三)北虾夷地,宗谷海峡以北的地区。

② 北极亚区,北陆界中属于全北区的一个地理亚区,冬季漫长,一年中大部分时间为冰雪覆盖,没有明显的四季区别,降水量少。

③ 神威,阿依努信仰中具有神格的、高位的灵。

④ "熊祭",阿依努人的一种仪式,将熊或其他动物杀死并将其灵送归到神威的世界。

⑤ 大明神,亦称明神,日本神佛习合思想体系内佛的神号。

与佛教神灵亦联系起来。换言之,当日本人与阿依努人交往时,前者并非全然无情无义的、将动物物化并使其自然生灵涂炭的原始资本家,而后者亦非绝对意义上的崇拜动物的信灵猎人。其实,贸易对双方的某些部分都有好处,具有多元和相互竞争的各种意义,尽管阿依努人终究在交易上吃亏得多。最终,阿依努人的从属关系深深扎根于其与日本人的贸易上。

对贸易资源的竞争最终加深了阿依努部族之间的裂痕,进而导致了虾夷最大规模的战争——"宽文虾夷蜂起"(1669)。"征服蛮族"于是有了无可拒绝的理由,这对德川统治者而言或许是唯一一次,正如"征夷大将军"的头衔所要求的,幕府向北海道派遣军队,镇压了那些被沙牟奢允①统一起来的阿依努人。在这场冲突之后,虾夷贸易得到了加强,但按照风俗习惯的差异,北海道地区的日本人与阿依努人之间的界限也日益明晰。最终,这个近世国家被证明有能力更加清晰地在其边疆地区界定究竟谁才是日本人。身为日本人——这一新生的民族认同——意味着什么,这种意识正在这几个世纪中渐渐形成:正如我们之前提到的,北畠亲房将日本定义为一个"神国"。这是"蒙古袭来"的产物,在那个时候,日本人在充满暴力的遭遇中面临着残酷的外来威胁。"宽文虾夷蜂起"也是一次暴力的遭遇,它意味着与外来者的接触——无论他们是蒙古侵略者、伊比利亚传教士还是阿依努反叛者——都推动了日本人身份认同的形成。与外来者的遭遇迫使日本超越内部的分野,如根植在身份体系中的各种小圈子,创造一种日益民族性的自我定义。

在前面的章节中,我们简要叙述了在那些精心安排的仪式中,德川幕府官员要求琉球到江户晋京的使节身着传统的服饰和发式,同样地,幕府也要求阿依努人如此,从而得以在北方管制日本人与阿依努人之间的习俗界限。17—18世纪,情况变得愈发复杂,因为日本人与阿依努人之间的融合越来越多。于1669年发起对日战争的沙牟奢允有一

138

---

① 沙牟奢允(1606—1669),江户时代日高阿依努的首领。

个叫越后庄太夫的日本女婿,"宽文虾夷蜂起"结束后,他与沙牟奢允被武士一并处决。由于越来越难以将阿依努人与日本人加以区分,至少在北海道南部地区,需要通过人为的仪式才能体现这种区别。岩之助的案例便颇有启示意义。岩之助是一个来自北海道南部的阿依努人,已完全被日本人的风俗习惯同化。他起了一个日本人的名字,居住在一个以日本人为主的村落,梳着日式发型。但是在庆贺新年的时候,松前藩官员命其作为阿依努人的代表,强迫他留长发、穿上阿依努的传统服饰。通过某种彰显差异的仪式外交,近世日本国家的习俗边界也被勾画出来。在江户,出于同样的目的,来自南方的琉球使节亦被强迫身穿其传统服饰。问题的关键在于边疆(即日本参差曲折的边界线)在日本人民族身份形成的过程中起到了关键性的作用,而这一民族身份乃是明治时期(1868—1912)民族主义的先声。

在 18 世纪,与日本人的贸易——无论是否是仪式性的——对阿依努群落造成了严重破坏。为了与日本人进行贸易,阿依努人过度捕捞鲑鱼、过度捕猎鹿群,与此同时,日本人还无意中将天花、麻疹、梅毒传播到了阿依努人的族群之中。阿依努人也破坏了自身的生计系统,因为在其部族之中,与日本人交易得来的丝绸、刀剑、铁器、大米、酒等物品成为其群落中名贵的物品。沙牟奢允等阿依努人的首领通过与日本人的贸易增加了威望,而松前氏等日本人则通过对将军家的献礼增加了威望;这些礼物包括熊胆等药品,以及制箭的鹰羽、捕猎的驯鹰、制作马鞍的鹿皮等军事用品,这些物品都可在虾夷获得。这一贸易使得动物从神灵和祖先的世界沦落至原始资本主义的世界,并成为在与日本人交往中"被捕猎的商品"。据估计,到 19 世纪,疾病导致阿依努人的人口锐减至原来的一半左右,在数十年的时间内,将北海道快速吞并、使其成为近代日本国一部分的时机已经成熟。

## 国之疆域及对其的清晰把握

近世日本还付出了最为齐心协力的努力,以清晰把握这个崛起之中的国家,并将日本社会想象为一个拥有共同文化与地理特征的整体。

17世纪,知名的俳谐师松尾芭蕉①旅行至北方,并写下了著名的《奥之细道》②,借此他为构建一种从文化上清晰把握日本的意识做出了贡献,这种意识使初生的日本与时空紧密地结合到了一起。在他的叙述中涉及或在诗歌中唤起的每一处地方,都为描述日本的民族经历创造了一副历史与地理的坐标。1689年,芭蕉一时"充满了对旅行的渴望"③,动身前往日本东北,造访那些前人诗歌中描绘过的地方。芭蕉的旅行既是地理意义上的,涵盖了整个崎岖不平的东北地区;又是历史意义上的,他探究了前人的诗歌如何创造或再现了各个地方以及东北地区那种共有的文化风貌。芭蕉想象出地理划界所形成的一种日本文化共同体,并通过自己的思考与诗歌创作试图去追寻这种共同体。他的作品显示了凝结在近世中的某种早期民族主义意识的痕迹。

芭蕉旅途拜访的大多为神社,但也有自然景观。当"腿累坏了",芭蕉便在树荫下休息——这棵巨大的柳树曾出现在西行法师(1118—1190)④的作品中。⑤芭蕉还造访了佐藤元治先祖的土地,他的家族曾与悲壮的源义经共同奋战。⑥在寺中停歇饮茶时,芭蕉观赏了义经的宝刀、弁庆的背箱等珍宝。⑦芭蕉想起了武隈松,并与同样咏了双松诗的诗人举杯唱和。芭蕉写道:"(武隈松)令人叹为观止……形美姿英。"⑧在多贺城的古迹,他端详着这一始于圣武天皇(701—756)时代的遗迹。日本那永恒不变的过去及其在文化想象中的经久不息激起了芭蕉的思索。他写道:"古来咏叹名胜之和歌,至今仍广为流传,但随山崩河出、老树枯朽、新芽萌生、时代变迁,其迹大多不确。但此碑无疑为

140

---

① 松尾芭蕉(1644—1694),江户时代俳谐师,被后世誉为"俳圣"。
② 《奥之细道》,松尾芭蕉所著纪行书,1702年刊行。
③ "便又想跨越白山之关。兴起,如鬼使神差、心神摇曳,又似路神之邀,迫切难耐。"(【江户】松尾芭蕉:《奥之细道·其一》)
④ 西行法师(1118—1190),平安末期镰仓初期武士、僧侣、歌人。
⑤ 《奥之细道·其十一》。
⑥ 《奥之细道·其十六》。
⑦ 同上。
⑧ 《奥之细道·其十九》。

千年前之记录,由此便可体察古人之情怀。"①他记得,"我感觉犹如身处古人中间",身处日本的文化先贤中间。在造访盐釜明神的时候,芭蕉感到:"此处虽为偏僻边境,仍有神之威光显现。"②通过发现这些文化标志,芭蕉为界定"吾国"做出了贡献,勾画出了其文化范围、边界与特征。

芭蕉为不断增长的文化知识做出了贡献,这些知识被证明是近代日本国家形成的重要组成部分。这种公共知识中隐喻性的记录,与德川幕府的政治力量相交织,使得从南到北的日本人都连为一体。这些记录历经数个世纪,并由于参勤交代制度进一步加强,在这一制度下都城江户成为汇聚之所,使各地方言融为一体,又使各地自然和文化景观的故事口口相传,这些都构成了日本作为一个国家的肌理。

近世时期对于其他形式的国家构建也是一个重要的历史时期。在141 18—19世纪,日本确实开展了更多细致的边界绘图工作。德川的将军们对绘制全国地图兴致勃勃,曾三次下令各藩藩主绘制地图(1644年、1696—1702年与1835—1838年)。各藩主向江户上交"国绘图",起到了重要的政治与军事作用。例如,1700年,当各藩主上交"国绘图"后,所有地图都被收集整理并重绘。新的地图——《正保日本图》③——描绘了整个国家,标出了曲折的海岸、蜿蜒的河流、港口与贸易通道,以及各个藩国的边界。日本的统治者得以第一次俯瞰整个国家的标准化的、清晰的全貌,想象其地理和地形特征。

后来,将军命令绘图师伊能忠敬(1745—1818)利用西方制图技术测量日本海岸线。而伊能忠敬其实希望更加精确地测定日本的地理边界。1821年,忠敬的不朽杰作《大日本沿海舆地全图》被上交给了德川幕府的决策者。传统地图或许包括了丰富的文本信息、分类学表述或宗教意义,这些都立足于地方知识;但伊能忠敬的绘图运用了新的西方

---

① 《奥之细道·其二十一》。
② 《奥之细道·其二十三》。
③ 正保日本图,1642年1月24日幕府下令各藩着手绘制国绘图、乡帐与城绘图,1651年完成。

科学的语言,包括经纬线,因而使近世的全球共同体也得以清晰了解日本。凭借伊能忠敬的地图,日本被置于与英国及其殖民地相同的空间逻辑之中,这为日本依据近代世界的逻辑来定位自身开辟了道路。伊能忠敬的地图在绘制过程中还将关注点转移到人种分类、文化以及关系到日后日本帝国利益的人口稀少的那些地区。在忠敬绘图的基础上,间宫林藏(1775—1844)①采用西方技术进一步勘测北方。他环游了北海道、库页岛乃至黑龙江入海口,绘制了这一地区的地图并详细记录其居住者与自然资源。间宫林藏也利用了欧洲绘图科学,将萨哈林岛置于谁都清晰可辨的坐标方位中,预示了未来的日本帝国对于这一区域所抱有的野心。

## 结语

日本的近世见证了"吾国"或曰"日本"意识的逐渐增强,这种认知 142
超越了特定的身份、地域与家族认同。作为一种早期形式的民族主义,这一进程发轫于德川幕府治下的国家集权以及对所有领国藩主必须到江户"参勤交代"制度的政治要求。一路行来,这些藩主沿着最人来人往的街道②一路撒下了商业化的种子。身处江户,他们担任官职、交流见闻、统一方言、互赠礼物,并在历经一次又一次参勤交代、一代又一代人之后,开启了创造一种全国性政治文化的历程,这一政治文化围绕江户展开,而江户在名义与实质上都仍是日本政治、文化与金融的首都。德川政权体系从来都没有彻底消除那些由来已久的领国对手怀揣的危险的个人政治野心,但日本统治者显然已开始在一个统一的国家权威的逻辑下行事。尽管如此,江户幕府创造的体制中仍存在着某种固有缺陷,这些缺陷在 18 世纪末和 19 世纪显现出来,并最终导致了江户政权的崩溃与 1868 年明治维新的到来。

---

① 间宫林藏,江户时代隐秘(接受主君密令从事情报搜集的人)、探险家。
② 参见第六章注释"东海道"条。

# 第八章　一君万民论的兴起
## （1770—1854）

　　德川时代的和平状态延续了两个多世纪。但后来，一道道裂痕开始侵蚀德川幕府统治的大厦。这些裂痕随着时间的流逝不断扩大，并蔓延成为错综复杂的问题网。到了 19 世纪中叶，它们导致了德川幕府崩溃，而武士统治日本的时代亦随之终结。其中的一些问题本质上是国内问题，包括农民暴动、武士与商人之间悬殊的贫富差距、城市中流行的某些离奇的末世论、要求还政于天皇的意识形态的挑战等等。这些国内问题还与外部问题相互交织，包括俄国入侵北太平洋、1853 年美国海军准将马休·卡尔布莱斯·佩里(1794—1858)及其喷着烟雾的"黑船"的到来。在这些国内与国际力量的共同作用下，德川幕府不堪重负，伴随着一场较为短暂的军事冲突——戊辰之战（1868—1869）[①]，德川幕府于 1868 年轰然倒塌。

### 德川幕府合法性的裂痕

　　近世期间爆发了大约 2 809 起农民叛乱，其形式各有不同，从"直

---

　　① 戊辰战争(1868—1869)，以萨摩长州土佐藩为核心的明治政府军与奥羽越列藩同盟组成的幕府军之间的战争。

诉"①到暴力性质的"集团行为"②、"打毁"③、"世直一揆"④。对于绝大部分的农民叛乱而言,经济原因要多于政治原因——农民只想毁坏当地富商的房屋,或是那些在生机勃勃的农业商品经济中获利的富农的房屋——而某些叛乱确实具有政治颠覆性,带着改变政权的意图。近世期间,正统的新儒学蕴含着一种明确的"道义经济"⑤的要素,这确保了"德民"能够得到"仁主"的公平对待。正如佐仓惣五郎(卒于 1653)⑥等人于 17 世纪在成田⑦所经历的,当领主们过于压榨农民时,他们会直接向大名领主申诉,而在佐仓惣五郎的事例中,他甚至直接向将军⑧申诉,请求缓解他们村子的经济困苦。他们相信自己有活下去的权利。在江户⑨,佐仓惣五郎戏剧般地突然向将军递交了诉状,其中写道:"我们诚惶诚恐秉直上书……村中众农多年来苦于贫寒,如今已饥寒交迫,被逼到了难以为继的境地",由于贡役过重,"饿死在道路两旁或沦为乞丐的男女老少多达 737 人"⑩。在这个故事当中,由于直接向将军控诉,佐仓惣五郎及其整个家族最终被处以极刑。其中残忍的一幕是,佐仓惣五郎和他的妻子被绑在十字木架上,在被生生处决之前,眼睁睁看着自己的孩子一个接着一个地被处死。佐仓惣五郎虽然成了代表农民的义士,但向将军进行申诉的代价实在太过高昂。尽管如此,这种塑造

144

---

① "直诉",即越过所属地的役人与役所,直接向将军或天皇请诉的行为。

② 应指"一揆",参见第四章注释"一揆"条。

③ "打毁",江户时代农民暴动的一种形态,即打砸、破坏房屋与财物的行为。

④ 直译为"世界的革新"(World renewal),应指"世直一揆",泛指江户时代后半期至明治初期的一揆。

⑤ 道义经济,在日本传统农村的经济结构中,农民不单追求个人利益最大化,也受道德准则和价值观的影响。

⑥ 佐仓惣五郎(? —1653),江户时代下总国印旛郡公津村(今千叶县成田市台方)名主。

⑦ 成田,位于今千叶县北部中央。

⑧ 这里应为德川家纲(1641—1680,1651—1680 年在职),德川幕府第 4 代将军。

⑨ 佐仓惣五郎提前一日躲在了上野宽永寺附近的桥下,次日,他拦下了前往宽永寺的将军家纲,并递交了诉状。

⑩ 出处未知,堀田氏时代的公津村名寄帐中确有名为"惣五郎"的富农,但其事迹多见于文学或艺术作品中。

了德川国家与地方村落首领之间政治关系的"道义经济",在转型期的日本经济中已经开始暴露出严重的缺陷。

后来,"信达一揆"(1866)的"打毁",主要是由于丝织业带来的社会转变,它与会津①的"世直一揆"(1868)一起都造成了更多的伤亡与破坏。由于上一章节所述的经济变化,愤怒的农民们聚众闹事,洗劫了那些更富有的村户。在原始产业经济的影响下,其他一些农民从经济增长中获利颇丰。一位观察者记录道:"致富的农民们忘却了自己原来的身份,像城市贵族一般过着奢靡的生活,农民的这种为所欲为真是令人唏嘘不已。"但是,在使得一部分人发家致富的同时,产业经济的力量也使得其他一些人贫困不堪、忍饥挨饿,为此,在德川统治的后期,"世直一揆"蜂起,带来了政治革命的危险。与此同时,在诸如江户这般的大城市中,据说出现了一种被称作"天降神符"②的现象,伊势神宫③——帝国神社体系内居于首位的神社——的护身符据传像雨点一般散落在城中,使人在街上狂舞。狂欢的町众漠视身份制度与性别差异,穿着异性的服饰、戴着面具,在街上舞踊。在舞踊、游行的过程中,他们大喊着:"这不挺好吗?"这些景象带来一种末世将至之感——很明显,变革之风已悄然袭来。

### 外来的威胁

1853 年 7 月,美国马休·佩里准将抵达江户附近的浦贺④,这使得日本国内的混乱状况达到了顶峰。佩里的到来及其向幕府提交的三段最后通牒是日本与国外势力的又一次不期而遇,导致了民族主义的反应,打破了日本政府的平衡。美国总统米勒德·菲尔莫尔(1800—1874)⑤要求日本与美国建立外交关系、更人道地对待遇险的捕鲸船员

----

① 会津,这里应指会津藩,位于今福岛县西部新潟县与栃木县一部。
② 日语为"お札降り"。1867 年 8 月至 12 月,近畿、四国、东海地方发生的民众骚乱,伊势神宫神符被人蓄意于处泼洒,民众们在街上狂踊,呼号"ええじゃないか"(这不挺好吗)。
③ 伊势神宫,位于今三重县伊势市。
④ 浦贺,神奈川县横须贺市东部。
⑤ 米勒德·菲尔莫尔(1800—1874,1850—1853 年在职),美国第 13 任总统。

(以前,船员一旦上岸,大多被直接斩首)、开放口岸以及更为基本的一
点——建立通商关系。佩里使日本陷入了持续的慌乱之中(佩里在离
开一年后即 1854 年 2 月,再次来到日本),征求诸藩大名意见的幕府在
不经意间引发了一场全国性的争论。在这种情况下,全国分裂为两大
阵营:一派寻求"尊王攘夷",另一派则要求"开国"。针对日本所面临
的国内问题——尤其是武士的贫困与商人财富的增长——"尊攘"派认
为幕府在有效统治国家、处理佩里"黑船"威胁的过程中未能承担起应
尽的义务。再怎么说,将军也是"征夷大将军"。许多人认为,将军身为
服务于天皇的管理者,未能履行其义务。他们的解决方案是:驱逐西
洋人、王政复古。

另一方面,"开国"派则指出,抵抗佩里与欧洲列强可能会导致国家
的灭亡。日本应当顺从佩里的要求并打开国门;日本实质上已经与欧
美隔绝了几个世纪之久,但日本的观察者已经了解到了鸦片战争中中
国的遭遇,在这场战争中,一贯残酷无情的英国部署了"复仇女神号"等
强大的战争技术和装备,摧毁了清朝军队及其海防。正如学者佐久间
象山(1811—1864)[1]写道的:"世情据悉,英国入侵,导致唐国礼崩乐
坏,而我国与唐国仅一海之隔,亦难以防御。"[2]在佐久间象山看来,西
方人的威胁已迫在眉睫。

"尊攘"派还利用了已在日本发酵长达数十年的一场辩论,即天皇
是否应该直接统治日本。在这场辩论中,以贺茂真渊(1697—1769)、本
居宣长(1730—1801)、平田笃胤(1776—1843)为代表的"国学"学者不
断崛起,发出了颇具影响的声音,他们以不同的方式批评幕府在意识形
态上痴迷于中国哲理。他们认为,从本质上而言,日本而非中国才是
"中央之国",因为与仅仅身为"天子"的中国皇帝不同,日本天皇本身便
是"天",或曰"现人神"。他们经常称新儒学是"人为的"而非"自然的",
因为它通过一种人为制造出来的分类来组织社会。贺茂真渊写道:"观

146

---

① 佐久间象山(1811—1864),江户时代松代藩藩士,兵学者、朱子学者、思想家。
② 佐藤昌介等校注:《日本思想大系·卷56·有关海防之致藩主书》。

古歌,知古心,进而明古世之风,执此上溯,能思神代之事。"①值得注意的一点在于,"国体"一词后来成了一种统摄性术语,用以描述日本人及其国家的文化与政治特征。本居宣长同样强调日本天皇的"万世一系"。他批评那些新儒学者,认为他们"没有理解和体会到一点,那就是——神道胜过了海外诸道"②。这些国学者认为,在理解 6—7 世纪佛教和儒学全面传入之前的日本历史时,语言是关键;为此,他们研究古代歌谣和古典文集中的诗歌。对于这些人来说,重要的一点在于:显赫的皇统是日本与众不同的关键所在。最终,这成了明治时期"一君万民论"与"昭和维新"的基础,而后者在 20 世纪 30 年代催生了日本的法西斯主义。

即便是新儒学家也开始讨论王政复古。一些学者根据王阳明(1472—1529)的儒学,认为德川幕府意识形态的"静态"本质过于强调"思"而非"知行合一"。王阳明是明朝著名的哲学家与军事将领,他所强调的"知行合一"威胁到了幕府,因为其思想旨在治理社会与政治弊端,这使德川政权成了批判的焦点。大盐平八郎(1793—1837)等阳明学者,着迷于通过"平天下"来表现"诚意"与"正心"。而"平天下"针对的一个主要不公现象便是德川将军的行政能力不断衰退。1834 年,大盐平八郎出版了《洗心洞箚记》,很快便成为日本最著名的阳明学者之一。1837 年,试图通过"知行合一"以改变社会不公的大盐平八郎在大阪发动了一场失败的叛乱。这场叛乱的重要之处在于其口号——"救民"与"还政于天皇"。叛乱最终失败,在熊熊烈火的包围之中,大盐平八郎自绝于屋内,③但这一颠覆幕府的力量已势不可挡。对于各派阳明学者而言,"平天下"即意味着推翻幕府、还政于天皇。

---

① 平重道等校注:《日本思想大系·卷 39·国意考》。

② 大野晋、大久保正编:《本居宣长全集·卷 8·玉匣》。

③ 原文"Ōshio committed suicide in his home while fires raged around him"。1837 年 3 月 25 日,"大盐平八郎之乱"爆发。叛乱失败后,大盐平八郎躲到了大阪韧油挂町的商家美吉屋五郎兵卫的一所房间之中,在被追兵包围后,他点燃火药并自绝于屋内。

水户学①亦提出了还政于天皇的主张。对于水户藩来说,这一方案颇为吊诡,因为水户藩大名亦姓"德川",具备成为将军的资格。那些著名的水户学者,如藤田幽谷(1774—1826)、会泽正志斋(1782—1863)与藤田东湖(1806—1855),亦主张日本应当遵循"皇道"。在水户学者中,会泽正志斋最为敢言。在《新论》(1825)一书中,他将矛头指向了将军的失败政策、商人的贪婪与来势汹汹的外国人。会泽正志斋在书中指出,许多藩主都已债务缠身,而"豪奸大猾,操货利之权,愚弄王公股掌之上,天下之富,遂归于市人矣"。他利用一直以来人们对基督教的恐惧,告诫读者要警惕西方人及其阴险的宗教,"独有一耶稣教而已……以诱人之民,倾人之国,为副胡神之心,假其併国略地,莫不皆由此术也"。接着,他的批判摇身变为一套民族主义的说辞,这套说辞同样完全可以出自太平洋战争期间那些鼓吹分子的口中:"神州者太阳之所出,元气之所始……天人为一,亿兆同心,覿光扬烈,宣国威海外,攘除夷狄,开拓土宇,则天祖之贻谋,天孙之继述……"

佐久间象山(1811—1864)曾就鸦片战争中的中国展开论述,也对德川时代的道德崩坏提出了批判,但采取了更为实用主义的路径。他的口号"东洋道德,西洋艺术"兼容了两种不同的思想主张。他坚信,日本需要还政于天皇,才能够挽救道德的沦丧,与此同时,日本还应当接受西方的技术,才能保护自身。中国面临危局,这使日本不得不采取实用主义的道路,无论"攘夷"的冲动如何让人不可抗拒,在日本掌握必要的军事技术之前都是毫无可能的。他将其哲学主张作了如下划分:"仁义礼智信、温良恭俭之法,当循中华先哲。天文、地理、航海、测绘、穷理、炮术、商业、医学、机械、建筑之事,当效法于西方。"②最终,这一实用主义的路径成为明治时期日本的标志,但这些在德川统治崩溃的尘埃落定之后才最终得以实现。

148

_____

① 水户学,江户时代以长陆国水户藩(今茨城县中、北部)为核心形成的思想学说。

② 佐藤昌介等校注:《日本思想大系·卷55·渡边华山、高野长英、佐久间象山、横井小楠、桥本左内》。

149 　　学者们对德川新儒学正统性的挑战,并不仅仅表现在政治话语与初生的"一君万民论"上。必须要记住的一个要点在于,新儒学是一个更为宽泛的哲学体系,其中不仅包含着政治观点,还有医学、自然史与宇宙观等。本土论者开始抨击新儒学,认为其是"人为的"、不适用于日本,而差不多就在同一时期,医者也开始看到中国的人体解剖图与实际人体之间存在不符。荷兰解剖图的传入使这一问题进一步复杂,日本医者发现,荷兰解剖图远比中国解剖图精确得多。日本学者很快便将中国医学图集的错误与中国政治哲学的谬误联系到了一起。新儒学的正统性再一次遭受挑战,这一次是由于实验观察的兴起与荷兰医学的传入。

### 世界性的科学与儒学的衰微

　　在近世日本,科学的发展——尤其是"兰学"的影响——成了德川权威的大厦出现裂缝的又一要素。在人体知识这一领域内,通过解剖来了解人体结构开始成为许多对欧洲医学感兴趣的医者的关注焦点。新儒学的医学对于人体偏于保守,主张不侵入人体,而兰学则提供了更为革命性的科学凝视方法,深入人体的内部。但在早期,某些新儒家反对解剖和观察人体,因为这威胁到了对人体解剖的传统理解和已有的医学知识。对新儒学医学的质疑,间接地就是对德川统治的意识形态基础的质疑。

　　例如,医者佐野安贞便对解剖方法进行了尖锐的批评,他嘲笑切开人体并观察人体器官的必要性。针对解剖人体和观察体内器官这种行为,佐野安贞写道:"我无法想象,看这些、听这些、谈论这些有什么好

150 处。"但是,山协东洋(1705—1762)与杉田玄白(1733—1817)等其他医者却与他们的欧洲同行一样,相信切开和深入人体是大有裨益的。对于某些欧洲与日本的医者来说,刑场上那些被鸟啄食的尸体、曝于日下的尸骨成为他们探寻解剖发现的难以抗拒的猎场。

　　在《兰学事始》(1815)一书中,杉田玄白(图13)讲述了一个如今已家喻户晓的解剖故事,主人公是一个诨名"青茶婆"的老年女囚。1771

图 13　出现在题目和卷首插图中的杉田玄白,1869 年版《兰学事始》(1815)

年 4 月,她被警察处决于小塚原刑场①。通常情况下,出于对"秽"的恐惧,只有贱民——秽多或者部落民——才负责处理死尸,这也是在近世日本阻止对人体解剖开展经验性研究的社会因素之一。与杉田玄白同行的另一位医者是前野良泽(1723—1803)②,他携带着《解剖图谱》的副本,此书是但泽医者约翰·亚当·库尔姆斯(1689—1745)于 1725 年在德意志出版的一本解剖文集。日本人知晓此书则是通过九年之后出 151 版的荷兰语版本。前野良泽在长崎得到了这本书,那里的一个小人工岛——出岛——乃是荷兰东印度公司与日本人进行贸易的场所。而杉田玄白恰好也得到了这本书的副本。长崎乃是兰学源源不断进入日本

---

①　小塚原刑场,江户时代至明治初期日本三大刑场之一,位于今东京都荒川区。

②　前野良泽(1723—1803),江户时代藩医、兰学者、幕府幕臣。

的一个门户。前野良泽和杉田玄白都发觉,在关于肺、心、胃、脾的描述方面,这本荷兰书籍与中国新儒学医学传下来的解剖图像之间有着如此大的差别。他们起初对这本荷兰书籍的准确性抱有怀疑,但在小塚原刑场解剖和观察尸体后,很快改变了想法。

　　被选为验尸人的虎松生病了,由他年届九十的祖父代替。他切开了青茶婆褶皱的皮肤与肌肉,点出了一些内脏的位置,又指出了中医尚未命名的部分器官。杉田玄白将其与《解剖图谱》进行比对后,辨认出分别是动脉、静脉与肾上腺(图14)。这位老者指出,在他解剖尸体的一生中,医者们从来没有追问过堆在眼前的实际人体与中医解剖描述之间的差异。但杉田玄白与前野良泽却对荷兰书籍的描述与青茶婆内脏如此相近而感到震惊不已。他们还从小塚原刑场搜集了一些暴晒后的人骨,并且发现它们也与这本荷兰书籍的描述如此一致。中医的描述被证实完全不够准确。此外,中医的一些解剖器官描述,例如"肺之

152

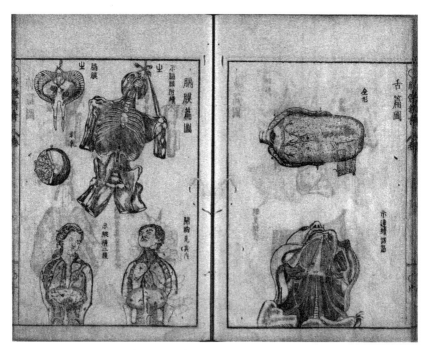

图14　杉田玄白《解体新书》(1774)中的解剖细节

六叶二耳"与"肝之左三叶右四叶",显然完全是捏造的。

从重视演绎与理论、新儒学式的医学,到小塚原刑场的经验主义观察与荷兰书籍的传入,这种革命性的转变堪称近世日本历史进程中里程碑式的关键一幕。确实,从某种意义上来说,这一幕的意义堪比比利时人安德烈·维萨里(1515—1564)创作的解剖绘图,其著作《人体构造》(1543)否定了那些已流传千年的解剖理论,后者尤以盖伦(129—199)[①]的体液说为代表。佐野安贞与绝大部分近世日本医学都支持新儒学式的医学传统,体液说或曰希波克拉底[②]医学与之类似,将人体视为四种体液的结合——黑胆(土)、黄胆(火)、黏液(水)与血液(气)——这也与亚里士多德的"四元素说"相符。四液的过量或不足乃疾病之源。这一理论与新儒学的金木水火土五行理论基本不谋而合,五行又与颜色、数字、方向、性情等相关。

1536 年,在助手伽玛·弗里西斯(Regnier Gemma Frisius)[③]的陪同下,安德烈·维萨里行至比利时鲁汶城外的刑场,在那里,他发现了一副完好无损的盗贼的骨架。官方将这个可怜人绑到了架子上并慢慢将其烧死,烧焦的肉则被留给了饥饿的鸟群。维萨里将剩余部分运回家中以供解剖研究。在威尼斯附近的帕多瓦大学,维萨里进行了人体解剖和非人体的活体解剖,他用自己的医学生取代了医疗理发师[④](至少在解剖方面类似于日本的贱民)。在这些年里,维萨里进行了数次公开解剖,本意即在表演,也确实取得了相应的效果,而日渐积累的经验使得《人体构造》一书得以于 1543 年出版。维萨里遭到了他的同僚特别是他的老师希尔维厄斯(1614—1672)[⑤]的批判,认为他违背了盖伦式的结论和解剖,尽管如此,他的著作还是为欧洲和日本的经验主义人体研究奠定了基石。实际上,他在帕多瓦的公开演讲与解剖表演的盛

153

---

① 古罗马医学家。

② 希波克拉底(前 460—前 370),古希腊医学家。

③ 伽玛·弗里西斯(1508—1555),荷兰数学家、医学家、哲学家、绘图师。

④ "医疗理发师"(barber surgeon),欧洲中世纪医师的一种。

⑤ 弗朗西斯·希尔维厄斯,17 世纪荷兰的生物学家与科学家。

况成为后维萨里时代的象征,在此之后,老师和学生之间相互切磋,促进了解剖学知识的产生与传播。

欧洲观念与方法的扩散显然影响到了杉田玄白,尽管不像《人体构造》那般富有开创性,但杉田玄白的翻译和解读对日本的经验主义思想仍然具有突破性的意义。其实,类似的突破已经开始挑战日本的科学共识。这种新的科学氛围促使小杉玄适(1730—1791)于1751年在观察老师山协东洋操作的一次颇有争议的解剖后得出结论,中国的解剖描述"完全错误"。山协东洋在京都寺庙内对一具无头罪犯的尸体实施了解剖。他的《藏志》(1759)是日本第一部以经验主义观察而非中国学说为基础的解剖学著作。针对此次解剖,小杉评论(旧的医学知识)道:"亘千古不变通,殊域而不谬,此岂非明且著邪。"[1]到18世纪,日本医者对中国解剖学图谱的怀疑与日俱增。鉴于解剖人体的行为很少受到限制,而且大量的贱民又有助于绕开这些禁忌,近世日本的医者得以开始他们对于人体发现的经验主义之旅。

尽管传统医者公开反对1751年的这场解剖,但是官方儒者、德川幕府官员与其他大多数医者对此还是保持了一种相对平静的态度。杉田玄白写道,奥医师[2]冈田养仙(1722—1797)与藤本立泉(1703—1769)自己也已经进行了七八次解剖观察,他们同样注意到了中国典籍与实际人体之间的差异。为了解释这一事实,他们推测可能是中国人与"夷"(欧洲人与日本人)在解剖结构上存在差异。这种半信半疑的医学逻辑并不出人意料,因为这种荒谬的人种差异理论亦普遍存在于西方医学之中。杉田玄白参考他们的实际观察,以及山协东洋的《藏志》,都说明一种压抑已久的探索文化已经开始在日本盛行,这与之前欧洲的经历颇为相似。

在小塚原进行那场解剖之后,杉田玄白推测,古代中国确实知道解剖,这是因为一些字眼存在于医学古书中,但其实践却未代代相传。因此,他断言日本只不过是接受了中国学问的一些残渣。杉田玄白强调,

154

---

[1] 山胁东洋:《藏志》。

[2] 直译为"幕府官方医生",或指"奥医师",江户幕府若年寄管辖下的医官。

鉴于在小塚原的"经历",他和其他医者都应该探寻"人体之真奥",方能更好行医。在19世纪和日本近代的黎明期,杉田玄白回顾了兰学的流行,并推测其兴盛的原因。原因之一便是兰学"释物之本原",即实验的经验重于演绎和语义。兰学兴盛的另一个理由是"恰逢其时",更为强调观察。他认为,这一经验主义乃"真正医学"的核心,而后者才能"救人性命"。

实际上,对中国科学的批判也"恰逢其时"。令德川政权担心的是,如果中国的新儒学式医学被证明是不合逻辑的、不精确的、不能够"释物之本原",那么朱子新儒学及其政治社会架构的整个肌理亦如此。当其与"尊王攘夷"的激进分子的活动结合在一起,便足以开始削弱国家的合法性。激进的武士开始进一步撬动德川权威基础中出现的裂痕,导致幕府于1868年最终覆灭。

## 男女志士

毫不意外,绝大多数支持"攘夷"主张的是"外样"藩主,他们仍然承受着两个世纪之前关原会战(1600)的失败所带来的痛苦。京都聚集着越来越多"外样"藩的武士,他们警告将军切勿背叛天皇的意志。尽管是出身于农场主家庭①的女子,松尾多势子(1811—1894)亦是此等尊皇志士之一,他们赶赴京都,为迫在眉睫的政权更迭贡献力量。1852年,松尾多势子结识了本土主义者平田笃胤②的一位信徒,平田笃胤抨击佛教乃又一种外国传入的破坏之物。自然而然的是,许多尊皇志士开始丑化佛教塑像,转而支持供奉本土神灵的神道信仰。松尾多势子与一群"志士"行至京都,鼓吹还政于天皇。在京都期间,松尾多势子膺服于民族主义,她所作的一首和歌写道:"怎可弃执念,绵绵大和魂。"③尊皇的精神已经渗透到了每一个身份阶层的群体之中。

155

---

①　原文"Though a woman from a farming background, Matsuo Taseko"。松尾多势子家族系信浓国伊那郡山本村(今长野县饭田市)豪农。

②　平田笃胤(1776—1843),江户时代国学者、神道家、医者。

③　菅原和子等译:《弱女子与明治维新——松尾多势子的生涯》。

　　尽管志士们的政治热情日益高涨,但幕府还是采取了开国之策,并与美国签署了《哈里斯条约》(即《日美友好通商条约》,1858 年)。该条约,尤其是其中涉及治外法权的条款,极大地激怒了尊皇志士。条约第六条写道:"对日本人犯罪之美国人,当由美国领事法庭审判,如有罪,当按美国法律加以判处。"①换言之,居住于条约规定的新开埠地的美国公民不受日本法律约束,而受美国法律约束,因西方人认为日本法律是"东方的"、专制的、野蛮的。绝大多数日本人都将这视为对国家主权的侵犯。由于第六条以及事关关税的其他不公平条款,这一条约及类似的强加于中国的其他条约(《哈里斯条约》仿照了这些条约),被视为"不平等条约"。

　　勇敢无畏的井伊直弼(1815—1860)②是幕府"开国"战略的设计师。《哈里斯条约》签订后不久,他便着手铲除朝廷与幕府内部的尊皇派同情者,如堀田正睦(1810—1864)③等人。1860 年,他介入到了幕府继承人的争论当中,确保了下一任将军为支持"开国"的德川家茂(1846—1866)④,而非过于激进的一桥德川家⑤(水户藩)。与此同时,老中首座间部诠胜(1804—1884)⑥对朝廷施加了相当大的压力,要求其默许幕府的外交策略。但尊皇志士同样激烈回击:针对井伊直弼肃清朝廷同情者的举措,这些激进的武士以朝廷和保卫"神国"的名义进行了反抗,并于 1859 年展开攻击。《哈里斯条约》签订后不久,志士们便狠狠袭击了一名俄国海军军官、一名荷兰商人领袖、一名受雇于法国

---

　　①　《大日本古文书·幕末外国关系文书之二十·六月十九日调印日本国亚米利加合众国修好通商条约并贸易章程(日美友好通商条约)》。

　　②　井伊直弼(1815—1860),近江彦根藩(今滋贺县彦根市)第 15 代藩主,曾任幕府大老。

　　③　堀田正睦(1810—1864),下总佐仓藩(今千叶县佐仓市)第 5 代藩主,曾任老中首座。

　　④　德川家茂(1846—1866,1858—1866 年在职),江户幕府第 14 代将军,就任前为德川御三家之一纪州藩第 13 代藩主。

　　⑤　一桥德川家,德川氏一支、御三卿(江户中期德川家分立大名,即田安德川家、一桥德川家、清水德川家)之一。一桥家推举人乃德川庆喜(1837—1913,江户幕府第 15 代将军,1866—1867 年在职)。

　　⑥　间部诠胜(1804—1884),越前鲭江藩(今福井县鲭江市)第 7 代藩主,曾任幕府老中首座。

的中国人以及一名受雇于英国领事馆的日本人。1861 年 1 月,日本人于首都江户城内刺杀了美国驻日公使汤森·哈里斯①的秘书官。后来,在"樱田门之变"中,作为将军首席幕臣的井伊直弼本人也被刺杀于江户城内将军府第门外。与所有武士一样,这些志士相信出于义举,刺杀或被杀均在所不惜。这种激进的暴力政治与舍生取义的做法都在近代日本的政治上留下了持久的影响,后来在 30 年代日本的混乱局势中政治暗杀变得司空见惯。

为了应对武士的袭击,特别是在井伊直弼被刺杀之后,幕府采取了新一轮改革措施,意在"公武合体"。这一改革的设计师乃是松平春岳(1828—1890)②,他派遣京都守护③,由其正式传达幕府的政策变更以及接受"攘夷"的立场。井伊直弼被刺后,德川政权的政策变更使得王室顾问三条实美(1837—1891)④与岩仓具视(1825—1883)⑤吹嘘将军在王室权威面前"胆战心惊"。三条实美欣喜于幕府的衰弱,鼓吹"还政天皇之时不远矣!"无论幕府是否"胆战心惊",其政策的变更都标志着政治意志力的丧失,德川政府的许多实质性或象征性的权威开始逐步受到侵蚀。为了迁就躁动不安的各藩,德川政权调整了参勤交代制度,并取消在与将军会面时繁重的、仪式性的献礼等。德川政权的自相蚕食已经开始。

与此同时,尊皇志士加紧开展重大行动,以期还政于天皇、"攘夷",并摧毁德川统治。1682 年,"攘夷"的发源地萨摩藩的武士杀死了一个名为查尔斯·李察逊(1834—1862)的英国商人。英国人要求赔偿,但萨摩藩未予理会。最终,英国炮击萨摩作为报复。两年后,政局甚至变得愈发动荡。1863 年,将军德川家茂一度被作为人质滞留于京都,随

157

---

① 汤森·哈里斯(1804—1878),纽约商人,曾任纽约教委会会长、美国首任驻日公使。

② 松平春岳(1828—1890),幕末明初大名、政治家,越前福井藩(今福井县岭北地区)第16 代藩主。

③ "京都守护",1862 年设置的幕府役职。

④ 三条实美(1837—1891),日本公卿、政治家。

⑤ 岩仓具视(1825—1883),日本公家、政治家。

后,幕府老中小笠原长行(1822—1891)①被派往京都。同年,一群自称
"爱国志士"的武士烧毁了江户城的一部分,这进一步表明了 19 世纪遭
遇欧洲之后日本国内的民族主义基调。1864 年,幕臣松平赖德
(1831—1864)②倒戈,并领兵反抗将军,幕府对国家权威的掌握显然已
有心无力。同年,英国声称要求因李察逊遭谋杀一事立即处置萨摩,德
川统治面临着巨大压力,已不堪重负。

　　与萨摩藩一样,长州藩也是幕府的心头大患。长州及其他外样藩
的藩主们跃跃欲试,欲为那些在关原之战中失利的祖先报仇——正是
这场合战将德川家推向了顶峰。他们甚至将对于祖辈敌人的恨意演化
成一种仪式。在密会中,长州藩家老问大名:"是时候开始推翻幕府了
吗?"大名答道:"为时尚早,时候未到。"长州的母亲们甚至要求孩子在
睡觉时脚朝东,以示对将军的蔑视。长州藩成了尊皇志士的避风港,它
也充分利用了幕府对各地大名的控制松弛以强化自身的政治军事地
位。到 1865 年,长州藩已经购买了 7 000 支来复枪,仅仅三年之后,这
些枪就将被用于反抗幕府。吉田松阴(1830—1859)③等长州藩的学者
公开呼吁"倒幕",弘扬蕴含在尊皇之中的民族主义忠诚,而非对德川体
系的分散的、封建主义式的忠诚。当长州藩与土佐藩、萨摩藩的武士结
成同盟时,萨长同盟得以实现,这就决定了幕府的命运。1868 年 1 月,
在鸟羽伏见战役之中,德川幕府被敌人击败,轰然倒塌。

## 结语

　　从土佐藩武士坂本龙马(1836—1867)为尊皇绘制的路线图——
"船中八策",到吉田松阴理论的大胆实践,近世末年的种种政治话语为
明治维新期间的政治话语定下了基调。坂本龙马恼怒于幕府的所作所
为:"此皆奸吏与夷串通一气所致。此等奸吏虽颇有权势,但龙马将与

---

①　小笠原长行(1822—1891),曾任江户幕府老中、外国事务总裁。
②　松平赖德(1831—1864),常陆宍户藩第 9 代藩主。
③　吉田松阴(1830—1859),江户时代思想家、教育家、山鹿流兵学师范,长州藩士。

两三位大名固守约定、招募同志……涤荡日本,乃是吾等之神愿。"①伊藤博文(1841—1909)②等明治统治的缔造者们曾就学于吉田松阴等激进武士门下,这一背景塑造了他们关于天皇统治、日本的民族主义直至其在亚太地区建立帝国大业的应循之道。

为了应对"不平等条约",又受到"一君万民论"的激进政治的推动,日本自明治时期开启了全新形式的国家建设,这使得这个小小的岛国几乎跻身于强国之列。与欧美的文化交往极大地激发了日本的民族主义反应,尤以"尊皇"运动为代表。尊皇志士的做法表现了这种激进政治,它发轫于严酷的殖民主义之中,并对日本自身乃至世界各地都产生了持久的影响。而19世纪60年代的政治动荡与民族主义对话所带来的最为直接的结果,乃是德川统治的崩溃与1868年的明治维新。

---

① 《文久三年六月廿九日 坂本乙女宛 坂本龙马书状》。
② 伊藤博文(1841—1909),江户时代长州藩士,明治时代政治家。

# 第九章　明治启蒙(1868—1912)

　　1868 年 1 月,在鸟羽伏见战役中,江户幕府败于萨长同盟。在关原之战(1600)之后动荡的 268 年时间里,作为败者的外样大名们被幕府将军谨慎压制着,现在终于得以报仇雪恨。尽管 19 世纪 60 年代初,明治维新的缔造者极力倡导"尊王攘夷",然而,统治的现实——西方列强及其严重的"不平等条约"对政权施加威胁的现实——让这些爱国口号难以成为真正的政策。19 世纪初的"一君万民论"让位于与美欧接触时的现实政治,现代化成为日本政治、文化和社会的第一要务。明治的改革家们致力于使日本进入近代,拥有立宪政府、动力十足的蒸汽轮机和二十四小时不间断供电的工厂。受到这些强有力的政策和哲学思想的指引,明治改革家们使日本在 19 世纪末 20 世纪初焕然一新。在他们的塑造下,经过不到半个世纪,这一国家就成为一个全球性的经济和军事强国。

## 明治国家

　　正如大隈重信(1838—1922)[①]描述的那样,明治政权的新领导者
类似于"全能的神",他们开始构筑一个全新的国家。1868 年 4 月,"五

---

　　① 大隈重信(1838—1922),江户时代佐贺藩士,日本近代政治家、教育家。

条誓文"列出了新政权的基本框架。前面的四项原则——"广兴会议"、"上下一心,盛行经纶"、"各遂其志,人心不倦"与"破旧有之陋习"——一时难以成为现实,但新的领导者积极追求第五项原则,即"求知识于世界,大振皇基"。从文化输入到军事冲突,与国际的接触在各个方面都改变了日本。

1871 至 1873 年的岩仓使团①集中体现了日本试图利用西方文化和制度"大振皇基"的坚定信念。此次出使的书记官久米邦武(1839—1931)②回忆道:"明治维新在日本引发了一场前所未有的政治变革。"③在游历欧美的过程中,使节团进入到了一个近代化的世界,多日"(身处)嘈杂的火车中,车轮滚滚,汽笛刺耳,钢铁的味道和猛烈的炉火扑面而来,穿梭于滚滚浓烟"④。蒸汽机车成了明治变革的一个明显标志,同样的标志还有明治天皇在 1871 年以后便身着普鲁士元帅的军服。1872 年,东京至横滨之间的日本第一条铁路开通,随后,多条铁路纷纷建成。

明治维新开始后不久,改革者们随即废藩,藩是一种封建权力残余的重要表现。在新的国家体系中,藩变成了县,而大名则变为"知事"。分别出身于长州藩和萨摩藩的木户孝允(1833—1877)与大久保利通(1830—1878)等新的明治领导者,于 1869 年 3 月协同众藩起草了一份声明,宣布放弃其地方权威,而这一地方权威原本基于德川将军"无所不在的专制权力"而得以机制化。"臣等所居即天子之土,臣等所牧即天子之民,安能有私乎? 今谨收集版籍奉上,愿朝廷处置。"⑤他们相信奉还所属领地,能够使日本"归于一途",从而使国家得以"与海外各国并立",这里的"各国"正是摩拳擦掌想要征服亚洲的列强。伴随着这些

161

---

① 岩仓使团,以右大臣外务卿岩仓具视为特命全权大使的明治政府使节团,其于 1871 年 12 月 23 日从横滨出发,访问了 12 个欧美国家,历时 22 个月。岩仓具视(1825—1883),日本近代公家、政治家。

② 久米邦武(1839—1931),江户时代佐贺藩士,日本近代历史学先驱。

③ 久米邦武:《米欧回览实记》。

④ 同上。

⑤ 《明治天皇纪·卷 2》。

声明,明治改革者们通过朝廷展开行动,废除了日本近世的秩序,这有利于形成一个崭新的中央集权的国家。日本现已在名义上处于"归于一途"的明治天皇的统治之下。实际上,在这几年中,"天皇个人统治"已成为一种高扬的口号,尽管在现实中,实际统治这个国家的乃是出身于外样诸藩的小型政治寡头集团。

木户孝允等人相信,在各种实质性的近代化改革得以实现之前,日本需要首先通过军事路线实现中央集权。木户孝允认为,"今日之要务乃是废除诸藩,稳建军队的轴心,否则一切皆无从谈起"。右大臣三条实美(1837—1891)相信,对于时间的把控是实现政治军事力量的中央集权的关键,他推测:"维新之成果取决于接下来之三个月、四个月到五个月。"为了促进并落实源自政治中心的各项新改革,明治领导者组建起中央集权的警察部队,效仿法国的卫兵(gens d'armes),并由另一位出身萨摩藩的名人川路利良(1829—1879)[1]直接指挥。这支警察力量几度易手,并最终归于拥有无上权力的内务省。与德川幕府时代的具有地方性、基于身份的执法实践相比,这昭示了显著的改变。到1873年,在山县有朋(1838—1922)的推动下,明治国家的军事化变革又迈出了一大步,建立了被平民称为"血税"的制度,即通过全民征兵制建立一支服从天皇统治的军队。

与明治国家行政重组的例子同样显著的便是社会的重构。自1869年开始,朝廷打破了近世身份制度,塑造了一个安置社会阶层中最底层和最顶层的新的分类。明治国家赋予原先的武士(和其他大多数民众)以职业自由、版籍奉还,并建立起国家与个人之间的直接联系。1871年,随着《户籍法》[2]的颁行,朝廷将社会划分为四大阶层[3],一年后,大多数人被定为"平民"。此外,《解放令》[4]摧毁了近世社会等级制

162

---

① 川路利良(1829—1879),江户时代萨摩藩士,明治时代警察官僚、陆军军人。
② 1871年5月22日以太政官布告的形式发布。
③ 即华族、士族、卒族与平民。
④ 《解放令》,1871年10月12日明治政府颁布的废止秽多非人称呼及身份的太政官布告,亦称《贱民解放令》或《贱称废止令》。

度中的贱民阶层,这个分类曾与他们的生活息息相关。在德川幕府时代,贱民从事搬运尸体、鞣制皮革的劳动,他们的生活与涉及死亡、血液等的"秽"相关,因而官方将贱民世世代代贬于日本社会的边缘。1871年,明治政府下令"废止'秽多'、'非人'等贱称。因此,其身份和职业(前贱民)应与平民一致"。但是在《解放令》颁布之后,官员在户口登记时将原贱民录为"新平民"、将阿依努人录为"原土著"的情况仍屡见不鲜,歧视的形式虽然有所淡化,但基本上仍保留了下来。但这些变化仍具有最重要的标志性意义。个人生活摆脱了传统身份制度的桎梏,这与明治政府的其他行政与社会改革一起,为日本人的生活带来了翻天覆地的变化。现在,个人距离天皇的远近成了新的社会身份的决定性因素。在明治飓风的漩涡中,天皇往往是风暴的中心。但是,将原来的贱民阶层与平民混为一谈,使社会承受了血腥杀戮的巨大代价。在近世身份制度中,人皆有其位,而原本在新儒家的价值体系中享有一定地位的农民,现在却与贱民为伍。在下一章,我们将会探讨《解放令》事实上使得许多原本的贱民比原先更加容易在社会暴力中受到伤害。

## 历史中的明治维新

在政权更迭的纷乱飓风之中,明治时代代表着日本历史中最富戏剧性的时刻,自然而然的是,对其遗产的各种争论仍无定论。历史学家彼此辩论:明治维新究竟代表着什么。很明显,困惑源自这样一个事实:当时没有人知道未来究竟会如何,即便是明治改革家们亦如此。最初,明治的领导者将1868年称颂为"天皇统治的维新",这是由其在戊辰战争(1868)中的胜利而确定下来的。但是,维新的意义远远要比不合时宜地回到千年前的天皇统治深远得多。正如我们所见,一个中央官僚机构取代了近世的诸藩,崭新的社会秩序在德川身份制度的废墟上建立起来。兵役制度不再依靠武士世袭,而是依靠国家征兵政策。正如我们将要看到的那样,近世的"勤业革命"被纳入一场真正的工业革命;而促进技术进步的西方教育与科学成了规范。基于这些急剧的变化,日本成了世界"文明开化"国家的一员,因此,明治时期与其说是

163

"维新"的时代,不如说是"革新"的时代。英国驻日外交官员之一厄内斯特·萨道义(Ernest Satow,1843—1929)在19世纪就领悟到了这些变化的革命本质。在其回忆录中,萨道义反复地提到"1868年的革命"。他深思道:"日本的这场革命就如同1789年的革命,只不过没有断头台罢了。"

　　日本史学者努力将这些变化置于历史大背景之中。明治时代的学者田口卯吉(1855—1905)①努力对日本在明治时代上半叶所发生的这场全面"改革"进行了解释,尽管推翻德川将军原本只被标榜为是对旧有天皇统治机制的"维新"。田口卯吉将历史视作社会由"野蛮"向"文明"的自然推动。当日本摒弃"封建的"幕府统治,转而寻求国家统一的天皇统治时,只不过是朝着"开化"的历史的必然方向迈出了一步。同样地,明治时代的另一位学者西村茂树(1828—1902)也认为,历史终究会产生"进步",即便德川这样的政权起起伏伏也在整体上无扰于这一必然性。由于受到约翰·斯图亚特·穆勒(1806—1873)等西方知识分子的影响,这些明治时代的学者将明治维新描述为一种政体与国家的演进,推动这一演进的力量深嵌于历史与进化的自然法则之中,只不过到了19世纪后期才表现出来。他们精心策划了一场明治的历史观革命,在这一过程中,蕴含在儒家和中国宇宙观之中的历史循环往复的旧有看法,被西方的进步主义的理念所取代。

164　　我们之前在导论部分已经提及另一位明治时代的学者福泽谕吉(1835—1901),1860年,年轻的他陪同使节赴美正式批准《哈里斯条约》(1858)。他的经历体现了这场革命的本质。他对西方感到震惊,称其"令人惊叹"、"充满活力"。② 他与明治寡头们断定,日本必须效法西方文明。明六社聚集着一批致力于将西方文明引入日本的思想家,在福泽谕吉和明六社的引领下,进步主义的理念开始成为明治实验在最初几十年当中的主流观念。福泽谕吉相信,日本人需要重塑其历史观

---

　　①　田口卯吉(1855—1905),日本经济学者、历史学者、实业家。
　　②　福泽谕吉:《福翁自传》。

及其对"文明"与"历史"之真正内涵的理解。在一系列出版物中,福泽谕吉提炼出日本人应该如何来看待过去和未来的观点。他认为,人类文明,不管是在日本还是英国,都要从"野蛮"、"原始的混沌"和"半文明状态",进步成为成熟的"文明"。对福泽谕吉及其拥护者来说,进步是历史的必然潮流,而所有国家都会发现自己处在由野蛮转向文明的轨迹的某个点上。正如田口卯吉描述那般,这是"历史发展的规律"。这种历史观与新儒家的历史文明观截然不同,后者只是从过去和中国古贤们中寻找政治答案和道德标准。新儒家求助于过去,而西方进步思想则着眼于未来。

让我们简要考察一下东亚和欧洲思想中的两个关键人物。东亚哲学思想的奠基人孔子(前 551—前 479)在《论语》中曾言"述而不作"。这成了儒家的圭臬,各种各样的注疏家就此进行了诸多尝试,通过对儒家经典的仔细阅读,试图去找回和"再述"道德的历史。从某种意义上来说,尽管未必僵化,但儒学大体上仍在考究古物,只是不断地从中国古代先贤著作中去寻找现今面临的各种挑战的答案。由于这种唯古决定论,福泽谕吉认为中国学问是"顽固守旧"的"愚法",因此,在与列强相比较时,"要脱去陈规旧习"。[①] 与此同时,对福泽谕吉来说,西方哲学所倡导的"独立"与"自尊"亦是重要的教条。这些理念在很大程度上植根于黑格尔(1770—1831)的哲学理论,他是近代进步主义思想的主要奠基人之一。他断言:"世界历史不过就是自由意志的进程。"换言之,在福泽谕吉及其同龄人拥抱的西方哲学中,历史不再是开明的智者所统治的政治伊甸园,而是帆船身后不断扩散和渐渐消失的尾流,随着国家在时间长河中受到指引逐渐向前,它一路记录了其文明进步的轨迹。

在这些进步思想的指引下,日本飞速吸收西方的理念和物质文化。甚至有新的词汇被设计出来用以描述所引进的西方观念。"文明"一词传统上是指儒家观念中的"中华文明",在明治知识人的笔下,则是指

---

① 福泽谕吉:《脱亚论》。

"西方文明"。在另一些示例中,明治知识分子创造了新词,例如"自由"和"权利",分别用来解释西方政治概念中的"freedom"和"rights",这些都是黑格尔发展模式的核心概念。一些新词与前面所述的某些社会变革有关,如:"社会"取代了近世身份制度下的"四民"(即士农工商)。新词也被用来解释外来事物,例如:"写真"、"国会"等。在进步政治家和思想家的推动下,日本调试自身以接纳强势的西方理念。西方物质文化的实例开始如雨后春笋般涌现。从银座炼瓦街(1872)与鹿鸣馆(1883),到啤酒(1869)与意大利面(1872),日本人以不可思议的速度引进了大量的西方物质文化。

然而,一些日本的改革家和政治家渐渐对西方国家不再抱有幻想,甲午战争(1895)之后的"三国干涉还辽"等多次外交挫折是其重要原因。日本更加清晰地认识到,无论变得如何近代化,自身也难以在列强中谋得一席之地。因此,明治时代的第二代人便寻求更为日本式的国家地位,这一国家地位越来越源于东方的传统价值观,而这种"恶习"恰恰是曾被1868年的"五条誓文"所摒弃、被福泽谕吉斥为"顽固守旧"的。明治宪法(1889)显示了这一转型过程中的擦痕与裂缝,《教育敕语》(1890)亦如此。

## 明治政治

明治早期,许多原来的武士和富农对于明治经济政治改革的方向不再抱有幻想,因而掀起了"自由民权运动"。基于西方"个体自由"和"自然权利"的理念,土佐出身的板垣退助(1837—1919)和后藤象二郎(1838—1897)等人受之前坂本龙马所提出的"设上下议政局"的影响,开始积极运动,号召民众参与政治。1881年,板垣退助成立了自由党,这给明治政治寡头们施加了巨大的压力,促使其起草宪法。对于像福泽谕吉等思想家来说,日本这样的国家应该通过追求民众的权利使自身从西方帝国主义的威胁中解放出来:"一国之独立,基于一身之独立;一身之独立,求学问为急务。"①但明治宪法建立的基础却迥异于民权

---

① 福泽谕吉:《劝学篇》。

运动所倡导的理念,而更多地反映了明治改革的第二波浪潮。

明治宪法之父伊藤博文(1841—1909)将该部宪法形容为"仁慈慷慨的天皇陛下赐予国民的礼物",而非"自然法"或"个体权利"的产物。也就是说,明治宪法的合法性不是来自杰斐逊等"缔造者"或不可剥夺的自然权利,而是来自明治天皇的无尽施舍。伊藤博文拒绝了"分权"的理念,并坚称主权乃天皇独有。他推断这个国家就"像一个人的身体","其有四肢与骨头,然精神生活之源头乃[天皇陛下的]思想"。[①]随着明治时代的第二波浪潮,日本的历史例外论——正如伊藤博文所写,"在历史上,我国一开始就是由天皇陛下建立和统治的"[②]——开始直接塑造明治宪法的措辞和条文。《教育敕语》(1890)甚至更加强调明治早期的失度所导致的道德沦丧。其开宗明义地写道:"朕惟我皇祖皇宗,肇国宏远,树德深厚。"

总之,明治早期见证了大量西方理念和机制被引进到日本,目的在于"大振皇基"。但是所谓西方并非铁板一块,明治改革者面对的既有"自然权利"与参与型政府,又有普鲁士式的君主制。最终,面对西方帝国主义,新生的国家需要增强实力,以避免中国清王朝在鸦片战争(1839—1842)期间所遭遇的厄运降临在自己身上,这一需求超过了对广泛民主化的需求。到明治的第二波浪潮时,明治改革者已经开始批判西方文化的诸多方面过犹不及,并且逐渐对列强不再抱有幻想。民主化与明治保守主义的相互冲突存在于诸多领域,而女性权利无疑是其中最为引人注目的舞台。起初,明治改革家们,例如与明六社有关的人士,主张女性权利与选举权。但是,随着明治第二波浪潮的得势,女性作为载体成了各方争夺日本近代性遗产的主要战场。

## 明治政策与女性

关于明治国家命运的这场论争(即塑造一个西式国家,还是一个带

---

① 伊藤博文著、宫泽俊义注:《宪法义解》。
② 同上。

有保守的儒家价值观的帝制日本)遍及各处,但其激烈程度在女性身上得到了淋漓尽致的体现。起初,对于像明六社这样的团体来说,女性的身份地位成为衡量日本文明化进程的重要标准。在明治时期最初的数年里,羽翼未丰的政府要求女性通过勤俭节约、辛勤工作、高效家务、照顾老小以及抚养幼童来为国家做出贡献。文部省的口号"当好妻子,当好母亲"就体现了明治初期对女性的期望。但是女性也有自己的观点,没过多久,女性权利运动便蒸蒸日上。1872 年,美国教育家大卫·莫里(David Murray,1830—1905)鼓励明治领导人给予日本女性更好的受教育的权利,东京女子学校得以创立,并以一套对年轻女性颇为严格的课程为豪。当明治领导人周游世界各国,为其国家借鉴近代化模式时,部分女性亦在岩仓使团之中。她们中的一人——津田梅子(1864—1929),最终创建了一所女子大学。对于黑田清隆(1840—1900)①等具有启蒙思想的部分明治寡头而言,教育是培育进步的、开明的女性的关键所在,黑田清隆也一直主张将她们送到国外。

  1872 年,在玛利亚·路斯事件中,爆发了关于女性权利的争论。在这一事件中,一艘名为"玛利亚·路斯号"的、悬挂秘鲁国旗的船只停泊在横滨港码头,几名乘客出逃。结果发现,这些来自亚洲各国的乘客,男性被雇为劳工,女性则被当作妓女。这一广为人知的事件使得改革派和外国政府对日本施加压力,促使日本修改事关买春的法律,特别是废止迫使女性依附于老鸨和妓院的债务和合同。结果,1872 年,在解放贱民之后不久,日本便解放了娼妓。② 尽管取得了这样的成果,但女性的身体仍是事关明治转型方向的战场。1872 年,明治政府官员禁止女性剪短发或留短发。一些明治日本最重要的思想家,例如福泽谕吉、中村正直(1832—1891)③以及森有礼(1847—1889)④,随即提出了"女人也是人"的口号,猛烈抨击日本将女性贬于家庭、从属于丈夫的"封建的"家庭制度。

---

①  黑田清隆(1840—1900),江户时代萨摩藩士,日本政治家、陆军军人。
②  即 1872 年 11 月 2 日颁布的太政官布告,通称《艺娼妓解放令》。
③  中村正直(1832—1891),日本启蒙思想家、教育家。
④  森有礼(1847—1889),江户时代萨摩藩士,日本外交官、政治家。

到 19 世纪 70 年代后期,明治国家对于自由民权运动的态度变得越来越保守。正如我们之前看到的那样,该运动始于 1874 年,当时板垣退助和后藤象二郎呼吁基于约翰·穆勒的模式建立国会。1880 年,他们组建了"国会期成同盟"。明治官员通过限制政治集会的权利——特别是女性集会——加以对抗。1890 年,明治政府颁布《集会条例》,在缩减其他权利的同时,禁止女性参与政治集会。1900 年,内务省的《治安警察法》再度强化了法规,《治安警察法》进一步限制妇女参与政治活动。内务省认为,热衷于参与政治的女人是非常危险的,因为政治集会有损妇德。内务省指出,法国大革命期间的粮食暴动(1792)就是一个例子,在这次事件中,由于受到激进政治的影响,妇女从天使变成了野兽。内务省在杂志《斯民》上提出了其理想中的妇女形象。此时适逢山崎市的故事被刊登在杂志上,内务省将其痛苦的个人经历改编成了一出公共道德剧。"山崎市悉心照料她的盲父、年幼的妹妹以及患有精神病的母亲。她在 1891 年嫁为人妻,但是仅仅过了五年,丈夫就一病不起。山崎市伺候丈夫和父亲,一直到他们去世,接着精心照顾无法交流的母亲。"这类故事成了妇女行为的楷模。而在实际中,由于政府管理家庭的方式对其治理路径和设定的国家地位至关重要,明治政府开始剥夺妇女的权利。

一些妇女对明治政府侵害妇女权利的行为发起了挑战。一些挑战——例如"民权婆婆"楠濑喜多(1833—1920)发起的挑战——集中于所有权、纳税和选举权这三者之间的关系。楠濑喜多于丈夫在 1892 年去世之后,继承了丈夫的财产及相应的纳税义务。她写道:

> 当我们女人身为一家之主时,必须要和其他普通家庭的当家人一样,应对政府的要求,但因为我们是女人,我们并没有享受到同等的权利。虽然我们也有相应的合法工具,但是我们既无权在区代表大会上参加选举,也无权担当财产的合法担保人。这对我们的权利是严重的侵害。[1]

---

[1] 楠濑喜多:《男女同权、女性参政请愿书》。

169

她继续写道,"最该谴责的是,我与那些身为一家之主的男人享受的唯一平等就是承担繁重的纳税责任"①——这不免让人想起 18 世纪波士顿人的主张。

在"民权婆婆"发表常识性的文章之后源源不断地涌现了一批女性活动家。岸田俊子(1864—1901)就是最早为女性奔走呼喊的倡导者之一。在 20 岁时,岸田俊子在大阪的民权运动集会上发表了名为《妇女之道》的演讲,一举成名。岸田俊子出生于一个富裕的家庭,她甚至曾经担任过皇后的文学进讲②一职。在听了岸田俊子的演讲后,另一位著名的女权活动家福田英子(1865—1927)这样描述当时的感受:"她的演讲富于雄辩,听着她的演讲,我再也不能压制自己的满腔怨恨和愤慨……立即开始着手组织妇女和她们的女儿们。"岸田俊子认为,只要男人继续凌驾于女人之上,日本就永远不会实现明治启蒙。"在这个国家,男人继续像过去一样被尊为一家之主和丈夫,然而女人却被蔑视为侍女和仆人。在这样的环境下,根本就不可能有平等。"岸田俊子力推女性教育和两性平等,催生了数个重要的女性权利团体。

重要的一点在于,明治时期正在进行的对日本国家地位的界定与争取权利和平等的斗争交织在了一起。因为明治的民族主义开始强调"家国"(family state)的概念,女性在家庭中作为传统价值捍卫者的角色,超过了她们的选举权以及正当的公民权。明治日本女性的命运是明治维新后期政治日益保守的一个信号。与全盘吸收西方思想和制度的明治改革第一次浪潮不同,第二次浪潮强化了保守的儒家思想,或者重新强调了"东方伦理"对日本"一君万民"体制的重要性。这一激进的、自上而下的方式也表现在明治政府振兴日本经济的方式中,其目的在于提升日本在世界贸易中的竞争力。

## 政治经济

经济转型也成了明治维新的一个关键要素。改革家们意识到,工

---

① 楠濑喜多:《男女同权、女性参政请愿书》。
② 进讲,指专为天皇等身份高贵之人授课的役职。

业财富可以转换成国家实力,因此他们急切地拥抱西方的经济理论和
实践。尽管日本迅速融入全球资本主义市场,在很大程度上是受到西
方帝国主义的胁迫,但这并非日本第一次涉足海外贸易。正如我们之
前看到的那样,15—16 世纪,东南亚就为中世日本开设了贸易港口;
17—18 世纪,日本也参与到了以中国为中心的白银贸易之中。人们很
容易夸大以明治早期日本经济的资本化和工业化为代表的历史断层。
针对 19 世纪后期日本的快速工业化,一些历史学家给这个岛国贴上了
"后发近代国家"的标签。但是,大量证据表明,早在明治"开放"之前,
日本经济就已经显示出原始资本主义和原始工业化的要素了。回顾日
本的近世史,用"后发近代国家"这种描述并不合适。从北边的鲱鱼渔
场到西边的畿内棉花贸易,从江户的木材行会到日本消费文化的惊人
力量,从出售歌舞伎画像的木版小贩到专卖干海带的店铺,日本经济早
就呈现出旺盛、多样、以消费者为导向和快速扩张的特征。的确,19 世
纪早期,日本人或许还不能够流利操持西方资本主义的语言,但在那时
他们已经掌握了大部分基本语法知识。这一事实——以及众所周知的
日本吸收外来文化的技能——解释了这个国家的经济为何能在 20 世
纪迅速崛起。

　　面对工业化传递的力量,明治的政策制定者们不禁为之倾倒。在
岩仓出使期间,西方的工业场所就已经深深地吸引了使团的关注;但
是,明治官员们并不是第一批被西方经济和工业能力所震惊的人。江
户幕府曾建立了"蕃书调所"①,教授某些荷兰经济理论。但是,明治改
革家们赋予工业化以前所未有的重要性,并于 1877 年创办了东京大学
(脱胎于前述机构),身为艺术史学家的恩内斯特・费诺罗萨(Ernest
Fenelossa,1855—1908)②来到日本,在此教授政治经济学。1858 年,
福泽谕吉创办了以经济学为重心的庆应义塾大学,而他本人就弗朗西
斯・韦兰(Francis Wayland, 1796—1865)③的《政治经济学要义》

171

---

①　蕃书调所,1856 年成立的直属于江户幕府的洋学研究、教育机关。
②　美国东洋史家、哲学家。
③　美国经济学家。

172　(1837)的大量内容开设讲座。1875 年,文部大臣森有礼创办了商法讲
习所,教授经济学理论。与此同时,重要的经济学译本也如旋风般涌
现,其中包括亚当・斯密(Adam Smith,1723—1790)的《国富论》(日语
版于 1884 年出版)与约翰・斯图尔特・穆勒的《政治经济学原理》(日
语版于 1886 年出版)等。日本人开始将西方资本主义的各种理论融入
他们自身丰富的经济实践中。

　　在新的经济哲学的推动下,一种更为剥削型的关系出现在社会秩
序及人与自然环境的互动中,我们将会在下一章中解读这一关系。然
而,人们很容易过分强调日本近世的原始资本主义经济与 19 世纪晚期
的工业资本主义经济之间的断裂。尽管近世的观点认为自然环境充斥
着神道诸神和佛教的生命轮回,但近世思想家同样提倡通过开发自然
环境来获取经济和政治利益。近世折中主义思想家佐藤信渊(1769—
1850)认为,创造性的力量推动了自然的发展,而神道诸神则赋予这些
力量以活力。但是,这种自然神灵的观点并不妨碍人们开发自然环境。
例如,在描述政府角色时,佐藤信渊在《经济要录》(1822)中宣称:"国君
之要务,无外乎整备经济以使邦内富丰。"①佐藤信渊认为,为了更好地
开发资源并掌控能源,人类组成了国家,这基本构成了近代政治生态学
在近世维护其主张的一套说辞。佐藤信渊将"国君"与"整备经济"联系
起来的做法成为后来明治时代的政治经济学思维和实践的先声。

　　尽管一些经济学家提倡自由放任的经济模式,但是建立普鲁士式
的政治经济仍然是主导性的想法,在其中,国家利益与私人利益息息相
关。这种模式始于弗里德里希・李斯特(Friedrich List,1789—
1846),这位 19 世纪的德意志经济学家提倡"国民经济学"。亚当・斯
密提倡"个体经济学",主要惠及个人利益,与之不同,李斯特认为个人
根据国家利益从属于一个"商业联盟"。自然而然的是,许多日本经济
173　学家开始通过"国民经济学"的透镜来展望日本经济的未来。例如,成
立于 1890 年的国家经济会就吸收了这一政治经济学的观点。国家经

---

　　①　佐藤信渊:《经济要录》。

济会的成立宣言提出,"权力来源于财富。未闻没有财富也能存在权力。目前在国与国之间出现的这种竞争,其实质就是国力和生产力的竞争"。财富在日本从列强手中推翻"不平等条约"、争取国家主权的过程中发挥着至关重要的作用。后来成为日本战时经济规划者兼大阪市市长的关一(1873—1935)[①]等经济学家起初参与到了这股"李斯特热潮"之中,拥护国民经济学。但关一后来转变了立场,转为稍稍更偏向于自由放任的"人民主体的国民经济学",在其中,保守的国民经济学被"进步的、充满活力的、国际的"经济学所取代,后者更为依赖企业的活力。从某些方面而言,关一的中庸立场产生于德国,但修正于日本本土,在日本进入 20 世纪后成为其经济的特征。

在工业发展与国家之间建立联系就意味着,1880 年以前建立的大型明治工业基本都是国有的。大藏大臣松方正义(1835—1924)[②]于1881 年负责制订了一揽子通货紧缩政策,并于 1882 年创建了日本银行,在他的管理下,政府逐渐将所掌控的工业让渡给三井、三菱、住友等大商家,这些大商家日后演变成了庞大的产业集团,被称为"财阀"。明治政府计划通过优先发展一些特定产业、建立模范工厂、雇用外国顾问监督精选行业的运营等方式,促进经济增长。19 世纪 80 年代制订的那些政策为日本第一阶段的经济增长提供了动力。1885 至 1905 年间,日本的进出口翻番。此外,耗煤量从 1893 年的 200 万吨增长到了1913 年的 1 500 万吨。与此同时,作为重工业重要指标的钢铁生产也由 1901 年的 7 500 吨增长到了 1913 年的 25.5 万吨。涩泽荣一(1840—1931)[③]等实业家带动了日本棉纺织业的发展。他创办了一家股份制企业——第一国立银行。到 1888 年,涩泽荣一在他的大阪东洋纺织厂雇用了大约 1 100 名工人。1900 年,日本全国 70%以上的工厂与纺织生产有关。涩泽荣一在他的各家纺纱厂配置了蒸汽机,使10 500 个纺锤得以在电灯下昼夜不停地运转。

174

---

① 日本近代社会政策学者、都市计划学者、政治家。
② 江户时代萨摩藩士,日本近代政治家。
③ 江户时代幕臣,明治时代官僚、实业家。

日本的电气化在明治经济中扮演了重要角色。随着铜制电线将日本列岛串联起来,涩泽荣一的电气化工厂预示着整个国家电气化的普及。伊藤博文在谈到新建立的农商务省时这样写道:其目的就是"通过迅速利用西方工业技术的力量来弥补日本的不足;在日本,按照西方模式建造各种机械装备,包括造船厂、铁路、电报、工矿和建筑,以此跨越式地向日本人灌输启蒙思想"。矿工在足尾铜矿等处挖出黄铜,到1895年时,利用这些铜矿制成的铜制电线已长达4 000英里。1910年时,京都的一些私人住宅已经用上了电灯。中野万龟子在她的日记中写道,1910年1月,新装的电灯照亮了家里——"简直太亮了,我仿佛走错了房子。"[①]到了1935年,日本已成为世界电气化的领头国家,家庭供电率达到89%,远远高于英国和美国。

## 犯罪与刑罚

修订日本的法典与经济改革一起成为打破"不平等条约"束缚的关键要素。《哈里斯条约》的第六条使日本人最为恼怒。在这种被称为"治外法权"的殖民地法律结构中,该条约规定:"对日本人犯罪之美国人,当由美国领事法庭审判,如有罪,当按美国法律加以判处。"美国人免于日本法律的审判,是因为在大多数西方人的眼中,"东方的"的惩罚和监禁具有野蛮的本质,是封建的、凶残的。如果日本想要打破与列强的"不平等条约"、在全球多边平等中谋得一席之地,那么,就必须重写日本的刑法法典以显示日本新的"文明开化"。

在日本这个国家中,明治改革家们也并非对法律改革展示出兴趣的第一人。如前所述,8世纪,朝廷引进唐朝律令,建立了律令国家。在近世,1679年,江户幕府传令诸藩,试图寻求举国上下在犯罪处罚上的统一。后来,到18世纪中叶,德川吉宗(1684—1751)的"公事方御定书"使刑事法典系统化。在近世的各个城市与城下町中,路标上都写有这些法律。江户郊区的刑场满是腐烂和损毁的尸体,以儆效尤。小塚

---

① 中野万龟子著、中野卓编辑:《明治四十三年京都——商家妻子的日记》。

原刑场就是其中之一,正是在这个刑场上,一位勇敢的解剖师在贱民的帮助下解剖了青茶婆。1832 年,当一位琉球使节到达江户时,幕府安排了一场特殊的行刑仪式迎接他的到来。通过这种方法,刑场成为国家权威的惩戒性标志,装饰着通向将军都城的道路。从 1610 年开始,幕府还于小传马町设立了牢屋,一直作为监禁之所沿用至明治时代。由于"锯挽"①、"手锁"②、"敲"③、"入墨"④、"缚首"⑤、"石抱"⑥、钉十字架等可怕的惩罚,无怪乎 19 世纪到达日本的美国人一想到他们的公民要被按照这种残忍之道惩罚就犯恶心。

美国监狱的情况并没有好到哪去,尽管传遍东亚的消息把它们形容得文明无比。中国有本名为《海国图志》的书,由魏源(1794—1857)所写,把美国监狱的情况介绍给了日本的读者,特别是像吉田松阴(1830—1859)那样的 19 世纪活动家。当马修·佩里准将的"黑船"驶入江户湾时,吉田和他的一个同伴试图潜入一艘炮艇,以前往美国,亲自看看这个国家。吉田松阴和他同伴被抓了起来,并被监禁在长州藩的狱中。在监禁期间,吉田得到了《海国图志》的一本副本。他从中了解到,美国的监狱犯人经过积极的管教后"改过自新",吉田松阴心想,在江户的狱中,"我还从未见过谁(因为坐牢而)变好了"。

关于"东方野蛮"的传闻,无论那是谣言还是事实,与"不平等条约"之间的关系是如此的紧密,日本的改革家们意识到,刑事改革对于日本从列强手中重获完全主权至关重要。岩仓具视(1825—1883)带头向天皇请愿,要求重点改革刑罚。明治维新伊始,朝廷即宣布:"在万千关于帝国统治维新即将施行的改革中,刑事改革乃事关大众生死之事,故其改正尤为迫切。"钉死在木十字上的做法被仅限于弑君和弑亲之人,但后来在 1870 年的《新律纲领》中又将其彻底废止,一起废止的还有火

---

① 即锯子锯头。
② 即手枷。
③ 即用棍子打。
④ 即刺字。
⑤ 即绞刑。
⑥ 即将石板叠在跪倒的犯人的腿上。

刑。在小原重哉(1834—1902)等牢狱改革家的催促下,明治司法部在锻冶桥建立了第一个近代监狱。该监狱在建筑形式上呈十字形,中间有一个观察哨,这模仿了杰里米·边沁(Jeremy Bentham, 1748—1832)的"圆形监狱"。小原重哉描述道,监视者对整个监狱"一览无余"。一位曾被监禁的记者回忆起锻冶桥监狱,"设计模仿欧洲监狱,形成了一个十字形……一位守卫在中间,监视四方"。没过多久,1875年,明治政府就在札幌成功复制了锻冶桥监狱,而后又推广到其他主要城市。因此,刑法改革和近代监狱的建立对于日本向列强展示自己已经废止了近世"东方的"做法起到了关键的作用。

## 结语

西方文明输入的点点滴滴在相当程度上塑造了明治维新,对于这一程度,无论怎么强调都不为过。日本在这个时期的文化借鉴甚至超越了 7—8 世纪大和国对唐朝制度的借鉴。岩仓使团之后,日本的决策者、思想家和实业家开始战略性地改造日本人生活的几乎每一个方面。为了保卫国家,陆军采取了普鲁士军队的模式;海军则自然仿效了英国模式。为了强化国内法律的实施,警察部队仿效了巴黎市区的卫兵;札幌的农学院仿造自《莫利尔法案》(1862)这一拨赠土地法案后的美国大学。根据西方政治思想家的理念,日本对治理机构、社会等级制度及公民社会观念都进行了改造,同时也重新调整了经济和国际贸易协议的性质。在司法方面,从美国等地引进了新的刑罚与新形式的监狱,取代了过去残酷的刑罚与牢狱。为了娱乐和教育,博物馆、动物园、植物园和大学开始出现在首都东京和其他主要城市。多层砖结构建筑等人造物中开始举行像舞会这样新舶来的文化活动。啤酒和意大利面,两者皆源自西方,也与日本传统正餐一起,出现在了餐厅的菜单上。像其他很多运动和娱乐一样,作为一种新的休闲活动,来自美国的棒球运动备受欢迎、持续至今。以"文明开化"为名,明治维新之后的日本确实以惊人的速度实现了近代化,从而将自己置于与列强一样的历史发展轨迹之上。

但是,日本的近代化同样也是国内历史发展的产物;并不是所有的明治事物都仅仅是对外国模式的模仿。日本从西方借鉴了诸多经济理论与制度,但是经历过近世原始资本主义时期之后,明治改革家们发现,所引进的理论和制度在已经具备接受意愿的日本经济环境中才更易推行。新的明治宪法构建了一种日本以往未曾有过的君主制,但是,一个强有力的中央集权国家辅之以一套复杂且有效的官僚机构,这一观念绝不是新鲜事物。尽管天皇身着传统的皇家礼服和巨冠进入到了明治时代,但仅仅一年过后,他便穿起了普鲁士式的陆军元帅装(图 15)。还

178

图 15　日本明治天皇,约摄于 1880—1901 年间

政于天皇的观念本身牢牢植根于传统日本的皇统观中,即使这些传统大部分也是建构出来的。换言之,明治维新将旧与新、日本和西方嫁接起来,创建了一种新型的国家与臣民的关系。但是,对很多人而言,这些新的关系导致了艰难时世,这表明,在 19 世纪和 20 世纪初,近代性的益处在很大程度上未能均匀地惠及整个日本。

# 第十章　明治时代的不满情绪
## （1868—1920）

及至 20 世纪早期,明治的各项改革已然重塑了这个岛国。日本的179
近世历程与 19 世纪的全球趋势共同提供了足够强大的力量,将日本改
造成了一个蒸蒸日上的近代国家,改变了它的政治、社会、文化、环境以
及列岛上诸多人类以外的生物。人与自然世界都变成了近代工业生活
的人造物。理着短发的"摩登女孩"(modern girl)与都市里的花花公子
得意地穿戴着最新的西式服装,与明治时代以前的本国或是同时期的
邻国相比,日本与近代欧洲工业国反而有着更多相似之处。从某种意
义上来说,明治维新几乎重新配置并改写了日本人风貌与生活的每一
个方面,但也付出了沉重的社会与环境代价。明治时代也有着阴暗的
一面,其特征便是人世的艰难,且失控的工业化与对化石燃料的依赖所
造成的环境问题初现端倪。

## 乡村的变化

明治时期的各项改革对新的日本平民有着重大影响,特别是那些
生活在乡村的平民。及至明治中期,日本农民开垦的耕地面积已达到
日本可用地总数的 11％,约 400 万公顷,而到 1919 年则上升到了将近
16％,约 600 万公顷。这与更晚近的情况可作一对比:太平洋战争之　180

后,日本的农民与农户数量出现急剧下降,1965 年,"核心农业工人"保持在 894 万人;但到 2005 年下降到了 224 万。就农业用地数量而言,日本从 1965 年的 600 万公顷下降到了 2005 年的 469 万公顷,大致稳固在了明治中期的水平。而日本的人口数量从 1890 年的不足 4 000 万上升到了 2005 年的将近 1.28 亿。这些数字表明,随着日本人开垦了大多数的农地以及农业人口的迅速降低,这个岛国正处在难以自给自足的边缘。正如我们将要看到的,日本农村地区的混乱大多可以追溯到明治维新与税收政策。

尽管新时代所引发的改变遍及日本,但乡村的实际物质生活状况与近世相比,只发生了很少的变化。实际上,随着身份制度的废除与过去贱民的解放,农民作为"德民"——在新儒学秩序内尚属受人尊敬的粮食生产者——的社会地位反而被削弱了,而这些土地耕种者发现自己被与之前的贱民归为了一类。传统上,这些贱民遭到轻视:评论家海保青陵(1755—1817)①写道,这些贱民其实是"蛮夷"而非天照大神的子孙,因此他们不同于日本人。他继续说,他们看似日本人,但却怀藏"不洁之心"。海保青陵在文中进一步建议,成年的贱民必须黥面,以便于人们能够更加轻易地辨别,因为"不洁之心"显然从外表上很难直接发觉。然而,尽管存在着这种歧视的传统,明治政府还是于 1871 年废除了贱民身份,完全取消了此前德川时代的社会等级制度。为此,美作血税一揆(1873)于两年后爆发,并以暴力针对过去的贱民群体。

在一定意义上,暴力爆发于美作并不令人感到惊讶。在这个地区,农民与贱民部落之间的紧张关系由来已久。19 世纪早期,该地区的贱民占到总人口数的约 7%,高于日本的平均比例(2%—3%),但与西日本的其他地区基本持平。通常情况下,贱民部落持续饱受着贫困的煎熬,即使是在明治维新颁布《解放令》之后也是如此。明治的各项改革、"血税"传闻与贱民的暴力传统勾勒出了这场叛乱的基本轮廓。美作地区的暴行始于一位当地居民笔保卯太郎掀起的一场反明治新政权的暴

181

---

① 江户时代儒学者、经世家。

动,他利用了一个谣言——据说有人打劫在乡村游荡的人,取其鲜血与脂肪,卖给西方人。起初,笔保卯太郎组织这场叛乱是为了抵抗那些假想中的血税征收者,但是叛乱迅速蔓延到了附近乡村。在1873年5月的六天中,一揆扫遍了美作地区,目标是当地官员与近期刚刚得到解放的贱民。很明显,一揆仅仅毁坏了官员的财产,但却杀死了被解放的贱民,18人遇害,数十人被打伤。起初,一揆以近世"打毁"的典型方式毁坏财产,但在叛乱的最后几天里,他们开始不分青红皂白暴力纵火。当局镇压了叛乱,逮捕了元凶,并从审讯中清楚得知,农民感到被解放的贱民对他们缺乏尊重。一个元凶供认道:"自《身份解放令》之后,那些在津川原村的原本的秽多们便忘记了自己曾经的地位,并在诸多场合表现得极不礼貌。"[①]对贱民的解放因此带来了巨大的社会压力。进步的明治改革却造成了乡村的进一步分裂和暴力,而美作地区凶残的暴行只是其预兆而已。

通过"地租改正"(1873),政府承认农民拥有土地所有权,而非像之前那般仅仅为大名领主耕种,同时税收政策也出现了根本性的变化。在德川将军们统治之下,农民将收成的40％—60％作为"年贡"上缴给当地领主,但是明治政府改为土地估值的3％。通常情况下,这意味着大约33％的收成,但由于农民用货币交税,交出的这部分收成的数量取决于市场上的粮价。因此,明治革命代价的主要压力就落到了农民的肩上。1875至1879年,明治政府超过80％的财政收入来源于农地税。1882至1892年,这一数字上升到了85％。明治改革家们将其视为保护日本羽翼未丰的工业部门的必要手段。由于米市的变动难以预测,地税的绝对价值事实上翻了一番,这迫使许多小农债务缠身、丧失财产。在许多情况下,他们成了佃农,这种情况遍及日本各地,一直持续到1945年。

正如我们在"美作血税一揆"中看到的那样,"血税"(其实是兵役),往往与沉重的地税相伴随。1873年,明治政府强调通过征兵服兵役的

182

---

① 冈山县史编纂委员会编:《冈山县史·卷10·近代I》。

重要性:"(万事)皆以兵役优先,其后便可自由择业……若要获得自己想要的自由,则须服兵役。"①尽管使用了高尚华丽的辞藻,但冈山县的农民与美作市的同行一样,仍相信政府"将强征青壮,道悬其身,抽尽其血,以供西人饮用"②。随着这些野蛮谣言的散播,反征兵骚乱在诸县相继爆发也就不足为怪了。问题在于,由于往往境遇悲惨,许多农民的观念并没有完成从德川统治向明治统治的转型。福泽谕吉有一次在与孩子度假期间,偶遇了一位骑马的农民,这个农民立刻下马并把马给了福泽谕吉——福泽曾是武士。福泽谕吉解释道:"根据维新政府的法令,任何人,无论士农工商,皆可自由骑马而行,毋须向路上相遇之人下马行礼。"③由于许多农民认为自己仍处在封建义务的镣铐之下,因此兵役被视为某种改头换面的强制劳役,甚而是明治政府向干渴的西方人送血的途径,也就毫不意外了。正如一个反兵役运动的领导者所抗议的:"若应召入伍,将六七年不得释,还将受尽苦难。"兵役其实是三年而非六年,但仍令人不安。此外,还存在着数不清的免役群体,包括纳钱代役,这种不公之举直到 1889 年才被政府最终废止。

在明治早期,乡村暴乱肆虐,这也成为测量明治改革所产生的不断上升的社会压力的晴雨表。单单 1868 这一年,由于各种不满——包括征税、征兵、贱民解放、基督教传入与霍乱疫苗接种等——就爆发了大约 180 场骚乱。1873 年,即美作一揆同年,位于南方岛屿九州的福冈就发生了 30 万人参加的暴乱,起因在于他们获悉粮价高企是由囤积造成的,这是江户时代对更富有的农民常常抱有的一种怀疑。政府派遣军队并成功镇压了这些叛乱,处死或监禁了多名元凶。1876 年,政府过分征收地税以至于高出市场价值,三重县农民的和平抗议于是转向了暴力抵抗。抗议很快遍及日本中部地方,但政府还是成功将其压制。最终,大约 5 万人由于参与其中而被政府处以罚款或判刑。1877 年,

---

① 日本国立公文书馆所藏:《征兵令并近卫兵编成兵额等伺》。
② 静冈县编:《静冈县史·资料编 17·近现代 2·征兵与征兵忌避》。
③ 选自富田正文校订:《福翁自传》。

被边缘化的前武士与明治的征兵部队开战,以西乡隆盛(1828—1877)[①]戏剧性的自杀而告终,乡村的农民暴乱才最终开始消退。然而,农村地区的贫困依然存在。1881 年,由于大藏大臣松方正义(1835—1924)的通货紧缩政策,农业的贫困持续折磨着日本的乡村。1883 年,约有 33 845 家农户破产,然而仅仅两年以后,便增长到了108 050 户。

松方通缩财政(1881—1885)使许多村落备受打击。神奈川县的一位富农和村落首领写道:"因为价格不断下跌,以及养蚕业与纺织业的普遍低迷,(他们)无力偿还债务。(他们)就如蝼蚁般被放高利贷者狠狠地踩在脚下。"[②]他警告道,如若没有救济,农民就会转向暴力;但政府置若罔闻。结果,1884 年,日本中部与东部全面爆发暴乱,最终导致秩父事件(1884)[③]。那一年,生丝价格下跌了 50％,次年,庄稼歉收,农民因而陷于赤贫的凄惨境地。放债人针对秩父农民实施了残酷的横征手段,而农民们请求债务救济的尝试未能成功。为此,农民与当地政治活动家组建了困民党,要求延期偿付债务并得到其他形式的金融援助。推翻明治政府亦是其主张之一。在秩父,自由党——一个致力于自由民权运动的全国性政党——的成员也成了困民党的支持者。

自由党乃是明治政治变革所产生的革命之火的产物。其创建者板垣退助与后藤象二郎受到英国哲学家约翰·斯图亚特·穆勒的影响,呼吁建立"国会"。为此,他们附和坂本龙马在江户末期提出的"船中八策"。主张建立国家立法机关[④]并且还政于天皇朝廷[⑤]是"船中八策"的重要内容。1881 年 10 月,板垣退助等人正式组建自由党,这个政党致力于自由民权运动和成立"国会"。自由党与自由民权运动至少部分地

184

----

　　①　江户时代萨摩藩士,明治时代军人、政治家。

　　②　神奈川县县民部县史编集室:《神奈川县史·通史编 4·近代、现代(1)·松方通缩与县下之情况》。

　　③　秩父事件,1884 年 10 月 31 日—11 月 9 日埼玉县秩父郡爆发的农民武装蜂起。

　　④　或指"船中八策"中"设上下议政局,置议员以参万机,展公议以决万机"。

　　⑤　或指"船中八策"中"天下政权还于朝廷,政令应当出于朝廷"。

受到了新传入的西方"民权"思想的驱动,这些思想驳斥了传统的儒教等级制度与明治寡头统治。在明治早期,一股西学的洪流席卷了日本思想界,尤以穆勒的《论自由》、让－雅克·卢梭(Jean－Jacques Rousseau)的《社会契约论》(1762)中所表述的"民权"观念为代表。两位杰出的思想家,大井宪太郎(1843—1922)[①]与植木枝盛(1857—1892)[②],通过《自由新闻》[③]与其他出版物,开始在乡村传播"民权"观念等西方理念。他们呼吁进行土地和税收改革,并坚称确保"个体之自由"与"行动之自由"乃是任何开明政府的基本"义务",而开明政府正是明治政府所标榜的。重要的是,就在福岛与秩父爆发暴力叛乱仅仅数月之前,两人皆造访了两地。

然而,在秩父,自由党刻意与困民党保持距离,他们指责困民党掌控在"极端主义者"手中。这一断言并非空穴来风:1884 年,一桩暗杀政府官员的密谋被揭发,在政府采取行动之前,困民党在茨城县加波山[④]宣布叛乱。他们的告示明显受到了"民权"的影响,上面写道:"原本建国之要便是明众生平等之理,保障上天授予每个人民的福利……因此奸臣祸乱朝纲,蔑视上圣天子,对人民矣无收敛,以致饿殍满地。"他们聚集在加波山是要"颠覆自由公敌之专制政府"。[⑤] 困民党组成了一支农民部队,其首领田代荣助(1834—1885)是一位罗宾汉式的侠客。他曾言:"锄强扶弱乃吾之天性。"1884 年 11 月,田代荣助的"革命军"向县府大宫进发,期间肆意破坏放债人的房屋与公共建筑。"革命军"甫抵大宫,其成员就增加到了 8 000 人左右。他们正式宣布成立"革命政府",田代荣助担任总理。最终,当局控制住了这场叛乱,俘获了将近 3 000 名叛乱者,田代荣助也遭逮捕并被判死刑。

到头来,秩父事件并未将人们的注意力转移到受尽忽视的日本乡

---

① 明治时代政治家、社会活动家、律师。
② 明治时代思想家、政治家。
③ 明治时代自由党刊行的机关报。
④ 位于茨城县樱川市与石冈市境内。
⑤ 宇田友猪、和田三郎编:《自由党史·下》。

村。及至 20 世纪初,日本的城市与乡村之间的生活差异已令人瞠目结舌。城市中满是西式发型、餐馆、剧院、火车、煤气灯(后来是电灯)、电报、报纸、交际舞以及大量其他文明开化的娱乐,而乡村仍身陷困顿之中。1874 年,善于观察的福泽谕吉曾写道:"(政府之)目的,似是以农业劳作之果给养东京之花。"一位曾经担任助理医师的作家观察道:

> 没有什么事比成为一个农夫更可悲了,尤其是日本北部的贫农。那些农夫穿的是破衣,吃的是粗粮,又子女众多。他们皮肤黝黑,如同那布满尘埃的灰墙,其肮脏、了无生趣的生命就好比那些匍匐在地、舔土为生的昆虫。

西方文明的传入撕开了一道鸿沟,这道鸿沟横亘于城镇与农村、受教育者与未受教育者、达官贵人与平民百姓以及总而言之——富人与穷人之间。没有哪里会比乡村更能深刻感受到日本持续增加的痛苦,乡村的许多农民承受着明治改革的压榨与负担,却很难享受到 19 世纪日本文明开化的果实。这种情况在很大程度上持续存在,直到美国占领期间废除租佃制度并发起诸多激动人心的改革。

186

## 近代的灭绝

但是,遭受到明治改革压榨的不只农民。当日本迈入 20 世纪,明治的备项政策对野生生物也造成了巨大的压力。在近世日本,神道与佛教都将野生生物视作神圣的造物,是神的象征或是神的使者。在佛教看来,生命的连续与灵魂的轮回意味着任何祖先的灵魂都可能栖息于非人的动物体内,因此人们往往怀抱着怜悯之心对待动物。在早期佛教理论中,森林与山峦以及居住其间的动植物都作为神圣的空间承担着重要的使命。例如,在僧侣良源看来,植物的生命周期象征着佛教领悟的过程。他思悟道:"种子发芽其实是其对悟道的向往,坚守原地其实是对戒律的遵守,结果是悟道所得。"因此自然而然的是,神社及其鸟居往往位于森林边缘。因为神道将野生生物视为神降,狐狸等动物便与稻荷信仰等特殊形式的宗教行为相关联。许多日本人相信,狐狸与狸猫拥有变形的能力,而当其变形时,通常会变成恶作剧的骗子或是诱惑樵夫的美人。

尽管被神化的非人动物或许力量强大,但内在的神性并不能保佑它们免受榨取。即使在德川将军们统治之下,也有买主从城中屠户处购买大量的野味。一位欧洲的观察者写道,在江户屠户处,买主大量购买"家兔、野兔、野猪与鹿"。江户的料理书中还有炖野猪这道菜谱,以及许多其他野味的烹饪方法。近世日本人甚至还想过灭绝某种野生生物。1700年,在位于九州与朝鲜半岛之间的对马岛,当地藩士发起了一场长达九年的灭绝野猪计划,导致这些顽强的有蹄类杂食动物近乎灭绝。在灭绝运动期间,藩士用栅栏将这个岛分成几块并逐一消灭其中的野猪。长崎有一些家养猪,这里由于贸易而受中国的影响最甚,除此之外,德川统治下的日本几乎没有动物饲养业。在很大程度上,由于重视包括非人力劳动力在内的各种劳力,明治以前的日本很少饲养家畜用于人类消费。在片山潜(1859—1933)①的回忆录关于耕种的片段中,我们可以看到,对于动物在劳作中的利用和对其的怜悯之心混合在一起。作为一个著名的社会主义者,他描述了明治之前与家畜一起耕作的场景:"我出身于一个农业家庭,也作为农民干活。家中的耕牛对于犁地来说,是必不可少的,甚至被我们当成家庭的一分子。我跟在耕牛的身后劳作,并从中获利。对此至今记忆犹新。所以要我宰杀家畜食用,是万万动不得的念头。"②

随着明治工业化的到来与经济的发展,野生生物承受着日益增长的压力,这导致了部分敏感物种数量减少。日本的两类亚种狼——日本狼与北海道狼——的命运,便是经济扩张对全日本野生生物造成压力的最好例证。在早期,人们将日本的狼与神圣的传统结合在一起。例如,《万叶集》中保留着关于"大口能真神之原"③的和歌,它描绘了一

---

① 日本劳动运动家、思想家、社会主义者、社会事业家。
② 片山潜生诞百年纪念会编:《片山潜著作集·卷一·我走过的路》。
③ 《万叶集·卷8》。

种向神圣的狼穴祈祷的场景。日本人将狼称为"大神",按照发音可以
理解为"伟大的神",而且日本的很多神社都有祭狼的传统。京都府大
川神社①的大明神以狼为神使,而崎玉县三峰神社②的两位传统守护神
便是狼。有趣的是,三峰神社的历史与日本历史上佛教、神道的兴衰起
伏是一致的。在其早期历史当中,三峰神社混杂着天台密教、真言宗的
要素,包括修验宗,即山岳信仰等;但在明治维新以后,官方将其划为
"神佛分离"③的指定地,三峰神社清除了大部分佛教的要素,成了明治
官方体系中的神道神社。即使在作为官方神社期间,三峰神社依然保
留着独有的狼绘,包括带有狼图案的额绘与御守(图16)。

　　神佛分离乃是明治国家主义推广和扩散过程中的重要部分。神道
的神成了明治维新合法性的重要来源,如本居宣长(1730—1801)这样

图16　三峰神社所藏绘有狼图案的额绘

---

　　①　大川神社,位于今京都府舞鹤市。
　　②　三峰神社,位于今埼玉县秩父市。
　　③　神佛分离,即反对神佛习合、强调神佛、神社寺庙、神道佛教的分离,1868年12月1
日,明治政府颁布《神佛判然令》。

的近世本土主义思想家所述,神道的神乃是完全本土的神,并未受到大陆影响的污染。明治的改革者们强调,日本天皇的家谱可以追溯到天照大神,而且根据前面章节提及的文献所述,某些特定的神创造了日本列岛①。这些改革者认为,佛教诸神玷污了日本本土的神,而这种思想促使日本重建其宗教版图。明治改革者们下令,将原本混在一起的神"社"与佛"寺"强制分离,而且将新设计的"神道"与日本帝国联系在一起,这种神佛分离的传统由此持续至今。天皇不仅成了日本的最高君主,还是神道国家的宗教领袖。例如,明治维新以后,四国岛的象头山②的剃度僧放弃了佛教信仰,将当地的寺庙更名为金刀比罗宫③,这很明显是一个神社的名字,从而将这一宗教设施牢牢嵌在国家神道体系之中。正因如此,金刀比罗宫为了打击外国宗教,积极宣扬神道学说,并奉贺帝国。

尽管农民与其他人在神佛习合的神社中崇拜日本狼,并将绘有狼的护身符放在土地周围,希望这些土地免遭熊和鹿的觅食而带来的破坏,但明治政府致力于推广家畜大牧场等所谓科学农业,从而将狼贬低为一种"有害"生物。甚至在明治维新以前,为了保护金贵的幼马免遭狼群捕食,日本东北地区为武士饲养坐骑的农民就已开始从事某些猎狼活动,而且狂犬病于18世纪的传播使得狼变成了一种潜在的危险生物。但是,捕杀狼与灭绝狼毕竟是不同的,后者乃是明治政策的产物,这一政策在很大程度上由美国农业顾问引入日本,他们有着相当丰富的灭狼经验。

艾德温·谭恩(Edwin Dun,1848—1931)④就是这样一位顾问。

----

① 根据《古事记》,世界之初,高天原上依次出现三柱神(天之御中主神、高御产巢日神与神产巢日神)、二柱神(国之常立神、丰云野神)等,即神世七代。神世七代最后出现的伊邪那岐命与伊邪那岐命创造了日本岛,两神结合诞下天照大神、月夜见尊月读命和建素戈鸣尊速。

② 象头山,位于香川县西部。

③ 金刀比罗宫,位于香川县仲多度郡琴平町,明治维新"神佛分离、废佛毁释"运动之前原为真言宗松尾寺金光院。

④ 明治时代雇佣的外国专家、兽医师、开拓使。

1873 年,在一位当地家畜中介商的推荐下,艾德温·谭恩从俄亥俄州抵达日本。在新设立的开拓使的指挥下,艾德温·谭恩被雇来监督北海道(就是前面几个章节中讨论到的虾夷)的家畜产业的发展。作为著名的"北海道农业之父",艾德温·谭恩将羊、马、牛等家畜设为北海道未来农业发展的重点,这极大地背离了过去日本的种植业。正如学者熊泽蕃山(1619—1691)[①]所言,德川新儒教统治下的日本人相信,"五谷民之财富也",而其他经济要素皆不过是"五谷之佣仆"。[②] 但是,明治政府致力于畜牧业以及其他西方科学农业要素的建设,这使日本人开始关注非人动物的生产,也改变了狼在日本人观念中的位置。正如一份政府报告所指出的,当日本迈入 20 世纪之时,这个近代国家已经经历了一场"屠宰业的革命",全国各地大约建造了 1 396 家屠宰场。在 1893 至 1902 年间,屠宰场的雇员屠宰了约 170 万头家畜,以满足近代明治国家强身健体的需求。发展家畜饲养及其生产的食用肉意味着,狼不再是在庄稼地里狩猎野猪与鹿的"大口能真神",而是必须灭绝的"有害动物"。明治近代化已经完全改变了日本人对野生生物——尤其是狼——的看法。

　　在北海道,鹿是狼重要的捕猎物种,而鹿的消失是狼不得不捕猎马的原因之一,这也突出表现了环境的转变。1873 至 1881 年间,猎人们从北海道出口了大约 4 万头鹿的皮毛,这使得狼最主要的食物来源几乎被消耗殆尽。狼转而捕食马作为代替,而马在逐渐形成的日本帝国当中发挥着重要的军事作用。随后,北海道开拓使对捕杀狼和熊的进度进行监督,以期将其从北海道彻底抹去。在明治时代头三十年里,猎人(其中许多是阿依努人)已将北海道的狼捕杀得近乎灭绝。重要的是,我们绝不能低估北海道以及日本本岛上狼的灭绝的文化和生态意义。在日本的古代史书与诗歌集中,狼与帝国统治、儒教文化息息相关,而在北海道,阿依努人相信,自己是狼与一位神话传说中公主的后

190

---

① 江户时代阳明学者。

② 熊泽蕃山:《集义外书》。

191　代。在明治的语境下,猎狼与狼在世纪之交被最终灭绝代表着某种神话意义上的弑父行为,改革者通过帝国赏金制度与其他灭绝技巧与技术,杀死了过去泛灵论的诸神,并代之以新的帝国制度。而对于阿依努人来说,日本天皇则成了他们被殖民世界的新神。在几十年成功的灭绝运动之后,日本本土最后一头狼于 1905 年被捕杀。明治改革不仅改变了日本人的政治、经济与社会,还极大地重造了这个国家的生态肌理。整个日本的版图已变得现代化,出于工业化人口需求而对牛羊的饲养取代了之前数个世纪对野生动物的崇拜。尽管早期的农业不无贡献,但狼的灭绝乃是日本对人类世作出"贡献"的最初标志之一,人类世作为一个地质时期,其特征在于人类根据自身需求改造地表,另一个特征则是所谓的"第六次物种大灭绝"。

## 开拓新的能源体制

　　捕杀狼群所代表的激进重塑,它所针对的,并不仅仅是日本的国家生态系统,还有地球的基础生物多样性。与之相类似,明治时代向化石能源经济的转型也是日本历史上最为重要的转变之一。基于化石能源与气候变迁之间存在的联系,这种转型也代表了全球史乃至最新地质时期当中的一次重要转变。明治维新以前,日本主要利用木炭与木材,这些可再生能源源自那些或多或少被精心管理的森林。正如我们已经看到的,近世大名在其藩内的森林内往往实施合理的育林措施,以期保护森林免于未经许可的采伐。他们还对木炭业的柴火采集加以控制,并保护野生生物免遭狩猎。城堡与寺庙需要木材,城下町的建设亦是如此,而各藩藩主向都城江户等地出口木材并从中获利。木柴和水力等可再生能源以及人畜劳力为日本的原始工业经济提供了力量。

192　　　1868 年以后,在齐心协力发展工业化的进程中,日本转而开始使用煤炭。暗含在能源变化中的则是日本政治结构的革命与激进的地理空间重组。由于垂直地理上工程构造的新进展,蕴藏在地底深处的碳能源被开采出来。在很多方面,明治的故事都与能源转变有关:为了工业化,需要重组人力能源,使其以新的劳动形式呈现出来;为了以更少的农业劳动养活更多的人口,需要采取新的科学农业的生产方式,从而生产出更多的卡路里能源;为了给工业化的日本提供燃料,需要开采地球上不可再生的化石能源。

有很多原因让这种能源转型变得十分关键:在过去的千年中,日本的历史第一次在地下展开。截至1868年,日本的历史是在水平方向展开的,无论是在国内的地表,还是在帝国的地表;然而,1868年以后,向地下垂直延伸开始成为发展方向。与此同时,在日本以及世界任何地方,化石燃料的时代都创造了大众政治的新形态。在第一批组织成为激进工会的群体中,矿工和运输工人便位列其中;通过总罢工的示威,这一批工人慢慢地在一个又一个国家使政治实践不断民主化。与其他地方一样,在日本,煤矿也成了暴力抗议、劳动工会发展以及在更长期意义上政治参与扩大的重要场所。并不令人惊讶的是,我们在导论中提及的石本静枝及其进步的男爵丈夫石本惠吉等活动家,最初正是在九州的煤矿积累他们的政治经验。实际上,就像采用西方的政治哲学一样,日本对化石能源的利用也在一开始就为民主化提供了可能。

日本的全国煤炭产量反映出了这一近代能源的转型。1874年,全国产量为20.8万吨,但到1890年,这一数字便上升到了300万吨以上。到1919年,日本的煤炭产量已经达到3 100万吨。然而,对这些不可再生的太阳能储备的依赖毕竟是有限度的。首先,地球的煤炭与石油储备总是有限的,包括那些已开采过的储量丰富的煤层在内,日本最好的煤田均位于九州北部与北海道。近代日本的化石燃料文明因此受到了自然与地质条件的限制。此外,化石燃料燃放导致的气候改变也使得人类社会转而成了影响地质的动因。简单地说,气候变化导致地质转变的进程,可以追溯到1774年①詹姆斯·瓦特(James Watt,1736—1819)的蒸汽机;这使得矿工得以将水排出井筒外,从而极大地提高了可开采煤矿的储量。就此而言,象征着工业时代开启的蒸汽机也成为历史与地质转变的一个分水岭,即工业革命与人类世的开端。地质不再仅仅是自然的板块

---

①　原文如此,疑有误,应为1774年。

构造、火山活动与水土侵蚀的结果,同样也是各种价值驱动的人类决策的产物。这其中就包括了明治维新所蕴含的价值。在进入 20 世纪之前的数十年中,推动日本进入化石燃料时代的各个煤矿以惊人的速度高速发展。但随着这种增长而来的便是长远的危机。

在明治时代早期,国家掌控了许多煤矿,例如九州的三池煤矿。自 1873 年起,监狱犯人开始在三池的许多煤田劳动,甚至直到三井于 1888 年买下煤矿之后也是如此——这一收购是大藏大臣松方正义低价抛售国有工业计划的一部分,催生了规模庞大的日本财阀。直至 1933 年,三池煤矿才终于停止使用监狱劳动力。为日本煤矿劳作的也有一些女性劳动力。一位三池煤矿的女工回忆道:"你始终处于可能丧命的危险之中。随时可能坍塌。发生了好几次瓦斯泄露。蓝色的火球会穿过整个煤矿。噪音震耳欲聋。"三池煤矿于 1963 年发生爆炸,458 人遇难。日本最大的煤矿事故则发生于在此之前的 1914 年,九州北部的方城煤矿发生爆炸,致使 687 人遇难。

方城煤矿事故集中体现了垂直的地下版图中所蕴藏的新危险。方城地区主要的矿脉发现于 1897 年。在接下去的十年时间里,工程师铺设了通往这一煤矿的铁路,建起了矿井罐笼,使矿工能够以近乎失聪的速度快速降到地下数百英尺的地方。到 1913 年,方城煤矿年产大约 23 万吨高质量的烟煤和无烟煤。从更广泛的地区来看,方城煤矿所在的筑穗地区那年生产了 1 000 万吨煤,接近日本煤炭生产总量的一半。方城煤矿是垂直的,但它却在水平蔓延开来的日本帝国中起到了核心的作用,因为它为促进日本扩张的船舶与火车提供了燃料。鲶田与田川矿坑的煤炭提供了惊人的能量——每吨煤 7 353 卡,这对日本步入化石能源时代发挥了关键性的作用。

到 20 世纪初,福冈县的煤矿事故——包括塌方、化学爆炸、冒水、窒息、瓦斯或煤矿粉尘爆炸等——大幅增加,夺走了数以百计的生命。在筑穗地区,1899 年,丰国煤矿发生瓦斯爆炸,210 名矿工罹难,后来在 1907 年,同一煤矿的事故导致 365 人死亡。1909 年,大之浦煤矿矿难导致 256 名矿工死亡,八年后,还是这个煤矿,365 人罹难。可见,方城

194

煤矿的爆炸事故既不是孤立的,也非个别异常,同样,严重破坏脆弱的地下环境的这些爆炸,其成因也既非孤立又非异常。

一位勇敢的地方官员在受命进行了正式调查后认定,矿粉爆炸是由一个坏掉的安全灯引起的。他在对竖井中的焦炭和其他燃烧物质寻踪追迹后认定,着火点接近"$7\frac{1}{2}$斜道"与"第 16 横道"的交汇处。强大的爆炸冲击波从这一位置开始沿着竖井席卷开来;大部分矿工被活活烧死;而当猛烈的火焰耗尽竖井中的氧气时,其他矿工则窒息而死。这位地方官员在一个安全灯的网罩内发现了少量的焦炭粉尘的痕迹。安全灯的网罩被设计成只许氧气进入,不许矿粉或甲烷瓦斯等可燃物进入。这个坏掉的安全灯属于广岛人根来要次郎,他与妻子志津、长女初代一同在矿井工作。爆炸过后所作的地图表明,在"$7\frac{1}{2}$斜道"与"第 16 横道"的交界处发现了六具尸体。其中两具几乎可以肯定就是根来要次郎和死在他身旁的妻子。在硬岩矿中,关于"山神"的迷信认为女人只能待在地面,与之不同的是,男女都可以在煤矿工作,还往往组成队伍。尽管斜道和竖井组成的纵横交错的日本地下帝国内充斥着危险, 195但方城与其他任何地区开采出来的煤矿依然支撑着近代日本的建设,就像今日的石油所起到的作用一样。

## 近代的金属

足尾的硬岩矿也对日本的工业化起到了重要作用。起初,两个农民在地处江户以北的足尾发现了铜矿,并报告给了佛教禅寺日光中禅寺[①]。不久,江户幕府开始对铜产生了兴趣。17—18 世纪,稻米与硬岩矿支撑着德川的权力,将军向中国与荷兰出口了数千吨铜。1684 至 1697 年间,日本流出了大约 55 000 吨铜。明治维新以后,铜与铜制电线背后的电气化技术跟日本的工业化息息相关。1870 年设立工部省之后,伊藤博文(1841—1909)写道,该部门的目的在于"通过迅速利用西方工业技术的力

----

① 中禅寺,位于今栃木县日光市。

量来弥补日本的不足。在日本,按照西方模式建造各种机械装备,包括造船厂、铁路、电报、工矿和建筑,以此跨越式地向日本人灌输启蒙思想"。对伊藤博文与其他明治改革者而言,日本"文明开化"的关键在于加速工业化的"殖产兴业",而铜制电线对此至关重要。到1895年,4 000英里左右的铜电线已经将日本牢牢地与崭新的近代文明开化绑到了一起。

实业家古河市兵卫(1832—1903)于1877年买下足尾铜矿,这为上述抱负提供了某种可能性。1884年,丰富的铜矿矿脉在此被发现,此后,足尾铜矿产出的铜占了全日本的25%,且还在不断上升。然而,伴随着铜矿产量增长的却是环境污染的迹象,以及对矿区周边人身健康的危害。在那些受足尾铜矿侵蚀和有毒尾矿污染的地区,出生率大幅降低:栃木县未受污染地区的出生率徘徊在3.44%左右,但在受污染地区,这一数字下降到了2.8%。与之相似,栃木县未受污染地区的婴儿早产死亡率为1.92%,而受污染地区的数字则翻了一番都不止,达到4.12%。此外,栃木县的母亲们很快就开始抱怨与环境毒害相关的母乳不足和其他问题。这种种身体的征兆形象地表明,即使是在日本工业化迅速发展的地区,人的身体还是不可避免地与周边环境联系在一起,特别是在活跃矿区的下游地区。

流经足尾铜矿的渡良濑川①的河水开始呈现出一种"青白色",当地人报告说河面漂着死鱼。曾在河中玩耍或是蹚过水的孩子,腿上出现红色的溃疡。渔业收成急剧减少,当地经济备受其害;由于足尾铜矿的熔炼作业导致了酸雨,附近的养蚕桑园迅速凋零。众所周知,日本的铜矿含有大量的硫,其含量占到矿石的30%—40%。足尾铜矿的熔炉向空气中排放了大量的二氧化硫,产生的酸雨覆盖数千公顷。此外,渡良濑川也成为矿区产生的砷向外排放的一个高效载体。当渡良濑川于1890年、1891年与1896年暴发洪水时,化学有毒物质的混合物浸泡了更多的农田,导致数千公顷土壤被覆盖在富含硫与砷的淤泥中。洪水过后,留下了月球表面一般的地形,而农民们则把这一新工业造成的景

---

① 日本关东北部利根川水系一级河流。

象比为"阿鼻地狱"。

　　如果说明治的文明开化产生了众多拥护者,如勇敢的福泽谕吉或是积极的石本静枝,那么,它也同样招致了批判,这也成为日后全球环境运动的先声。田中正造(1841—1913)便是批判者之一(图 17)。田中正造在日本新成立的国会发表的演讲可谓振聋发聩,我们可以在其

197

图 17　田中正造像

中发现对日本近代化的强劲而持久批判的核心要素,这种批判在 2011 年 3 月的"三重灾害"后重新引起了举国的关注。日本的历史证明,许多人身伤害其实是明治日本快速工业化所导致的后果。

20 世纪之初,田中正造便意识了日本所面临的这些环境威胁。他出生在渡良濑川流域,就是变成"阿鼻地狱"的那片土地,也亲身见证了足尾铜矿所直接导致的巨大破坏。1890 年,就在日本第一次国会选举期间,田中正造成为代表栃木县的国会议员。一年后,在国会讲坛上,他严厉谴责明治政府未因严重污染而暂时关闭足尾铜矿。他以雷鸣般的声音大声疾呼:"足尾铜矿的有毒污水……自从 1888 年以来,已经给渡良濑川两岸的所有村庄造成了沉重的损失与苦难。"他预见了 20 世纪日本的工业化进程中将会出现的各种病体,并继续说道:"当农田遭受毒害,饮用水被污染,甚至是堤坝上的树木与植被也受到威胁,没人能够说清楚未来会有怎样灾难性的后果。"到了 1897 年,足尾铜矿下游环境的恶化引发了基督教人文主义者内村鉴三(1861—1930)①的沉思:"足尾铜山矿毒事件乃大日本帝国之污点……如果不将其消除,吾国上下无荣耀尊严可言。"②田中正造还极尽文章之能抨击明治寡头政治。他将农商务省比作"古河金钱操控下的罪犯俱乐部",指责内务省乃"一群妖孽"。儒者熊泽蕃山曾言,"五谷民之财富也",田中正造回应这一言论,将矛头指向了足尾铜矿的所有者古河市兵卫,他认为明治政府"已被操控在那些叛徒的手里。当古河蹂躏那些赋予这个国家生命的田地时,他们却还在给他歌功颂德"。

1902 年的洪水过后,为了建造大面积的蓄水池,明治政府计划将数个村庄夷为平地,其中就包括栃木县的谷中村。田中正造因"对官员无礼"而在东京经历了一段牢狱之灾,在此之后他回到谷中村,反抗强制迁移和对村落的破坏。他说道:"我一定会来,这是自然而然的事情。"谷中村成为田中正造反抗明治政府的象征性中心。当政府开始

---

① 日本基督教思想家、文学家、传道者、社会评论家。
② 内村鉴三:《矿毒巡游记》。

"强买"谷中村之时,田中正造称"政府与子民为战"。在为谷中村抗争期间,田中正造将自己的哲学思想凝结为"爱护山林,爱护河流",这比奥尔多·利奥波德(Aldo Leopold,1887—1948)[①]的"像山一样思考"早了好几十年。田中正造写道:"爱护山,你便必须心系于山,爱护河,你便必须心系于河。"在机器轰鸣、烟囱冒烟、蒸汽挖土机不停耙梳推进工业化的日本明治时代,这是对环境意识的孤独的呼吁,但却预视了环保在即将到来的世纪中的重要性。田中正造将自己的生命与日本环境的存亡联系到了一起。"如果它们死去了",他说的是日本的山与河,那么他自己也"必然如此"。他还在给朋友的信中以第三人称写道:"他若倒下,必是因为阿苏郡与足利市的森林河流正在死去,而日本亦然……若有人前来问候,希望他康复,那就让他们首先恢复那些被破坏的山河森林,那样正造便会恢复健康。"

## 结语

明治维新将"文明开化"带到了日本,在几乎所有近代化与工业化的指标上都大大推动了这一国家,但也导致了一系列短期或是长期的代价。新的政治体制、国家税收的方式、快速工业化以及复杂的发展方案都给日本最脆弱的人群与环境造成了沉重的负担。明治改革家尤其压榨日本的农业人口,在"非人"的贱民获得解放与建立"平民"(包括了绝大多数的农村居住者)阶级后,点燃了原有"德民"与"贱民"之间的凶残暴力。另外的短期代价包括对当地环境的破坏,例如足尾铜矿使渡良濑川流域出现的环境恶化。这些矿区的尾矿及其造成的侵蚀和有毒洪水,使得原本肥沃的土地变成了名副其实的月球表面。但日本近代化所造成的长期的环境代价才刚刚开始引起关注。

能源——大量的能源——在工业化与创造近代生活方式中发挥着关键性的作用,而明治维新以后,化石燃料迅速普及到整个日本。工业经济的到来与大量燃烧产生温室气体的化石燃料等活动导致人为原因

---

① 美国生态学家、环保主义者。

的气候变化,而这又进一步加速了冰川融化与海平面上升等基础地质状况的改变,重新塑造了地球表面。作为一个沿海建设众多的岛国,海平面上升将使日本损失重大,特别是风暴潮与海啸导致的海平面上升,我们将在最后一章中回到这个主题。任何一个高度工业化国家的历史都必须牢记,转向化石燃料对环境造成的长期危害,这是因为,尽管所有的生物都会分担这种有害后果,但人为原因导致的气候变化的责任只在于为数不多的几个工业化经济体——日本恰恰是其中之一。

# 第十一章　日本帝国的诞生
# （1800—1910）

历史学家通常认为,后明治时代的种种力量塑造了日本帝国的走向,这一判断大体上是正确的。通过"黑船事件"等对外交往以及"不平等条约"等国际协约,明治时期的决策者认识到,建立帝国是西方国家现代性必不可少的组成部分,这在增强经济实力方面的效果尤甚。帝国是所有列强共享的特征,如果日本希望加入他们的行列,那么这一岛国也必须建立起自己的帝国。当然,对日本的决策者而言,这并不是一个全新的教训。日本之前早已有过殖民实践,这些实践并不必然源自与西方的艰苦交往,而是源自与南方的琉球人和北方的阿伊努人的交往。1609 年,萨摩藩征服了琉球王国(冲绳),将这一列岛变为某种受其保护的领地。在北方,德川幕府的官员则为其在北海道南部缓慢而渐进的殖民化自我辩护,这种辩护并非以国际条约和全球商务的话语为载体,而是通过儒家规范的话语,以及对更重要的贸易的必要性的叙述。最终,前现代力量与现代力量相纠缠,为日本向大陆扩张并建立"大东亚共荣圈"提供了正当性,而在此过程中,日本的帝国利益也与美国及其欧洲盟友的利益产生了冲突。

## 北方的殖民

江户幕府的最后几十年间,日本开始尝试殖民实验。1802 年,在松前藩统治两个世纪之后,幕府在函馆设立地方行政机构,相当于北方总督府,并开始由江户决定北方及其阿伊努住民的各项事务。在某种程度上,沙俄对千岛群岛以及库页岛的蚕食迫使江户幕府强化中央对北方的权威。在沙俄与中国签订《尼布楚条约》(1689)后,沙俄的毛皮猎人为了搜寻珍贵的毛皮进入库页岛,并于 17 世纪末在堪察加半岛建立了前沿哨所。以堪察加为据点,沙俄的毛皮猎人从当地和库页岛的阿伊努人处搜集毛皮,沙皇则将这些视为从北太平洋"被征服的顺民"处所征得的"贡品"。然而,阿伊努人并不总是俯首称臣。1770 年,在"择捉岛事件"中,沙俄杀害了数个拒绝向新主人进贡的阿伊努人。第二年,阿伊努人进行报复,伏击了库页群岛中择捉岛上的沙俄商人,杀死了至少十名俄国人。在战斗中,阿伊努人一路追到俄国人的船上,爬上船舷并用毒箭和棍棒袭击俄国人。尽管阿伊努人曾有过如此顽强的抵抗,但到了 18 世纪初,沙俄商人和探险家还是在日本北境扎下根来。

　　1778 年,两名俄国人在北海道东部登陆,试图与日本开展贸易。在北海道东部,他们遇到当地的一个松前藩的官员,该官员告诉他们,由于江户幕府实行海禁,他们最好快点离开,不然就会被偏执顶真的幕府官员抓起来。然而,两个俄国人在离开之前却把一些俄国制造的礼物送给了松前藩的官员。江户幕府获悉此事后,不免强烈怀疑最北的藩地违背将军的意志,正同沙俄暗中交易。幕府立刻派出官员佐藤玄六郎前往彻查这一与沙俄的非法贸易。佐藤在审问当地的一名渔业监督官员时发现,阿伊努人和俄国人之间正在进行贸易,大部分贸易是通过阿伊努语进行的,而一些俄国人也已经学习了阿伊努语。佐藤还了解到,沙俄制造的布料和其他商品已辗转销售至江户。虽然在北海道东部地区的日本商人对非法贸易之事守口如瓶,但阿伊努的酋长们承认,阿伊努人用毛皮从俄国商人那里换取了"精美的丝绸、印花布、棉织品,以及砂糖和药品"。针对与俄国人的贸易及松前藩的其他违法活动,幕府在 19 世纪初开始对虾夷严加管控。

　　正如英美殖民者证明其攫取美洲原住民土地的正当性,或者像欧洲各帝国所谓的"白人的负担"一样,日本也借助儒家的"仁政"来为攫取阿伊努土地辩护,或美其名曰需要将阿伊努人从疾病缠身中拯救出来。为阿伊努人提供医疗援助确实也是日本控制北海道的一个侧面。1857 年,江户幕府派遣医生为阿伊努人接种天花疫苗,成为这种控制的最高表现。通过与阿伊努人的接触,桑田立斋[①]等医生开始绘制日本全体民众的新边疆。在这一过程中,文化的框架也显得颇为重要:阿伊努人本来将天花视为神迹,而日本人在手臂上轻轻一扎就清除了这种神圣的、空气传播的致命疾病,这当然动摇了阿伊努人的信仰基础。日本官员也鼓动阿伊努人吸收日本人的生活方式,包括学习日语。总的来说,到 19 世纪初,日本开始在北方岛屿积累殖民经验,为在明治维新后正式将其并入北海道开拓使的治域铺平了道路。

明治政府倡导实现现代化,并使国家更好地融入臣民的生活之中,但日本对阿伊努的控制却改变了这一洪流。日本的政策从儒家式的"仁者爱人"转向对进化上相对迟缓的阿伊努人的殖民"保护"。20 世纪中,日本帝国的扩张常常披着传播"文明"的外衣——暂且不论在当时的历史时刻如何定义这一"文明"——并向被殖民者提供经济和其他收益。这甚至还包括强迫这些臣民改用日本人的名字。

这一对阿伊努人进行"保护"的政策转变,意味着明治政府旨在将当地迄今为止的猎人、采集者、商人转变成小规模农民的政策发端。明治政府这种家长式的政策在 1899 年出台的《北海道旧土人保护法》中得到了绝佳体现,该法案将 5 公顷的农业用地划分给阿伊努人。从根本上来说,明治政府试图通过这一政策来打破阿伊努人的文化自主性,并在 1878 年后将他们称为"旧土人",就像之前部落民被重新命名为"新平民"一样。萱野茂(1926—2006)[②]作为国会中的阿伊努人活动家,对明治时期的归化政策作出了如下忠实的总结:

　　《北海道旧土人保护法》等法律限制了我们的自由,首先是忽

---

① 桑田立斋(1811—1868),江户时代兰医。
② 日本阿依努文化研究者。

视了我们作为猎人随时随地猎杀熊、鹿,捕捞三文鱼和鲑鱼的基本权利;其次是通过迫使我们耕种日本人"提供"的低劣土地。通过"提供"这些土地,日本人也使其掠夺该地区的行为变得合法。[①]

1872 至 1882 年间,对北海道殖民活动的监督由北海道开拓使负责,开拓使主要关注的是当地的农业和工业发展,为此,前述艾德温·谭恩等外国专家受邀前来,并为北部边境带来了捕杀狼群的专业技术。但开拓使也试图禁止阿伊努人的许多文化风俗,如女性在脸部和手部文身、男性穿戴耳环、在死后烧毁房屋、传统的问候方式以及使用毒箭等传统捕猎方式等。明治政府同样继续推行德川幕府早期鼓励阿伊努人学习日语的政策,甚至在 1878 年将包括一部分女性在内的 35 名阿伊努人送到东京,让其在一所农业院校里接受教育。

在诸如地质学家本杰明·莱曼(Benjamin Lyman,1835—1920)[②]、农学校校长威廉·史密斯·克拉克(William Smith Clerk,1826—1886)[③]、畜牧专家谭恩、在德国受训的酿酒大师中川清兵卫[④](他于1876 年创办了札幌啤酒)以及其他许多专家学者的带领下,北海道成了帝国制造的检验场,羽翼未丰的明治政府在这里不断强化其控制边境疆土的能力。与此同时,阿伊努人受到天花、麻疹、流感以及明治维新后结核病的蹂躏,成了一批急需殖民者照顾和文明开化的可怜人。美国内战老兵、后来担任北海道开垦外籍顾问的霍雷思·开普伦(Horace Capron,1804—1885)在给他的日本同行黑田清隆(1840—1900)的一封信中写道:"在努力使这些人(阿伊努人)文明开化的过程中,可能会遇到使北美印第安人文明开化时相似的问题。当然,相比印第安人,阿伊努人具有更加友善和迷人的性格特征,也更愿意接受更先进文明带来的收益。"开普伦在阐述北海道问题时,参照的是美国的西

① 萱野茂:《传承阿依努文化》。
② 美国矿业工程师、勘测师。
③ 美国农学家、植物学家、动物学家。
④ 中川清兵卫(1848—1916),日本近代酿酒师、实业家。

部。在北海道,莱曼和其他专家为诸多行动提供了协助,这包括测定和调查煤炭及其他矿藏,通过赏金项目捕杀了无数的熊、乌鸦和狼,将阿伊努人从猎人转化为农民,开拓渔业资源并砍伐山林。就像世界上其他被殖民的疆界及其与政治、经济中心的关系一样,北海道也遭受着渴望资源的中央政府的剥削,这种剥削往往是无情残酷的,这也成了日后现代日本帝国所援用的先例。

## 朝鲜问题

在北海道积累了经验之后,日本步其在明治时期所仿效的那些列强的后尘,一股汇聚的历史洪流正推动这个国家建立属于自己的亚太帝国。而走向帝国主义的重要标志之一,就是转变中国在日本政治观念中的传统地位。近世的思想家将中国视为"中央之国",即唤起强有力的道德和文化联系的高贵之地,甚至是更为辉煌的"中华"(central florescence)。对于 17 和 18 世纪推崇朱子理学的日本人来说,中国已演化成了一个去历史化的抽象概念,一个日本君王竞相效仿其古代明君和德治的概念。如前所述,在德川幕府的最后几十年里,日本的本土论学者已经开始挑战中国的道德中心地位,他们认为,依据帝国制度的长期延续性,日本而非中国才是"中华"。就像本居宣长所强调的,不像日本,中国的历史充斥着混乱和政治僭窃。类似地,大国隆正(1791—1871)①也指出,是日本而非中国才真正由皇室直接和不间断地统治着,他并不将中国视为"中华",而是蔑称其为"支那"。佐藤信渊在阐述日本秘密扩张战略的论述中,鼓吹日本对中国东北一带的军事征服,成为广为人知的将日本的道德优越性转换为扩张主义的论调。从根本上而言,在江户幕府崩溃之前,日本就已经将帝国主义设想的准星对准了中国。

不过,最初日本对大陆扩张的兴趣主要落在李氏朝鲜(1392—1897)的相关事务上。19 世纪末,李氏朝鲜发现自己夹在两个互不兼

---

① 幕末、明治时期国学者、神道家。

容的世界之中无法脱身：一边是清帝国朝贡秩序的传统限制,中国官员仍将这一半岛国家视为其朝贡国;另一边是明治日本建立现代帝国的野心。明治维新后,日本外交官向李氏朝廷送交一份官方声明,宣布建立明治帝国的统治,这使得上述局势的复杂性昭然若揭。但由于这份"国书"用了以前只有中国皇帝才能用的措辞,也就将日本放到了与中国平起平坐的地位,故而朝鲜拒绝承认。此外,在"云扬号事件"(1875)中,江华岛上的朝鲜海岸卫戍部队向一艘日本舰船开火,之前他们刚刚抵御过法国和美国的入侵者。结果,正如 1852 年佩里准将用"黑船""打开"日本并最终凭借"不平等条约"与一度锁国的日本建立通商和外交联系一样,日本也对朝鲜回以帝国主义行径。花房义质(1842—1917)①来到釜山,并开始通过《日朝修好条规》(1876)迫使朝鲜向日本的外交和通商利益"打开"大门。就像美国和日本的《哈里斯条约》(1858)所取得的成果一样,《日朝修好条规》打开了朝鲜的通商港口,使其建立与日本的外交关系,同意日本进行沿海调查,并明确了"朝鲜的独立地位",从而使朝鲜脱离了之前对中国的朝贡义务。日本在东亚的帝国主义冒险就此开始,而这在很大程度上复制了本国在与西方交往中所遭遇的"炮舰外交"。

福泽谕吉以其天衣无缝的 19 世纪帝国实用主义论述了在欧美帝国列强的实践背景下日本向朝鲜扩张的必要性。无怪乎《日朝修好条规》与二十多年前的《日美和亲条约》②几乎如出一辙。1885 年,发行量巨大的《时事新报》首次刊载了福泽谕吉的著名的《脱亚论》,福泽谕吉在其中明确提出：日本要么殖民亚洲,要么被列强殖民。作为西化的坚定倡导者,他认为明治维新后,日本业已"无论朝野,万事均采用西洋近代文明"。不像亚洲邻国,尤其是中国和朝鲜,"日本独自脱去陈规旧习,而且要在整个亚细亚中开创出一个新的格局,唯有将脱亚二字作为主义"。③ 在福泽谕吉看来,日本应当脱离其东亚邻国。

---

① 江户时代冈山藩藩士,日本近代实业家、政治家。
② 即 1854 年签署的《神奈川条约》。
③ 福泽谕吉：《脱亚论》。

对福泽谕吉而言,明治维新代表了对日本自身历史和地理源流的文化超越。他用具有历史启示意义的观点阐述道:"尽管日本国土位于亚细亚的东部边缘",但"其国民精神已超越了亚细亚的固陋,转为西方文明"。日本在朝鲜的外交活动是这一转向的一个例子。他还观察道,由于朝鲜和中国"自古以来受亚细亚式的政教风俗所熏陶",在殖民化中"他们维持独立之路亦难寻","被世界文明诸国瓜分"。福泽谕吉主张,"我们应以西洋人的方式对待他们",而不是给朝鲜和中国什么特权。尽管自身仍因"不平等条约"忍受苦痛,但日本已清楚了解西方各国是如何对待亚洲国家的。① 这种暗含在日本 19 世纪实践中的"要么殖民,要么被殖民"的思维,成为日本最终建立"大东亚共荣圈"的一个主要驱动力。

在明治政府谋划帝国未来的进程中,日本对朝鲜的关注必然导致与中国的冲突。日本逐步在朝鲜攫取了更多的权益,并于 1885 年与清政府签订了《天津会议专条》。这份条约由伊藤博文(1841—1909)和李鸿章(1823—1901)签署,旨在缓解 1884 年甲申政变后的紧张关系。亲日的开化党成员金玉均(1851—1894)和朴泳孝发动了为期三天的政变,试图推翻李朝,此即甲申政变。政变失败后,叛乱者逃亡日本,清军占领了朝鲜大部。作为应对之举,《天津会议专条》规定中日双方均从朝鲜撤兵,任何一方在不事先通告对方的情况下都不得向朝鲜派兵。而与条约规定相违背的是,当 1894 年泛神论的东学党起义爆发时,李朝寻求中国的军事援助,中国在没有事先通告日本的情况下派兵。当东学党人烧毁日本在汉城的公使馆后,局势进一步动荡。

在陆军卿山县有朋(1838—1922)的压力下,日本派出 1 500 人的第一批军队至汉城附近的仁川,以保护其商业和外交利益。很快中日军队之间就爆发了冲突。凭借刚刚训练而成的西式军队,日本在几天之内就占领了平壤,并在三个月内控制了包括战略要地旅顺港在内的大面积中国内陆及东北地区。1895 年 3 月,中国求和并派李鸿章赴日

① 福泽谕吉:《脱亚论》。

商议停火协议。

受到胜利的爱国激情鼓舞,日本要求清政府割地赔款。但德国、沙俄和法国通过"三国干涉还辽"加以干涉并阻止了日本的战争掠夺。沙俄对朝鲜半岛自有打算,并于 1898 年与清政府签订条约以拓展其目标。日本则与英国在 1902 年签订条约作为回应。当沙俄拒绝承认日本在朝鲜的利益时,1905 年两国兵戎相见。开战后,乃木希典(1849—1912)①陆军大将将俄军在旅顺的要塞团团围住, 156 天后,俄军被迫投降。当东乡平八郎(1848—1934)②海军大将惊人地在对马海峡战役中将沙俄波罗的海舰队的大部分舰船击沉后,沙皇求和。日本的胜利激起了又一轮举国上下的爱国激情。尽管日本从《朴次茅斯和约》(1905)中获取了诸多重要让步,但右翼政治领袖头山满(1855—1944)和反对派领导人河野广中③都认为,考虑到为冲突付出的巨大人力和财力代价,日本达成的不过是屈辱的妥协。的确,据估计,包括死于疾病和伤势在内,日本共阵亡约 7 万人。尽管如此,受到战胜欧洲列强的军事胜利和国内爱国主义高涨的鼓舞,日本在 20 世纪初已一跃登上全球舞台。

## 帝国初期的日本

在朝鲜半岛及其他地区扩张势力范围的同时,日本国内也经历了一系列重要的变革。明治政府的经济政策使得日本于 20 世纪初在棉纺织和丝织等几大关键领域迅速崛起。明治政府资助的第一批大型企业中许多是纺织公司,他们从政府的慷慨补贴中受益颇丰。到 19 世纪 80 年代,各制造商已经联合成立了日本纺织联合会,由其推动产生了日本享有盛誉的高效劳动技术。到 1935 年,棉纺生产已经占日本出口的 26％,占工业生产总值的约 15％。明治末期及之后的年代里,纺织业成为日本工业巨头的代表。重要的是,不仅是在殖

---

① 江户时代长州藩士,日本陆军军人、教育家。
② 江户时代萨摩藩士,日本海军军人。
③ 江户时代三春藩士,日本政治家。

民扩张的地缘舞台上,日本在全球制造和贸易的领域内也为开展竞争做好了准备。

尽管日本在近世就已开始生产丝织品,但西方的模式仍主导了现代的丝织工业,一如它主宰着明治时代倡导的大多数其他建设事业。1870年,欧洲专家来到日本,帮助建立了工业化的丝绸生产工厂。两年后,明治政府在富冈开设了一家"模范工厂",全国各地的其他丝织制造商竞相仿效,大获成功。在明治维新期间的1868年,日本出口了100万千克的丝绸。到1893年,随着日本加大在朝鲜的帝国扩张,日本的丝绸出口量也增加到460万千克。在甲午战争结束(1905)两年后,日本的生丝产量占全球的27%。到一战前夕的1913年,至少80万工人投入日本丝织业中,无数的丝蚕亦在为丝织业劳作着。而具有讽刺意味的是,这一作为明治时代日本支柱型工业,并在其现代化工业体系中占据核心的丝织业,却建立在由来已久的人(这里指"工厂女工")与其传统虫类盟友(家蚕)的共生关系之上。

这些"工厂女工"由成千上万的年轻女性组成,她们受公司或专业招聘者的诱惑,成为日本纺织工厂的劳动力。1927年的调查显示,大部分"工厂女工"为了补贴家用而不得不忍受潮湿、恶劣的工作环境。有一位女性回忆道:

> 我把一年的工钱带回家交给母亲时,她紧紧攥在手中说"有了这些钱,我们就够撑到年底了"。我父亲拖着病体起身坐在床上,不断向我鞠躬。"女儿,"他说,"你一定受苦了吧,谢谢……谢谢了。"然后,我们把钱存放在木盒子里,把盒子放到神龛上膜拜……只要我一想起母亲的脸,再苦我也能坚持下去。

对工厂女工来说,在糟糕的纺织厂工作是尽传统儒家孝道的方式之一。一开始,当"模范工厂"在富冈开设时,这一产业由于其与西式工业化的联系而显得颇为诱人,在雇佣的371名女工中,有40%出身于之前的武士家庭。到后来,该产业转而需要更加"听话和顺从"的乡下女孩,而农户们也往往争先恐后地抓住改善收入的机会,好让可口的精白米取代淡而无味的干萝卜。

丝织厂的环境糟糕,空气中弥漫着纤维。由于生产技术的原因,蚕茧必须在滚烫的水中浸泡和蒸煮后才能抽丝,因此,水蒸气凝结在工厂天花板上,整天就像下雨一样落在工人的身上。冬天,妇女受这种潮湿环境的影响而经常患上伤风或流感。同时,这一产业还使妇女暴露在各种肺部疾病的风险下,其中包括结核病。由于与工业环境联系在一起,结核病通常被称作"现代流行疾病",在生产过程中,人们聚集在工厂车间,结核杆菌因而极易在缺乏免疫力的人群中传染。结核病让人虚弱无力并且致命:结核杆菌本身无毒,但人体免疫机能的过度反应会导致结核结节在肺部生长。这些肺部干酪状的区域,表现为不健康的、干酪般的黏稠状,留下许多空洞,当空洞出现在肺动脉周围时就会导致体内大出血,或与这一疾病联系在一起的被称为"咯血"的症状。这些工厂简直就是结核杆菌的温暖潮湿的温床,它们在明治时期蜂拥而至,而工厂中约 90% 的工人都是女工,绝大部分不满 25 岁。

结核病和其他肺病迅速成为大众杀手。1903 年,明治政府组织了对纺织工厂的名为"工厂工人状况"的调查。在 1899 至 1902 年间因健康原因被工厂解职的 689 名工人中,有一半是因为"呼吸道疾病",而这其中又有一半是因为结核病(尽管由于这一疾病的社会污名,医生很少诊断为结核病)。结核病在很长一段时间内被误传为"遗传性疾病",因此有损家庭声誉。其他由医生进行的调查则显示,在丝织厂去世的女工中有 50% 的死因是结核病,他们也将这一疾病认定为纺织工业甚至或许是工业化的日本所面临的最严峻的健康挑战。1913 年,一位医生在全国医师学会的演讲中提出,纺织业是结核病蔓延的罪魁祸首,因为工厂主为了应付问题,往往将生病的工人遣送回家了事。这很快在全国形成了疾病传播的介体,引起了全国性的流行病。脚气病是由于缺乏维生素 B1 而导致的营养性疾病,往往像战争一样夺取了很多士兵和船员的生命,与脚气病一起,结核病也正成为明治时期日本全国流行的疾病。

促使结核病在全国范围蔓延的原因之一在于许多患病的女工隐瞒不报，或是谎称得了其他的肺病。在很大程度上这是因为人们视其为遗传性疾病，得病会给整个家族带来不幸和耻辱，至少能毁了一门亲事。谷崎润一郎（1886—1965）在其名作《细雪》（莳冈姐妹，1948）中探寻了这一微妙的主题。在小说中，莳冈姐妹代表的是大阪的一个名门望族，想要为老三雪子找到一位理想的夫君。曾经有一位求婚者要求雪子拍一张 X 光胸片，因为她看起来很虚弱，病怏怏的。结核病的检查结果是阴性，但与此同时，姐妹们却发现求婚者自己的背景有问题，特别是其母亲长期患有精神疾病，婚事也最终取消。后来，一位有钱的名古屋人追求雪子时，雇了一个私家侦探调查莳冈家的情况。当他发现莳冈姐妹的母亲在 36 岁时死于结核病后，就取消了婚事。如小说所示，尽管德国科学家罗伯特·科赫（Robert Koch）于 19 世纪 80 年代就已经发现了结核杆菌，但在日本关于结核病的社会污名和遗传病谣言仍持续了相当长时间。

就像普鲁士政府资助科赫的研究一样，鉴于结核病在日本的工厂、城市、军队等人群密集的环境中极易传播且大肆流行，明治政府也对结核病及其可能的治疗途径充满兴趣。因此非常自然的是，当 1890 年科赫在柏林发表他治疗结核病的初步研究报告时，卓越的医学家北里柴三郎（1853—1931）（图 18）迅速将这一报告转发到一本优秀的日本医学刊物上。1885 年，明治政府将当时在内务省工作的、充满抱负的细菌学家北里柴三郎派到柏林，跟随科赫进行研究。科赫也很快将这位年仅 32 岁的小伙子视为自己最喜欢的学生之一。北里在研究发现中起到了重要作用。例如，1889 年，北里成功培育了一组纯净的破伤风杆菌，并在与另一位德国科学家埃米尔·冯·贝林（Emil von Behring，1854—1917）的合作中发现了关于抗毒免疫的许多奥秘。北里为科赫的实验室提供广泛的协助因而是情理之中的事情。当北里因内务省繁文缛节的规定而不得不归国时，明治天皇亲自出面干预，北里得以留在柏林继续其与科赫令人称道的工作。

212

213

图 18　细菌学家北里柴三郎

1891 年 3 月,科赫研发的第一批对症药结核菌素抵达日本,军队、 214
大日本私立卫生会(Japan Health Society)以及东京大学开始进行临床
实验。结果,结核菌素的效果喜忧参半,直至数年后,真正能够根治结
核病的药物才终于面世;但这一实验却促进了日本在科学和医学领域
的细菌学革命。1891 年,东京府内商店货架上的显微镜都销售一空,
其中有两家店卖出了多达 170 台显微镜。同年,明治政府创设了东京
显微镜院,对结核病和其他微生物开展细菌学分析。工厂和政府终于
将注意力重新转移到结核病的防治上,但这一疾病在随后的几十年内
仍是日本的致命杀手。

## 公共规训

到 1910 年,明治政府为全面控制日本国民所作的各种努力变得令
人窒息。随着日本帝国的出现,正如某个口号所鼓吹的,明治政府力求
"改良心身",以抵御西方帝国的威胁并建立一个新的日本帝国。伴随
这一改良的是日本以历史上前所未有的方式对人身和性生活进行控
制。如果说之前的近代政府通过监督理发和其他表明身份界限的社会
习惯来控制身份体系,明治政府则是试图通过对保健和性生活的控制
来对人身进行规训,例如设立了文部省医务科(1872)、学校卫生制度
(1898)以及各种要求健康检查的法律。就像明治时期推行的许多改革
一样,对卫生和保健的重视需要一套新的话语体系和政府干预水平。
在岩仓使节团(1871)中,长与专斋(1838—1902)①对德国和荷兰医疗
卫生状况叹为观止,并基于德语创造了一个新的日语词汇"卫生"。他
于 1874 年设立了医务局,负责监督全国乃至正在形成中的帝国的卫生
状况。该局后来并入内务省。同样地,后藤新平(1857—1927)②也受 215
到欧洲医疗保健理论的影响,并将对卫生保健的关注投射到正在不断
壮大的日本帝国上。越来越多的思想家受到德国思想的影响,将国家

① 日本医师、医学者、官僚。
② 日本医师、官僚、政治家。

视为一个机体或有机体,作为其中的一员,后藤借鉴了鲁道夫·菲尔绍
(Rudolf Virchow,1821—1902)①的"社会医学"和奥托·冯·俾斯麦
(Otto von Bismarck,1815—1898)的"社保政策"理论。在其"国体即
人体"的类比中,军队起到人身上的牙齿和利爪的作用,而保健和健康
政策就像是免疫系统。这种"国体即人体"的比喻在日本走向太平洋战
争和对内实行新生的法西斯政策中变得日益司空见惯。

　　明治官员认为,结核病甚至精神病等健康威胁都是恶性传染的,会
从个体扩散到整个国家肌体。大隈重信(1838—1922)提出的看法就反
映了国中这一观点:"精神病有时也会传染。这种传染将在人群中无休
止地扩散,十分可怕。整个社会,甚至整个国家,最终都会得病。"在这
种卫生哲学理念下,20世纪初的日本决策者试图通过严格的健康政策
"改良人种"和"改良社会"。1902年,明治政府雇用了成千上万名医生
到学校工作,为儿童检查淋巴结核病(一种感染淋巴结的结核病)、慢性
病、精神紊乱等疾病。日本医生通常将过度疲劳等症状与自慰相联系,
后者被认为是不当的性教育导致的社会病态。一些决策者宣扬,应根
据德国模式开展"性教育",从而使国家的肌体免受泛滥的自慰和性病
之害。女子学校和纺织工厂也成为卫生政策的重点对象,一些政策试
图改变"工厂女工"的宿舍生活习惯以避免危及日本国体的道德体格。
重要的是,由于日本决策者和思想家受到了德国的影响,将国家比作身
体,任何社会动乱或是政治反对之声都被视为威胁国体的疾病,这也预
示了数十年之后日本逐渐滑向法西斯主义。

216　　　最终,将国体比作身体的类比也塑造了日本的自然科学,尤其是生
态思想的发展。日本思想家吸收了德国和一部分美国大学的生态思
想,开始参与讨论社会在推动进化中的作用,而不是像查尔斯·达尔文
(1809—1882)那样认为仅仅是个体推动进化。日本的儒家社会背景决
定了,个人可能并不像西方自由主义所认为的那样,仅仅被视为个体主
义的生物,相反地,人被认为是高度社会化的物种,在这一物种中,集体

---

　　① 德意志医学家、人类学家、公共卫生学家、病理学家、古生物学家、政治家。

的进化成就远比个人更为重要。今西锦司(1902—1992)作为日本重要的进化论生物学家,早在半个多世纪前就揭示了社会进化的重要性。

在《生物的世界》(1941)一书中,今西锦司首次提出"种社会"(specia)的存在,即整体的、社会进化的物种社会。他降低了个体有机体在进化中的重要性——这是达尔文主义的标志,而提高了社会整体的重要性。今西写道:"同一物种的成员可以被理解成是由血缘和地缘关系联系在一起的,他们分享同一生活形态。"尽管今西本人不是一个法西斯主义者,但他认为,个人有机体"不过是种群的组成部分",而社会则是"个人繁殖和维系自身发展"的一个"分享生活的场所",就像国民无非是帝国国家的组成部分一样。达尔文在《物种的起源》(1859)一书中指出,遗传下来的"个体差异"是"至关重要的",因为差异为"自然选择提供了物质基础",而今西则将进化视为在社会层次上通过超越个体的类同而发生的过程。尽管这些生态学理论未必是法西斯思想家的产物,但其所支撑的一个基本思想是,包括国家在内的社会群体构成了自然机体,需要通过卫生和其他国家政策加以强化。

## 结语

虽然日本在自身与美欧列强签署诸多"不平等条约"的痛苦经历中学到了大量殖民策略,但日本的殖民主义并不完全是借鉴西方文化的产物。无论是在琉球还是在北海道,日本早就从征服与殖民其他民族及其土地中学到了本土经验,这些经验被决策者输出海外,至其新的东亚殖民前线。这些日本的本土策略反映出其脱胎而出的儒家社会背景,本质上大体是文化性的,基于古代的儒家原则,边缘的"蛮夷"可以通过接受中心的文明礼仪而被纳入其中。因此,日本人迫使阿伊努人讲日语并放弃捕猎而成为农户,取日本人的名字并信仰日本的价值体系,以及视日本天皇为新的父权领袖。朝鲜人或多或少地也是类似的柔性殖民策略的接受者,当然他们同时也遭遇了纯粹暴力等更为强硬的殖民策略。到 20 世纪初期,日本已经大步走上了建立帝国的道路,这条道路在诸多方面开始主导其 20 世纪的历程。

# 第十二章　帝国与帝制下的民主
# （1905—1931）

　　20 世纪上半叶,帝国牢牢占据了日本人生活的中心：与欧美在亚太地区的竞争,获取自然资源的需求,在远洋渔场捕鱼以增加收入并满足口腹,以及种种其他力量都推动了帝国的建立。然而,日本的"大陆政策"最终成为引发太平洋战争的一触即发的导火索。日本在中国的"特殊利益"对欧美获得中国的产业和市场形成了挑战,从而使得日本置身于与列强的冲突之中。日本的外交政策旨在保护其在中国的经济和军事投资,其中最主要的是与南满铁路相关的投资,这条铁路在日俄战争(1905)后被租给日本。

　　但是其他暗流涌动的力量也将日本推向亚洲的"总体战"。在美国,半个世纪以来的种族歧视性的移民法案和敌对的外交政策,使许多日本外交官和决策者不再抱有幻想,为帝国设计了一条日益自给自足的路径。在取得甲午战争(1895)和日俄战争(1905)的双重胜利后,日本的战利品被列强密谋剥夺,主要是在朝鲜和中国北方的土地。很显然,列强的桌边并没有为这个崭露头角的亚洲国家留下一席之地。在这样的背景下,日本越来越试图追求现代国家建设的另一种模式,即借助现代化和"亚细亚主义"的经线编织起在东亚帝国的合法性。在外交辞令上,日本宣称试图保护亚洲的兄弟姐妹免受西方帝国主义的攻击和侵犯。但种族因素也成为导致太平洋战争的重要推动力之一,这也并不是什么秘密。

## 建立日本帝国

日俄战争是一场惨烈的冲突,双方在奉天以及其他大规模战役中都损失惨重。在美国的调停下,日本和俄国在新罕布什尔的朴次茅斯会谈,同意承认对方在亚洲大陆的殖民资产,包括派遣少量警力维护各自的利益。重要的是,俄国将南满铁路的租约让给日本,这项让步日后被证明对导致太平洋战争爆发起到了重要作用。起初,俄国在19世纪末建造铺设了该铁轨线路,以之为中东铁路的一部分,但后来失去了从哈尔滨到旅顺港的南线部分。日本政府于1906年斥巨资建立了南满洲铁道株式会社,并在铁路沿线投入了大量的不断增加的经济资产,它们主要分布在长约1 100千米的轨道两侧各62米距离的区域内。这条铁路连接起超过20座城镇,日本在这些城镇部署了煤炭和电力设备以及火车运行所必需的其他储备(图19)。我们前面已经提到的后藤

220

图19　1940年从抚顺煤矿运煤

新平(1857—1929),前"台湾总督",成为该公司的第一任总裁。该公司的总部设于辽东半岛的大连。

事实证明,这条铁路是日本在东亚攫取资产的关键所在,也是日本对资源富饶的中国东北及周边地区进行经贸投资的标志。在最初的25年里,公司的资产从1.63亿美元上涨到超过10亿美元,这相当于20%—30%的年增长率。该公司不仅成为日本最大的公司,在相当长时间里也是盈利最多的公司。此外,由于这项租用,20世纪初日本在中国的经济和人员投入也稳步提升。在日本取得租借权之前的1900年,只有约3 800名日本人居住在中国。《朴次茅斯和约》签订5年以后的1910年,这一数字上升到26 600人。到1920年,更是达到133 930人。大部分日本人居住在东北地区,但也有一些人因为纺织业的扩张开始到上海等南方城市落脚。由于列强忙于第一次世界大战,日本在很多方面从中受益。1914年,当欧洲爆发那场"结束一切战争的战争"时,日本对华贸易额达到5.91亿美元。到1918年,这一数字攀升至20亿美元。甲午战争结束不久之后的1895年,与日本的对外贸易只占中国市场的3%,到1920年,已经提高到30%,这表明日本有力地利用了第一次世界大战。

日本在中国的经济资产不断增加,伴随而来的是挑衅性的殖民政策。1915年,当列强忙于在欧洲大陆布设铁丝网和挖掘壕沟时,大隈重信(1838—1922)首相和加藤高明(1860—1926)外相试图迫使中国政府接受臭名昭著的"二十一条",由于军阀袁世凯(1859—1916)的崛起,此时的中国政府派系冲突不断,无法正常运转。1911年武昌起义后,清朝很快覆灭,革命军选举孙中山(1866—1925)为临时大总统。然而,以迫使清朝的小皇帝溥仪(1906—1967)退位为交换,孙中山将羽翼未满的共和国政府交给了袁世凯,溥仪后来则成为日本控制下的伪满洲国(1932)的傀儡皇帝。新生的中华民国也寻求袁世凯领导的北洋军队的支持。1913年,在中国为新一届的国会举行的选举中,国民党大获全胜,其中最亮眼的是宋教仁(1882—1913)。可他在与朋友出游时,在火车站月台被疑似袁世凯手下的人暗杀。袁世凯随即对羽翼未丰的国民党展开镇压并称帝。此时,这一统治着脆弱而棘手的中国的"新皇帝"接受了日本提出的"二十一条"密约,被迫同意了几乎所有条款,尽管其中很多的条款最终都被撤回。

"二十一条"厚颜无耻地寻求扩大日本在中国的经济利益和影响力。作为在一战中与协约国站在一起的奖赏,日本攫取了德国在山东半岛的殖民资产以及这一地区颇具价值的铁路。中国承认日本在东北和内蒙古的"特殊利益",一家中日联合公司获得长江沿线矿业的垄断权。日本还试图限制列强租借中国沿海的港湾和口岸,并获得了在中国修建铁路的全面授权。更具争议的是,日本打算在整个中国部署自己的警力,并坚持中国50％的军备采购必须来自日本,且中国还得聘请日本军事顾问。

总而言之,趁列强自顾不暇时,日本对中国提出了广泛的殖民妄求。对美国来说,"二十一条"公然违背其"门户开放政策",后者坚持任何一国在中国都没有"特殊利益"。1899年,美国国务卿海约翰(1838—1905)向包括日本在内的帝国主义列强发出外交照会,提出"门户开放政策"。海约翰所强调的主要内容是,所有列强在其各自的殖民利益范围内都拥有对中国港口的权利,以及相应的对中国市场的准入。日本的"特殊利益"与美国及其盟友坚持的"门户开放政策"之间存在着根本分歧,这成为推动两大太平洋强权走向战争的主要肇因。

对"门户开放"的争执并不是两国之间发生的第一次纠纷。在美国,一系列歧视性的政策决定已经疏远了日本和日本移民,使两国走向冲突。1906年,旧金山学校委员会(San Francisco School Board)宣布,"为了避免白人儿童受到蒙古人种学生的影响",学校应将亚洲孩子与白人学生分开。1913年,《加利福尼亚州外国人土地法》(California Alien Land Law)禁止"无法获得国籍的外国人"在位于太平洋沿岸的该州拥有土地。该法案波及中国、朝鲜、印度移民,但主要还是针对日本移民。日本政府回应称,该法案"从根本上是不公平的……并且与两国之间一直以来的友好气氛和良好睦邻关系背道而驰"。这一法案旨在限制日本的移民数量,并使那些已经在加州生活和务农的日本人面

222

临着充满恶意的环境。接着,在 1922 年,美国最高法院宣布日本移民无法获得美国国籍。在"小泽孝雄诉美利坚合众国"一案中,最高法院裁定小泽属于"不可同化的种族",因此不能被归化为美国公民。最后也是最深重的侮辱是,1924 年的《移民法案》事实上阻止了日本人移民美国,因为他们当时已无法取得美国国籍。

美国的种族主义还影响到了国际谈判。在 1919 年关于《凡尔赛和约》的谈判中,日本代表团力图确认本国对原属德国的在山东半岛的权益的控制。他们还试图在国联的基础性文件中以清晰的语言确保"种族平等"。但美国总统伍德罗·威尔逊(1856—1924)和其他代表成功地阻止了这一努力。对日本代表团而言,第一次世界大战之后这一新的国际秩序下的绝大部分"种族平等"的许诺被证明不过是空头支票。在三年后的华盛顿海军会议(1922)上,日本不情愿地接受了"5∶5∶3"的战舰吨位比例,这个年轻的亚洲帝国被迫屈尊于英美列强之下。日本越来越认识到,新的世界秩序是种族主义主导的秩序,而羽翼未丰的日本帝国要想跻身列强的行列必须作出抗争。

在某种程度上,这些国际事件促使日本转向以中国为支点,开始通过清晰阐述其与亚洲邻国的新关系来加大对亚洲大陆的关注。日俄战争后,日本在亚洲民族主义群体中就已变成追求独立的典范。就日俄战争中的关键海战,一名英国外交官说道,"对马海战是特拉法加海战以来最伟大和最重要的海战"。在美国,西奥多·罗斯福(1858—1919)总统将俄国令人吃惊的失败称为"这一世界所见过的最重要的现象"。但相比西方的观察,在殖民统治下挣扎多时的日本的亚洲邻国的观察才更为重要。日本的胜利促使未来的印度第一任总理贾瓦哈拉尔·尼赫鲁(1869—1964)幻想"印度和亚洲从欧洲奴役中获得自由"。在南非期间,年轻的莫汉达斯·甘地(1869—1948)也受到类似的鼓舞:"当日本的所有人,无论贫富,都相信自尊时,整个国家就获得了自由。她给了俄国一记响亮的耳光……同样,我们也必须感受自尊的精神。"日本已经成了亚洲的希望灯塔,这也促使并加速了日本转向以中国为支点。

223

就这样,孙中山等中国革命者被崛起中的亚洲"自由灯塔"所吸引。他的"同盟会"基本上是其在日本留学时建立的。20 世纪 20 年代,在所谓"大正民主"中,日本政党政治不断成长和多元化,中国在五四运动(1919)中也发生了类似的民主化进程,学生们对中国在《凡尔赛和约》中的妥协退让表示愤怒。有一些日本人,比如身为记者和政治家的石桥湛山(1884—1973),主张"小日本主义"的政策,认为日本应当放弃在中国东北的资产。1918 年,著名的文学家谷崎润一郎(1886—1965)游历了朝鲜和中国北方。1922 年,东方文化学院在东京帝国大学建立,10 年后"协和会"也开始在中国东北推进五族共和。迟至 1941 年,"协和会"还在东北一带散发传单,鼓吹种族平等并批判纳粹德国的种族主义。日本转向以中国为支点的政策,对于其强化与亚洲邻国的纽带起到了重要作用,但所有的这些纽带都被日本在太平洋战争期间的所作所为破坏殆尽。在文化意义上,以中国为支点的政策也企图使日本对中国和更广范围内的亚太地区的扩张更具合法性。

## 远洋帝国

帝国建立早期,日本在陆地上取得成功,与之相伴随的是在海洋上取得的巨大成功。对一个只有美国蒙大拿州大小的国家来说,日本在土地上的连续"收获"令人印象深刻:1871 年的琉球,1875 年的小笠原群岛和千岛群岛,1895 年的中国台湾,1905 年的库页岛南部和中国辽东半岛的一部分,1910 年吞并朝鲜,一战后的密克罗尼西亚群岛,1931 年之后的中国东北。1937 年卢沟桥事变后,太平洋战争爆发,日本对中国和东南亚地区的全面入侵由此开始。而正如一位历史学家将日本称为"远洋帝国"所表明的那样,日本的流动的海洋帝国也伴随并巩固了这些引人注目的陆地上的收获。日本寻求亚洲各地的自然资源,例如中国东北的煤矿和东南亚的橡胶,与之类似,它也通过其远洋帝国寻求海洋资源,在太平洋的大部分区域开发近海渔业。

远洋扩张是日本在 19 世纪末期和 20 世纪初所建立的支配地位的关键部分。1875 年的《圣彼得堡条约》允许日本在俄国的北太平洋海

224

225　域捕鱼,日本渔民随即在鄂霍次克海沿岸地区遍布作业。1875年,该地区的日本渔船数量为300艘,但到1904年日俄战争前夕,这一地区的渔船数量已经增长了10倍之多。而同时,俄国的渔民仍仅有200人。在开拓渔场方面,日本站在了技术革新的最前沿,时至今日也是如此。1908年,日本首次采用了英国设计的渔船——"单拖网渔船",5年后已有近100艘"单拖网渔船"定期行驶在日本列岛周围海域。1906年,日本又使用了摩托化的金枪鱼船,这使日本渔民能够在其本岛近700英里以外的小笠原群岛捕捞鲣鱼。当拖网渔船在本岛北部和南部水域定期行驶时,日本军队在对中国和俄国作战中取得的收获也得到了国际的关注。

　　对自然资源的渴望加速了对中国东北的陆地征服。随着日本人口的增加,决策者将中国东北视为增加农业产出、从而充实仓廪的富饶之地。20世纪30年代中期,日本设置了一个专门的部来监督在中国东北的试验性的农作物生产,以期提高农产品的生产率。在四年时间内,决策者动员了321 882名来自日本各县的农民参与该项目。在一项社会科学研究的推动下,决策者希望最终能够将日本约三分之一的农村人口转移到东北均分为每块1.6公顷的土地上。他们也将变成自耕农,为嗷嗷待哺的帝国生产食物。随着日本农村人口的减少,决策者还希望独立的农户(而非佃农)能够在本土出现。最终,由于技术落后以及对当地缺乏了解等原因,许多日本农民在中国东北的粮食生产颇为受挫,但帝国与自然资源基地的扩张之间的联系仍然受到重视。决策者们也以类似的眼光看待日本的远洋帝国。一位部级官员曾描述道:

　　　　随着人口的稳步增加……对鱼产品的需求激增,由于海外需
　　求的攀升,这一状况甚至进一步加剧。在这些情况下,渔民不能再
　　仅仅满足于近海作业,而必须比以前进一步,敢于走向公海,甚至
　　到遥远的朝鲜和南海诸岛的沿海去。

226　　　换言之,正如日本农民不再满足于在本土耕种一样,渔民也需要将

其领地从近海沿海拓展至"公海"。许多日本人也听从召唤：例如，1931 年大批行驶至远洋地区的捕蟹船使日本的罐装螃蟹捕获量提高到了 407 542 箱，几乎是 10 年前产量的 8 倍。这些工业化捕蟹船上的故事成为小林多喜二(1903—1933)创作的日本伟大的无产阶级小说《蟹工船》(1929)的素材。他本人后来则遭到日本臭名昭著的、残忍的思想警察的逮捕，在大冬天里被脱光衣服殴打致死。

虽然决策者通常解释说，日本需要海产品以喂饱不断增长的人口，但实际上许多鱼类都被罐装后销售到西方市场，以保证石油、橡胶、铁矿石等战争资源能够源源而来。为此，日本的远洋捕捞船队全面升级。1930 年，日本的捕鲸数量仅占全球的 1%，但到 1938 年这一数字已经增长到 12%。如今，日本几乎已变成捕鲸的代名词。在这方面，日本远洋帝国的进化过程与陆上帝国相似。中国东北作为重要的市场增强了日本的经济实力，这使得 1933 年一位大阪商人说道："作为日本商品的销售市场，满洲近年来的发展难以置信；今年的出口额已经达到 30 万日元，超过几年前十倍之多……"1940 年，一位日本远洋渔业的支持者也作出了类似的评论："渔业是日本赚取外汇的重要资源。日本每年出口海产品的价值约为 1.5 亿到 1.6 亿日元，排在生丝、棉纱棉布之后位居第三位。"日本政府对潜在新兴渔场开发的大力支持也表明，远洋帝国对于日本更大的帝国野心具有重要意义。日本不但涉足了南海、日本海、白令海等周边海域，而且远至墨西哥的太平洋沿海、阿根廷的拉普拉塔湾以及阿拉伯海。就像日本的拖网渔船在东海抢走了中国黄鱼渔民的饭碗一样，在别的地方他们也取代了当地渔民。到 20 世纪 30 年代，日本已经能从其陆地和远洋帝国中攫取大量资源以供总体战高速开展。

随着日本远洋渔业船队的扩张，日本越发将自身视为一个"海洋帝国"。有人这样解释道："自神代起，日本就是一个渔业王国。"试图理解日本人起源的民俗学家柳田国男(1975—1962)一度认为，日本人来自南太平洋，因而对于征服这一被称为"南洋"的地区有着一种战争的执着。很多人认为，日本的军事抱负应该南扩至密克罗尼西亚，而非仅

227

仅局限在使日本关东军陷入泥潭的东北亚。1941 年,在日本海军偷袭珍珠港前夕,日本政府宣布将"海之日"作为全国性节日,以此"感谢大海的恩赐,并为日本在海上的繁荣祈福"。在这样的文化背景下,海洋很自然地融入到了日本战时所宣称的"大东亚共荣圈"之中。虽然战事征用了数量惊人的日本渔业船队,并最终使其牺牲殆尽,但远洋帝国的观念作为日本帝国野心的一个推动力量则持续存在着。

日本作为远洋大国的遗产在世界历史上也不可小觑。这个岛国在诸多渔业技巧和技术上开创先河,使得如今世界商业鱼类不断减少,以至近乎灭绝的地步。日本在 20 世纪 70 年代将他们称为"死亡之墙"的流网技术发展到了顶峰,捕杀了无数的鲸、海豚、海龟、鲨鱼和其他海洋生物。1990 年,科学家估计这种流网每年仅海豚就捕杀了 31.5 万头到 100 万头。在最高峰时,不算单丝丝网,全世界流网船队一夜之间布下的网就可以绕地球一圈半。同时,单丝延绳钓围网渔船作为自动化的杀手在全球海洋秘密游弋,拖拽下大量水中的信天翁和棱皮龟的尸体,更不用说本就想要捕捞的金枪鱼和其他经济鱼类。在全球,日本的延绳钓围网渔船每年布下大约 1.01 亿只倒钩,约 4.4 万只信天翁被"误捕"猎杀。

228   1971 年,大约有 1 200 艘日本延绳钓围网渔船在澳大利亚附近的南太平洋作业,每艘都放下了数以百万计的鱼钩。到 1982 年,金枪鱼的捕获量由此达到顶峰,超过 2 万吨。但 1991 年,科学家估计,南太平洋的金枪鱼数量从 1960 年起已经减少了 90%,过度捕捞已导致金枪鱼面临灭绝的风险。但金枪鱼产业的利润巨大。2001 年,青森县近海捕获的一头重达 444 磅的金枪鱼在筑地市场拍出了 173 600 美元的价格,即每磅高达令人瞠目的 391 美元。如今,世界各地寿司店里,金贵的金枪鱼肉是代表着现代海洋繁荣的新的硬通货。考虑到在这一压力下金枪鱼可能面临的商业灭绝,日本的团队开始在澳大利亚的林肯港附近进行"金枪鱼养殖",即捕获金枪鱼幼苗,饲养起来并最终在寿司市场上售卖。在这一产业中,"金枪鱼牛仔们"往往把活鱼从圈养处取出,狠狠摔在渔船甲板上,用金属杆穿过头部和背部,而后运往筑地市场。

与之相比,在地中海的金枪鱼养殖场,鱼长得更大,被赶到围栏的一角从船上用鱼枪射杀。这些鱼的大部分被运往日本或欧洲的寿司市场。

　　在本书写作之际,日本所谓的"科研船"仍然带着头部携有爆炸物的鱼叉在太平洋南部和北部追赶并捕鲸,这一产业更多是受到虚构的传统文化和错位的反西方民族主义的影响,而不是出于经济、生活必需或者海洋科研的目的。支持捕鲸的人坚持认为:"一千多年前,我们就开始食用它们(鲸)。"但这种论调忽视了一个事实,即鲸肉从来都不是日本人的生活必需品或经济活动的重要组成部分。其他支持捕鲸的人士将围绕捕鲸的争议变身为对所谓"饮食方式"的争论:"日本人将鲸肉作为动物蛋白质来源的饮食文化必须得到尊重",一家日本报纸的社论主张,"欧美人将自己的饮食文化和伦理观点强加(到日本人身上),说什么吃牛肉和猪肉没问题,但吃鲸就不可接受"。在最近的一次抗议活动中,一位支持捕鲸的抗议者烫着经典的黑道发型,戴着墨镜,傲慢地将标语高举过顶:"别惹日本人!!"大多数日本人仍反对捕鲸,很少有人真的吃过鲸肉,但这一产业仍旧得到这个国家许多暗黑势力的大力支持。眼下,他们的声音更响,日本也继续以其国际声誉为代价开展着"科研"捕鲸计划。

## 新兴的中产阶级

　　日本在 20 世纪 20 年代和 30 年代的政治历程,与"大正民主"的退潮和昭和早期"国家紧急状态"的出现联系在一起。日本的经济在这一时期潮起潮落,进而导致社会差异和政局动荡。在一战期间,日本不仅加强了对中国的经济投入,国家整体的工业产出也不断增加。当欧美陷入困境时,日本则迎来了经济扩张的绝佳时机。1914 至 1918 年间,日本工业产值从 14 亿日元上涨到 68 亿日元,增长了将近 7 倍之多,[①]单是棉纱的出口就增长了 185%。由于工业劳动力短缺,工资快速上涨,但消费品物价也随之飙升,严重的通货膨胀大大抵消了普通人从经

---

　　① 原文如此。

济增长中得到的收益。结果,广泛的经济不平等成为这一时期的特征,日本的工业新贵迅速崛起。据统计,1915 至 1919 年,日本的"百万富翁"的人数增加了 115％。在这段镀金岁月里,日本的新兴富裕阶层繁荣一时,但到 1920 年,这个国家却经历了一次严重的银行业危机。由于经历痛苦的业绩下滑,企业遣散了大批工人。到第二年,经济开始出现复苏的迹象,但"关东大地震"又突然将日本的政治经济中心东京化为一片废墟。在后来的两年里,日本的经济又一次出现明显的复苏迹象,但在 1927 年日本遭遇了又一次银行业危机,这使得整个国家一头扎进全球大萧条。大型银行纷纷倒闭,甚至包括台湾银行等重要的殖民机构,日本经济深深陷入衰退之中。这些年的动荡造成的后果远远超出纯粹的经济事务:由于政党的政治家与产业界的大佬相勾结,军队通过政治暗杀和海外冒险行为对国内政治事务的涉入程度不断提高,这些都破坏了民主政治的合法性。

　　日本在 20 世纪 20 年代的经济成功,确实引发了广泛的消费主义和日本中产阶级的兴起。与经济繁盛联系在一起的闲暇时光催生了新的消遣活动,例如"逛银座",精心打扮的绅士和女伴在三越等百货公司慢慢闲逛,并频频造访咖啡店和高档餐馆。中产阶级的女性反复翻阅《妇女之友》,这份介绍家居料理和中产阶级生活方式的流行女性杂志在 20 世纪 20 年代发行量达到 300 万份。该杂志推崇一种为祖国养育人才的贤妻良母式的现代妇女形象。1925 年,日本大城市的广播站开始播音。第二年,政府将三家独立的电台合并,组建了日本的国家广播电台 NHK,之后由其垄断广播行业多年。日本全国约有近 150 万部收音机,中产阶级家庭借此聚在一起,收听西方音乐、喜剧小说和其他广播故事。电影也流行起来。随着爱迪生以及卢米埃兄弟的电影放映机的进口,这种媒体早在 20 世纪初就已进入日本,但直到中产阶级兴起电影才真正兴盛起来。1924 年的经典影片《星期天》讽刺了中产阶级的白领工作,与半个世纪之后的《谈谈情,跳跳舞》(1996)——翻拍自一部 1937 年美国的经典片——等电影异曲同工。

　　此外,20 世纪头十年,"工薪一族"(salaryman)一词首次出现,用于描绘身穿西服、携带便当盒上班的城市男性中产阶级。"工薪一族"成为城市中产阶级上班族的专属形象,并被沿用至今。随着新兴中产阶级的壮大,女性的角色和认同也出现了巨大的变化。前已述及,明治政府曾特别关注女性,通过禁止发型等条例政策将女性限定为日本传统的继承者。但 20 世纪 20 年代中期出现的"摩登女孩"对这些禁止的形象提出了挑战。一些历史学家视"摩登女孩"为女权主义的标志,也有人视其为消费的风向标,但无论哪种说法,她们都是时代的产物,也反映了日本新的消费文化如何转变了传统的社会肌理。

　　逛银座的"摩登女孩"穿着紧身的及膝连衣裙、闪闪发光的透明长筒袜和高跟鞋,凸显出丰满的臀部曲线。受到美国影星克拉拉·鲍(Clara Bow,1905—1965)以及葛洛丽亚·斯旺森(Gloria Swanson,1899—1983)的影响,她们用宽沿软帽遮住清爽短发,半遮半掩地留着自由的发型。这类短发发型不仅时尚,而且在政治上也掀起一些波澜,因为这公然违背了 1872 年明治政府禁止留短发的训令。"摩登女孩"一词作为一种描述,最早出现在 1924 年的一篇文章中,文章解释道:"年轻男性迷恋那些直抒胸臆而不是永远谦卑、隐藏真实想法的女性。"短发推动了行为界限的进一步开放。当一位女孩从欧洲回国并决定剪短发时,她的母亲极为生气,指责她这样做会破坏家庭声誉。这位母亲激动地说:"你一定是疯了!你一出门别人就会把你当成那些时髦女人。"相反,作为诗人和女权主义者的高群逸枝(1895—1964)[①]则认为"摩登女孩"(以及其他所有"现代"的东西)都不过是肤浅的美国"享乐主义"的产物。她认为:"现代享乐主义或者说现代性的发源地在美国,全世界的财富都聚集于此。财富的聚集是种种休闲娱乐活动背后的推动力。"无论作为女权主义活动家还是肤浅的时尚女伶,"摩登女孩"都成为走向大萧条之前日本的重要标志,而且没过多久闲逛东京银座的"摩登女孩"身旁也有了"摩登男孩"相伴。

　　然而,中产阶级的崛起是以牺牲他者为代价的。经济和社会环境

---

①　日本诗人、民俗学者,日本"女性史学"开创者。

232 的动荡在日本社会造成巨大的社会和经济不平等问题。例如在 20 世纪 20 年代,日本工会的会员人数从 103 412 上升到 354 312 人,并爆发了多次大规模罢工,威胁到日本现代工业的引擎,使其不得不有所放缓。1921 年,东京平布纺织株式会社(Tokyo Muslin Company)的女工停工,要求增加工资、实行 8 小时工作制以及职工宿舍改善伙食。同年,川崎和三菱在神户造船厂的 3 万名技术产业工人举行罢工,要求涨工资并改善工作环境。1927 年,"龟甲万"品牌的生产商野田酱油酿造株式会社的数千名工人举行罢工。公司开除了罢工工人并雇用了工贼,当这些工贼遭到罢工纠察队员袭击时,罢工变得充满暴力。一名工贼脸上还被泼了硫酸,警察也由此介入并殴打罢工工人。最终,知名的产业家涩泽荣一(1840—1931)出面在双方间调停,这才有效地结束了这场罢工。

当工人努力争取在大正经济中分得更大一杯羹时,其他社会边缘群体也为追求权益继续奋斗。明治时代后,日本北方的阿伊努人仍旧疾病缠身、贫穷潦倒,因而被许多人视作"垂死的种族"。为了打破这种印象,1930 年一些活动家建立了"阿伊努协会",这一协会时至今日仍在为给阿伊努人争取更好的待遇而游说。这些行动在很大程度上代表着将阿伊努人全面融入日本主流社会的努力。也有人试着提升阿伊努文化的地位。年轻的阿依努人知里幸惠(1903—1922)在不幸于 19 岁时去世之前为口述神话编纂了《阿依努神谣集》,该书歌颂阿伊努村落正在消失的种种口述传说。像阿伊努人一样,日本的部落民也在 20 世纪 20 年代争取平等的待遇。部落民占日本总人口的 2%,当时被与"秽"相联,他们努力寻找工作并力争融入日本主流社会。1922 年,年轻的部落民活动者组建了"全国水平社",致力于"通过自身努力获得全面的解放"。他们掀起了全国范围的"谴责运动",试图要求那些过去歧视部落民的人道歉,并防止未来再次出现对部落民的歧视。

## 帝国民主

233 除出现新兴中产阶级和消费者认同之外,伴随日本经济崛起的还

图 20　原敬肖像

有新的民主政治。在明治宪法颁布以前,一部分"元老"掌控了日本的
国事。伊藤博文(1841—1909)和黑田清隆(1840—1900)等人受到天皇
委派,执掌明治政府。在明治政府最初的 10 年里,为数不多的几个政
治家轮流把持了内阁的重要职位,他们中的大部分来自长州藩和萨摩

藩。日本男性在 1890 年 7 月首次投票,为新的众议院选出了 300 人,
大隈重信(1838—1922)的进步党和板垣退助(1837—1919)的自由党赢
得了多数席位。这些结果使日本的民主活动家备受鼓舞。19 世纪末,
议会民主似乎已在日本崭露头角。但由于无休止的争吵、装腔作势和
辩论,以及由此招致的仅仅服务于"狭隘私利"的指责,政党政治很快激
怒了"元老"们。明治政府末期,出于对"自私自利"的政党政治家的担
心,出现了"超然内阁",像黑田清隆鼓吹的那样,政治家总是可以"毫不
动摇地保持超然,对政治党派敬而远之,从而遵循正道"。但由于担心
民主化倒退导致的国际反响,伊藤博文放弃了"超然内阁"的理念,在
1896 年任命板垣退助为内务大臣。对于其他政党政治家的任命也接
踵而至。

　　20 世纪 20 年代早期最著名的政治家是原敬(1856—1921)(图
20)。凭借他的立宪政友会,原敬建立了日本历史上第一个有效的政
党政府。原敬本人也是日本第一位平民出身的大政治家,但这一背景
并没有影响他对法制、秩序和经济发展的渴求。例如,1920 年原敬派
军队镇压了钢铁厂的罢工,从而获得了山县有朋等军界大佬的赏识。
山县有朋在政界长期身为元老,他说:"原敬干得漂亮! 电车和钢铁厂
的问题都得到了解决。原敬的政策相当漂亮。"

　　原敬的政治遗产毁誉参半:他没能利用手中的多数优势推动普选
权的立法,这导致了许多社会主义者和民主主义者的愤怒。原敬为自
己的无所作为辩解道:"这有点操之过急。废除(对选举权的)财产税
限制会破坏阶级的划分,这是危险的想法。"1919 年,原敬最终修改了对
选举权的财产税要求,将日本的选民人数从 300 万男性增加到了全国总
人口的约 5%。政府又对 1900 年的明治立法进行了修改,给予女性参与
政治集会的有限权利。原敬也使日本成为国联的创始成员国之一。

　　1918 至 1931 年间,日本的政党政治体制为历届首相及其政府建
立了一种旋转门机制:共有 11 位首相组阁,他们都来自立宪政友会、
宪政党和立宪民政党。日本的政党政治逐渐与贪腐联系到一起,这激
起了右翼极端民族主义者的愤怒,并导致了一位美国观察家所描述的

"暗杀政府"。1921年,一名19岁的扳道工刺死原敬,成为这一时期政治动荡的代表性事件。对日本的政党政治家和实业家来说,20世纪20年代和30年代都是险恶的岁月。极端民族主义者谴责实业家及其政党跟班因狭隘的一己私利削弱了帝国,想自行掌控未来。例如1930年,极端民族主义者攻击了首相滨口雄幸(1870—1931),使其在9个月后因伤势过重不治身亡。1932年,极端民族主义团体血盟团的一些成员先是射杀了日本中央银行的前行长井上准之助(1869—1932),一个月后其他一些人又趁三井财阀的总裁团琢磨(1855—1932)离开办公室之际将其射杀。血盟团指责这些人在大萧条中使日本经济陷入困境。当首相犬养毅(1855—1932)作为日本民选政府的领袖小心翼翼地对关东军继续在中国东北穷兵黩武表达不满之后,几个海军候补士官在首相家中将其暗杀。这些军官还向其他政府和政党的办公室以及三菱银行在东京的总部投掷了手榴弹。从这些目标可以看出,极端民族主义者将实业家及其政党庇护者视为国家社会、经济和外交流弊丛生的原因。其中有些实业家坚定主张民主和自由的经济政策,例如毕业于麻省理工学院的团琢磨。1921年,他与一些商界领袖游历欧美并试图与列强建立更紧密关系,这一选择在极端民族主义者眼中无异自取灭亡。对这些年轻人来说,团琢磨背叛了明治维新的遗产或所谓的"明治的骄傲"。

236

20世纪30年代初,民选政府更加脆弱,而右翼的批判变得愈发甚嚣尘上。例如,1930年建立的另一个极端民族主义组织"樱会"在其成立宣言中明确阐述了右翼主张:"在近来的社会趋势中我们看到,最高领导人行为不端,政党腐败,资本家和贵族毫不知民间疾苦,农村遭到极大破坏,失业和萧条严峻。"总的来说,在民主政党体制下,"明治维新后具有代表性的积极进取的精神已丧失殆尽"。随着20世纪20年代末和30年代初的衰退进一步缓慢深化,明治时期的阴影日益笼罩。军队中的年轻军官和其他极端民族主义分子利用德川和明治末期的帝国民族主义,以帝制的纯洁来反衬政党政治的贪婪和自利。因此,樱会主张:"大众与我们站在一起,要缔造一个真正基于人民大众并由衷以天皇为中心的朝气蓬勃的清廉政府。"樱会由一位中佐组建,对其而言,根据明治宪法只听命于天皇的军队,在重新建立一个"清廉"政府、扫除政党政治的腐败中将起到决定性作用。樱会继续指出,"虽然我们身为军人不应直接参政","但有时或必要时,我们报效国家的决心也应付诸行动,并为纠正统治者的错误和国家权力的扩张而尽忠"。

20世纪20年代,日本的政党政府同样有能力实施政治暴力,尽管程度相对有限。1920年,针对日本最大钢铁厂举行的罢工,原敬的镇压就是残酷无情而决定性的。三年之后,就在关东大地震爆发之际,政府的力量默许甚至鼓励针对所谓"布尔什维克主义者"和"朝鲜人"的暴行,而各政治政党则对其睁一只眼闭一只眼。地震发生两周后,警方杀害了女权主义的社会批判家伊藤野枝(1895—1923)和她的情侣——无政府主义者大杉荣(1885—1923)以及他的侄子。警察还谋杀了另一位知名工会领袖。1925年,宪政党①领导下的政府颁布了奥威尔式的《治安维持法》,该法案规定,对于批评天皇和私人财产所有制的人可处以死刑。正是在《治安维持法》下,1928年,数千名共产党员遭到警方拘捕。政府还加强了秘密思想警察的活动,这些警察负责清除政治异见分子,特别是共产党员。据统计,从1925至1945年,约有7万人因触犯《治安维持法》而遭到政府警察的逮捕。日本在20世纪二三十年代经历了一段"幽谷",上述种种事件正是其臭名昭著的标志。

在这种动荡的政治环境下也出现了新的声音,而这些声音很难被准确归入左翼或右翼。北一辉(1883—1937)就是其中之一。他在14岁时就开始对社会主义感兴趣,17岁在当地一家报纸上发表了关于日本"国体"的文章,批评明治政府的政治理论。这些文章遭到警方的调查,但并未带来更严重的后果。1904年,北一辉转至东京,进入到社会主义者的圈子,但结果却对这些"浅薄"的"机会主义者"不再抱有任何幻想。事实上,北一辉的社会主义政治理论的马克思主义痕迹很少,更像是去掉反犹主义之后的德国民族社会主义。北一辉在中国生活了几

---

① 此处应为宪政会。

年,参与了推翻清政府的革命运动,于 1919 年回到日本,开始参与激进的极端民族主义的政治活动。同年,他首次出版了《日本改造法案大纲》,该书的主旨在于,亚洲必须从西方帝国主义的奴役中解放出来,而重新振作的日本将有望带领亚洲走出西方压迫下的黑暗。他写道,"如果没有我们的指引和保护,我们在中国和印度的 7 亿同胞就找不到真正通向独立之路"。日本需要成为天皇领导下具有超凡魅力的威权国家,完成北一辉所谓的"昭和维新"。通过中止明治宪法,日本将得以免受国会和自私自利的政党政治的"恶意影响"。进入 20 世纪 30 年代之后,北一辉的极端民族主义的、反民主的、反政党的声音在日本具有日益重要的影响力。最重要的是,这吸引了一大批年轻的军官,他们日益坚信未来应由自己来掌控。

238

　　一个鲜为人知的事件可以反映出在这个时间节点上日本帝国政治寻找出路所面临的危机四伏的状况。1936 年,一群冲绳的武术家聚集在冲绳的那霸,讨论如何将冲绳的武学更好地融入到日本的功夫和体育俱乐部中。冲绳武学传统上被称为"唐手"(Toudi),或者也可以读成"Karate"。其汉字意味着"中国手",之所以这样称呼,是因为武术的技巧最初是通过中国传入的,在中国习武者将其称为"拳法"。琉球在 1879 年被吞并为冲绳县之前,一直扮演着从中国输入货物、药材和思想的主要中转地的角色。但 1936 年的政治气氛意味着,冲绳的武术家不得不改变其传统武学的汉字,使其得以与柔道、剑道等活动相提并论。最终,他们将"唐手"的汉字改为"空手",意指这一格斗技巧手无寸铁。重要的是,这一典型的日本武术事实上源自中国并经由冲绳引入日本,而冲绳的武术家为了保护其文化遗产,不得不小心翼翼地应对 20 世纪 30 年代的帝国政治,而彼时在日本的视野中,中国的地位已急剧下降。作为儒家思想和"显学"曾经的发源地,中国正被从冲绳的传统中完完全全地抹去,而冲绳则被并入日本帝国之中。

## 结语

1929 年 10 月纽约证交所股市暴跌。与许多国家一样,日本也遭

239 受到大萧条的巨大冲击,尽管相比美国金融市场的崩盘,其损失在统计数字上并没有那么明显。大萧条使日本的佃农和城市小业主遭受重创,尽管失业的统计数字与美国和欧洲部分国家无法相提并论,但是,大萧条使日本的政党政治所拥有的些许支持遭到了进一步的破坏。日本国内环境的干草堆很容易被国际事件所点燃,特别是发生在中国北方的事件。在经济危机中,中国东北似乎被寄予了帮助日本从经济衰退中自救的厚望。年轻的军官满怀北一辉的思想并对自私自利的政党政治感到厌倦,开始掌控局势。精心设计的一系列政治暗杀是导致日本极端民族主义和法西斯主义崛起的原因之一,但发生在中国东北的穷兵黩武的行动也起到了同样作用。1931 年,关东军中的少壮军官一手制造了导致太平洋战争的事件。在他们看来,发动一场与美国的"最终战争",将通过不断高涨的法西斯主义使日本从自私自利的自由经济政策中得到净化。许多人相信,世界的命运也由此出现了动摇。

# 第十三章 太平洋战争
## (1931—1945)<sup>①</sup>

20 世纪 30 年代，日本的法西斯文化塑造了政治、文化、对外事务 240
的方方面面。在中国东北的军事冒险主义和国内的政治暗杀导致了政
党政治的崩溃和军人统治的崛起，陆军和海军的将军及其副官们占据
了内阁的高位。1931 年之后，关东军占领了中国东北的大部分地区，
东京也终于接受这些掠夺来的土地，视其为"既成事实"。自给自足的
日本帝国的诞生与其军事胜利是联系在一起的；迁怒于令人厌烦的外
交，日本退出了国联和大部分国际条约。随着 1937 年之后全面侵华，
日本发动了所谓的"大东亚战争"，并终于向珍珠港发起攻击(1941)，把
美国拖入冲突。斗争中交战双方都表现出种族主义、文化误解、彻头彻
尾的残酷无情等特征。导致政党政治骤然崩溃和军国主义崛起的历史
洪流可以追根溯源至帝国的民族主义和明治宪法，正是后者使军队免于 241
忍受枯燥无味的议会政治带来的不适。日本的军队总是置身政治冲突
背后，在一般人的想象中似乎轻易地超越了自由经济和政治的腐败，而
后者则被与美国的个人主义和贪得无厌紧紧地联系在一起。

---

① 学界关于太平洋战争的时间界定有不同说法，原书亦不统一，第一章采用了"1937—
1945"，这里采用了"1931—1945"。

太平洋战争使交战各方都伤亡惨重。由于日本的扩张主义,数百万人在太平洋战场上失去生命;在国内,尽管人们起初也沉浸于总体战文化带来的欢欣鼓舞,但当失败节节迫近时,日本人很快就开始在所谓的"幽谷"中受苦受难。到1945年,美国及其盟国已严重破坏了日本的国内工业和战争机器,随着广岛和长崎的核爆,日本"无条件投降"。战后接踵而至的是长达七年的美国对日占领,见证了日本在政治机制、执法和国防、教育、经济和流行文化等各个领域深刻而广泛的变化,在战后,这些变化的遗产塑造了日本社会的方方面面。

## "九一八事变"

"九一八事变"(1931)的始作俑者、关东军军官石原莞尔(1889—1949)相信,日本和美国必将在太平洋上大规模决战,或用他的话来说进行一场"最终战争"。他认为,这与"拯救全世界"生死攸关。正如其他诸多理想主义的年轻军官一样,他迫不及待在中国东北能有一个事件激发战争。"军队已准备完毕,我们并不需要费力寻找动机或机会;我们需要的只是挑选合适的时机向世界宣布我们对满洲的吞并",他主张,"如有必要,关东军也能通过密谋创造这样的机会并迫使举国协进"。这恰恰是他与同谋板垣征四郎(1885—1948)在1931年9月的所作所为。

在此之前,关东军已经试图在中国东北制造动荡并趁火打劫。例如,1928年,关东军炸毁了奉系军阀张作霖(1875—1928)所乘坐的火车。在从北京回来的途中,张作霖的火车经过日本人控制的南满铁路,关东军士兵在此埋设了炸药。国民党试图通过北伐(1926—1928)将中国统一到单一国家权威之下,日本官员后来声称,张作霖无力阻挠蒋介石(1887—1975)的北伐,关东军对此颇为恼怒。日本人已经利用中国脆弱而分散的政治环境而兴旺发展,而国民党统一全国的努力威胁到了他们的殖民事业。当然这也是事实:关东军试图通过暗杀张作霖在东北激起一场更大的冲突,得以由此制造扩大华北战争的正当理由,绕过东京那些碍手碍脚的政客们。

　　张作霖在 1928 年的被杀并没有扩大冲突,但是 1931 年 9 月 18 日的"九一八事变"却达到了预想的效果。借着夜色的掩护,关东军成员试图炸毁南满铁路的一小段。关东军立刻将爆炸归咎于中国土匪,并在数天之内占领了沈阳和长春。关东军以闪电般的速度相继进入吉林(9 月 22—23 日)、齐齐哈尔(11 月 20 日)、东三省西南部(12 月 31 日)和哈尔滨(2 月 5 日)。关东军军官早已受够了东京拖后腿,他们迫使东京的文官政府接受了这一既定事实,若槻礼次郎(1866—1949)首相的内阁勉勉强强地认可了对吉林的占领。在占领齐齐哈尔之后,若槻礼次郎首相辞职,战前最后一位文职首相犬养毅(1855—1932)接任,直至其在 1932 年被极端民族主义者暗杀。1932 年,在犬养毅内阁任内,日本建立了伪满洲国,使其成为日本帝国的"受保护地区"。

　　1931 年 12 月,国联委任"李顿报告"委员会调查判明中国东北发生的实情。当这一报告最终在 1932 年 10 月发表时,对于何方导致了这一事变基本语焉不详。但报告对关东军在事变之后自称的"自卫"行为提出了批评,特别是其侵占中国东北主要城市的行为。当国联提出动议谴责日本为"侵犯者"时,趾高气扬的日本大使松冈洋右(1880—1946)步出会场。一个月之后日本正式退出了国联。在此之后,日本开始退出大部分国际协定,如 1911 年签署的《海豹保护公约》,从而建立了一个自给自足的帝国,基本与国际法分道扬镳。

　　日本在中国东北的军事行动继续改变着国内的政治和文化,导致了法西斯国家的崛起。来自中国东北的报道充斥了日本的新闻媒体,报纸和广播将东北大小诸事带进千家万户。越来越多的家庭收听战报,包括从前线传来的实况。1932 年,东京最畅销的书籍包括《最新兵器学教程》和《陆军读本》等,这也见证了日本主流消费中的军国主义文化。各个杂志将注意力聚焦于"满洲问题",各种特辑在书报亭畅销一时。极端民族主义的战歌开始取代十年之前无拘无束的爵士乐,《啊,我们的满洲》成为大众的新欢;《初入奉天:旭日下的南满光辉》等舞台剧也高居东京的票房前列。许多舞台剧都推出赞美牺牲的虚构故事,尤以"肉弹三勇士"独占鳌头。到 30 年代中期,大部分日本人都认为在

244

中国东北的总体战前景令人欢欣鼓舞,东北也占据了新闻和娱乐的关注重心。

当然,并不是所有的日本人都沉浸在这种欢欣鼓舞的战争文化中。就在"九一八事变"的同一年,日本的秘密警察就逮捕了 10 422 名左翼分子,之后两年又分别有 13 938 名和 14 622 名左翼分子被捕入狱。政府认为左翼有可能成为危险因素,颠覆日本的"国体"。政府也将宪法学者美浓部达吉(1873—1948)等学者作为目标。美浓部达吉在其"天皇机关说"中主张,帝制无非是少数统治"机关"中的一个,国会和官僚机构是另外两个。他的理论明确地限制了天皇在大正和昭和政治中的核心地位,激起了极端民族主义者的怒火。某个极端民族主义组织控诉道,"天皇机关说与我们无与伦比的国体背道而驰,是对皇室神圣地位的亵渎"。1937 年,文部省在《国体之本义》的第二章中简明扼要地阐述了日本"无与伦比的国体"的概念,将日本的"他国未见的美丽自然"与其独特的"国体"联系在一起。《国体之本义》还通过比较进行说明,"印度受制于自然,西洋则人人认为人可征服自然,难见吾国等人与自然之深切和谐。与之相对,吾国国民则与自然时时和谐相处"。自然环境由此与其"无与伦比的国家"绑在了一起。在这一背景下,30 年代日本建立了第一个国家公园,以保护其令人称道的自然环境,这也就不足为怪了。

在惊心动魄的"二二六事件"中,关于日本"无与伦比"的政体、天皇和军队的极端民族主义思想在东京闹市区的街头巷尾以令人恐惧的形式呈现出来。1936 年 2 月 26 日,来自战功卓著的第 1 师团的 21 个年轻军官带领近 1 400 人的部队从其东京营地出发,试图推翻政府。在这个下着大雪的二月清晨,首都枪声不绝于耳,象征着又一轮的政治暗杀。军队的狂热分子杀害了大藏相高桥是清(1854—1936)、前总理大臣斋藤实(1858—1936)等人。总理大臣冈田启介(1868—1952)男扮女装由其夫人护送出门才躲过了暗杀。到中午时,政变领导人已大部分得到控制,国会和军部也由重兵包围守卫。这些行凶者受到了北一辉右翼政治哲学的鼓动,他们希望"唤醒民众,激起昭和维新"。政变领导人主要想通过重点产业的国有化、帮助佃农、消除政界的腐败政党,以此"消除将民众与天皇隔绝的壁垒"。但最终,当裕仁天皇(1901—1989)转而反对这些行凶者时,政变被粉碎了,10 个大队被调入东京,包围了叛兵营地。到 2 月 29 日,事态已经平息;军队赦免了大部分士官和士兵,但 13 个下级军官以及政变的精神领袖北一辉被公开枪决。在群情激昂的那几年中,"二二六事件"是对政府权威的最后一次严重挑战,在很大程度上是因为对华总体战的前景黯淡。

## 大东亚战争

1937 年 7 月,日本和中国在看似微不足道的卢沟桥事变后陷入总体战。在卢沟桥最初交火的近 20 天之后,日本的"支那驻屯军"成功占领了北京:"支那问题"由此演变成"支那战争"。暴力很快在上海爆发,这座城市曾在 1927 年 4 月见证过中国国民党人和共产党人之间的严酷斗争,而在当时,与国民党近十万人的部队相比,日军人数有限。近卫文麿首相声称,中国对日本采取了"傲慢和侮辱"的态度,需要对其采取"坚决的行动",这就再次点燃了言论的炸弹。不久,中国轰炸了日本在上海的海军设施,蒋介石命令中国进行战时总动员。他解释说,"中国有责任保护自身及其国家存亡"。上海的战事惨烈,军队在街巷的肉搏战持续数月之久。尽管日军最终攻占了蒋介石的首都南京及广东,但到 1938 年战争陷入僵持。

随着日本在东亚的地缘政治目标上取得节节胜利,其论调继续保持高傲和决绝。在广东陷落后,近卫文麿首相解释说,"日本所寻求的是一个确保东亚永久稳定的新的秩序。我们目前战事的最终目标也在于此"。为了达到这一目标,1940 年 8 月,近卫文麿首相宣布建立"大东亚共荣圈",即包括伪满洲国等傀儡国和中国其他地区以及法属印度支那、荷属东印度在内的合作区域。近卫文麿首相宣称,"大东亚共荣圈"的这些区域都将统一到"八纮一宇"之下,这是借用了 8 世纪《日本书记》(720)的说法,原文表述的是神武天皇统治的古代帝国的疆域。在 20 世纪中,"八纮一宇"意味着在日本帝国的仁慈领导下,各国组成

246

一个大家庭。这可作为泛亚细亚主义发展的最高峰,即所有国家都在日本的家长制统治下"在世界上各得其所"。一个月后,为了阻止美国转进东南亚,外务大臣松冈洋右与纳粹德国和法西斯意大利签署了《三国同盟条约》,巩固了日本与这两个欧洲好战国结成的安全同盟。1941年 12 月,松冈洋右缔结了《日泰攻守同盟条约》,两国承诺建立"紧密不可分割的关系",即使在受到攻击时亦是如此。1941 年 4 月,松冈洋右访问莫斯科,签署《苏日中立条约》,确保了伪满洲国的北部边境。7月,在松冈洋右的旋风式外交后,日军侵入法属印度支那。

美国对于日本在东亚和东南亚的好战行径还以制裁,以此限制日本获取战事紧缺资源的能力。1937 年 10 月,富兰克林·罗斯福(1882—1945)总统发表了一场振聋发聩的演讲,谴责全球范围内"到处蔓延的""恐怖行径和无法无天",毫不隐讳地直指日本和纳粹德国,制裁也由此开始。随着日本攫取更多的土地,美国也扩大了制裁的范围。1939 年,罗斯福将制裁扩大到铝、钼、镍、钨等物资。第二年,制裁扩展到航空燃料、润滑油等日本战争机器所必需的其他物资。1941 年,在日本侵入法属印度支那后,罗斯福冻结了日本人在美国的财产并实施了完全的石油禁运。1941 年,罗斯福任命道格拉斯·麦克阿瑟(1880—1964)将军为远东军司令,加强了美国在亚洲的军事部署。同年,温斯顿·丘吉尔(1874—1965)和罗斯福最终签署了《大西洋宪章》,呼吁实施国际主义并使那些有"越境侵略"行为的国家解除武装。这些举动并没有阻止日本。在对美战争箭在弦上的时刻,日本开始计划入侵菲律宾、马来亚、缅甸,并计划在海军大将山本五十六(1884—1943)的指挥下入侵美国在珍珠港的海军基地。山本五十六希望凭借这一军事行动,使日本对美国太平洋舰队造成快速的、决定性的打击,建立其在太平洋舞台上的统治地位。

1941 年 10 月,当美国和日本一头扎向战争时,裕仁天皇任命东条英机大将为新的首相,以此在外交上"从头再来"。海军军令部总长提醒说,日本海军"一小时要烧掉 400 吨油",因此日本必须打破对美国的外交僵局。东条英机首相与其军事顾问密切协作,设计出了两套方案,但最终美国国务卿科德尔·赫尔(Cordell Hull,1871—1955)都认为不可接受。基本原因在于,美国拒绝承认日本的"大东亚共荣圈",而日本则排斥美国在东亚的存在,认为其危及自身的经济和安全利益。1941年12月初,东条英机告诉心腹他已"竭尽所能",然而美国仍不为所动。日本枢密院议长暗示,美国正试图摧毁日本的近代成就、破坏明治时代的遗产,这是对这一节点上日本人心存焦虑的一种总结。他宣称,"但明显,我国的存亡正受到威胁","明治天皇的成就将毁于一旦,我们也无能为力。故此,我相信如若对美谈判无望,则开战在所难免"。① 就在这些想法被公之于众之时,山本五十六的舰队正在全力驶向珍珠港,驶向太平洋上两大对手的一场大战。

1941年12月7日,当训练有素的日本飞行员在珍珠港投下最后一轮炸弹时,已有八艘美国战舰和200架飞机被损坏或摧毁,近4 000名美军丧生。海军大将山本五十六旗舰上的一位书记员记得,在攻击过后,"发给山本五十六海军大将本人的贺电从全国蜂拥而至……我负责处理,打开每一封信件并亲自递交给大将"。大将的回应则充满谦逊和睿智,他知道这场战争将是持久战。"我发誓我将继续发奋努力,不因战争初期的小胜而止步不前"。五天之后,日本政府宣布"大东亚战争"开战,至此,这场战争已波及美国及其他 ABCD 诸强(指美国、英国、中国和荷兰)。

日军以迅雷不及掩耳之势侵入香港(12月25日)、马尼拉(1942年1月2日)、新加坡(2月15日)、雅加达(3月5日)和仰光(3月8日)。但到1942年夏天,看上去所向披靡的日本战争机器已处于守势。在中途岛海战中,美国海军将六艘参与珍珠港攻击的日本航空母舰中的四艘送入了太平洋海底。而且,美国海军陆战队在瓜达尔卡纳尔岛的登陆迫使日军在残酷的丛林战后最终撤退。中途岛战役并不是美国和日本海军之间第一次重大交战,但却被证明是最具决定意义的一次。1942年5月,在珊瑚海海战中,美国和日本航空母舰在海军交战史上

250

---

① 保阪正康:《东条英机与天皇的时代》。

第一次摆开如此架势,尽管日军摧毁了更多的美国舰只,但双方都遭到重创蹒跚而归。到 1943 年,美国及其同盟国已使日本军队遭受数次重大失败,包括击落山本五十六大将的运输机使其殒命等。在一系列令人如坐针毡的失利后,东条英机意有所指地告知国会,"真正的战争现在开始了"。1944 年 10 月,美国海军五星上将切斯特·尼米兹(Chester Nimitz,1885—1966)与麦克阿瑟带队在菲律宾的莱特湾会合,击沉了六艘日本航空母舰,不可逆转地击溃了曾经不可一世的日本海军。在失去菲律宾之后,日本的作战方式变得更为孤注一掷,在1945 年年初的"神风"特攻中,飞行员纷纷驾机一头撞向迫近的美国海军。尽管面对这种自杀式战术,美国还是相继占领了硫磺岛(1945 年 3月)和冲绳(1945 年 4 月),一点点迫近日本本土。

在接近冲绳时,美军首先在冲绳本岛以西约 20 英里的名为渡嘉敷岛的小岛登陆。当美军于 1945 年 3 月底在该岛登陆时,在军队所谓"玉碎"的隐晦的命令下,渡嘉敷岛上的日本人开始集体自杀,亲手杀死家族成员是他们通常采取的方式:因为已有谣言传开,被俘的日本人会被美军断手断脚。一位曾挤在渡嘉敷岛山洞中的男人回忆道:"我们知道,要是被俘,就会被碎尸万段。他们会切下我们的鼻子、耳朵,剁下手指,然后用坦克碾过身体。"出于恐惧和绝望,他和他的兄弟用石头猛击母亲的脑袋,听从命令地夺取了这一可怜女人的性命。他们也杀死了年幼的弟妹。当战事抵达冲绳时,战斗变得异常残酷(图21)。11 万人的日本远征军因守岛而战亡,约 5 000 名美军在夺岛时牺牲。种族主义的宣传渗透了太平洋两岸,日本和美国军人之间展开了一场残忍无情的战争。正如美国战地记者恩尼·派尔(Ernie Pyle,1900—1945)所观察到的,"在欧洲我们觉得敌人尽管可怕和要命,但总还是人……(但在太平洋)我立刻感受到,日本人被看作是非人的、恶心的,就像人们看待老鼠和蟑螂一样"。美国军人将日本人视为"非人"并不是偶然的,多年来政府的宣传经常将日本人描绘成猴子或虱子,这些宣传深深地嵌入了美国士兵的脑海中,将一个个农家子弟变成了战场杀手。

图 21　日本海军的骄傲——大和号。作为当时最大的战列舰,大和号于 1941 年 12 月服役,1945 年 4 月被击沉于冲绳附近。

与之相对,尽管没有对美军进行非人化处理,日本的宣传却提升了日本人种的纯粹性,将"大东亚战争"变成了抗击 ABCD 帝国主义的一场道义战争。正如日本政府在冲突期间所鼓吹的:

> 吾大和民族正挥洒热血,以实现我们在世界历史中建立大东亚共荣圈的使命。为了解放亚洲的亿万民众,也为了永远保持我们在大东亚共荣圈中的领导地位,我们必须将大和民族的血脉根植在这一土地上。

尽管言辞崇高,但日本人自己却发动了一场无情的战争,南京大屠杀(1937 年 12 月)和 731 部队实施的生物战及残忍的人体实验等其他证据充分的暴行都是代表。令人痛心的是,当日军指挥官失去对其士兵的控制时,像基督教传教士刘易斯·史迈士(Lewis Smythe,生于 1901 年)所见到的景象在南京变得比比皆是。"昨夜,12 月 15 日,日本

252

士兵进入一户中国人家里……强奸了年轻的主妇,并带走了三位女性。当两个丈夫逃跑时,都被日军枪杀"。之后在 1946 年,南京地方法院估算日军在这场大屠杀中杀害的男女老幼接近 30 万人。

## 战争留下的环境印记

总体战对日本列岛和太平洋战场造成的令人震惊的人员伤亡已广为人知。在战后,日本陷入一片废墟之中。东京因燃烧弹失去了近50％的房屋,从全国来看,这场战争使近八百万人无家可归。超过80％的日本船只和超过 30％的工业能力被摧毁。约 210 万人在冲突中丧生。更宽泛地说,联合国估计约有 18 00 万至 1 900 万人在日本军事活动的区域内失去生命。对亚太地区而言,太平洋战争无疑是灾难性的。

然而,这场战争对日本自然环境带来的代价却相对不为人所知。环境的破坏与人员的伤亡通常相互交织。1945 年 3 月,"东京大空袭"烧毁了该国首都近 44 平方千米的土地,烧死了八万人。在 1944 年和1945 年空袭期间,日本所有房屋的近四分之一被破坏、烧毁或摧毁,近30％的人口无家可归。美国的空袭使几十万人丧生。尽管东京在1923 年的关东大地震之后得到基本重建,但这座城市在很多方面仍像是一点即着的引火盆。由于建筑多为木结构,许多日本城市在燃烧弹面前脆弱不堪。正如一位法国记者在燃烧弹空袭前不久所预见的:

> 这个首都污秽不堪。日本人的房子 20 年内就会衰朽。城市也是如此。大地震之后于 1923 年重建的东京已经衰朽……除了某种促使其再度重建的大灾难之外——例如,一场彻底的大火将其付之一炬——你想不出有什么办法可以使这座首都免于在腐朽和废墟中轰然倒塌。

1945 年 3 月,在"会议室行动"(Operation Meetinghouse)中,美国 B-29"超级堡垒"高空轰炸机在这座城市投下了数以千计的燃烧弹。

　　但自然世界在空袭之后出人意料地顽强,即便美国在广岛和长崎投下原子弹后也是如此。在 1945 年 8 月两枚原子弹爆炸后,核爆中心的残留辐射消散得很快,动植物随即在这两个被付之一炬的城市里重现生机。例如,在广岛,老鼠和昆虫在核爆后相对未受到伤害,大部分植物也是如此。日本科学家在广岛核爆中心周边收集昆虫时,并未发现基因异变。在这些断壁残垣的城市中,各种植物开始占据人类曾经栖息的空间,绝大部分花卉畸形都在两三年内消失了。在爆炸一年之后,超过 25 种野草占据了广岛的核爆中心,其中的许多品种在此之前都是稀有物种。各种植物生长如此之快,以至于一位西方观察家写道,"这真的犹如大量的决明子种子随着炸弹一起投下"。换句话说,不管是由于燃烧弹还是由于核爆,日本主要城市都被付之一炬,但这倒为动植物的大量生长腾出了空间,尽管人类居住者自身一俟战争结束也已很快重新占据他们原先所创造的环境。

　　战前和战争期间,日本的经济活动改造了自然环境。如前所述,日本政府在总体战爆发之前就已试图建立外汇储备,扩大已有的渔业生产是实现这一财政目标的出路之一。20 世纪 30 年代,日本渔民开始远离日本沿岸进行开拓,以此为美国市场提供罐装鱼类。日本也增加了远洋捕鲸,到 1938 年成为全球第三大捕鲸国家。到 20 世纪 30 年代,日本已充分利用了帝国的自然环境,为战事提供资源。朝鲜开始为日本的消费者种植大米,而在中国东北,大豆则成为首选的作物。同时,日本的农户种植更多的小麦出口到中国东北以换取大豆。朝鲜只适合大米的单种栽培,当朝鲜发生粮食减产时,日本立即遭受食物短缺的打击,其在战争期间的自主供应受到阻碍,自给自足的帝国哲学也遭到破坏。

254

　　整体而言,日本的农业在战争期间经历了大规模的动荡。在战前,日本因大量使用化肥而广为人知,但当公司官员转而利用水俣市的氮素工厂等固氮设备为战事提供化工产品时,化肥的生产逐渐减少。而且,政府也暂停了所有的磷肥和钾碱进口,而这些产品长期被农户用作肥料。作为替代,农户们开始在林地中寻找可用的护根和其他有机残渣。结果,森林受到了伤害,林木成长受到遏制;水土流失加剧,水道出现了速度惊人的沉积。许多农户回到原先使用粪便的做法,但这些下水道污物通常未经处理和堆肥。未经处理的污水由此经常污染供水,在战争期间各种寄生虫和细菌感染肆虐。由于军队将绝大部分马匹征调入伍至中国等地,农畜几乎从日本农户中绝迹。为了满足不断增加的饥饿人群的需求,狗等大部分大型宠物也早已牺牲。通过猎鸟提供食物成为一种"爱国责任",因此各种鸣禽也在日本日益稀少。猎人们每年杀害近 750 万只鸫、蜡嘴雀、雀鸟、黄雀、鹀以供人类消费。

杀害上野动物园的大型动物是战时屠杀动物最为引人注目的例子。在 19 世纪末和 20 世纪初,作为前述战时兴奋情绪的一部分,上野动物园已变成东京展示帝国风采的一个颇具人气的舞台。1897 年,宫内省批准展示"动物战利品",动物园也成为帝国文化的中心。日军在朝鲜"游猎"时猎获的一头野猪被关在了驯鹿旁边;1894 年在旅顺捕获的三头双峰骆驼也成为动物园的"新客人",此外还有之前在中国东北的部队留作吉祥物的一只金钱豹。孩子们可以喂养那些从战场上退下来的战马和役畜。明治天皇用自己的皇家国库支付这些帝国展览的费用。"大东亚战争"一开战,动物园就被官员动员起来用于满足总体战的文化需求。"军用动物"展览变得稀松平常,展示的包括战争期间使用过的大象、骆驼、牦牛、骡子、驴子、鸽子、狗和马匹等。正是由于动物园在日本人心中的广泛人气及其帝国和战事宣传的工具身份,1943 年夏天下令杀死这些动物园动物的决定才显得更加引人注目。这一屠杀名义上是为了节省稀缺的食物,通常借着夜色进行;这些曾经是动物园中最知名住客的尸体被装在加盖的手推车里,从工作人员通道拖走。以饿死、毒死、锤子敲击和尖竹刺杀的方式,动物园的训练师和官员共杀死了近 27 头动物。枪杀会引起太多的关注。裕仁天皇从埃塞俄比亚皇帝那儿作为礼物收到的两头埃塞俄比亚狮子也是牺牲品,此外还有三头表演的大象和那头金钱豹。当日本进入战事的"关键阶段"时,杀害动物园动物的行为在很多方面与发生在该国的其他引人注目的事件是并行不悖的。伦敦和柏林的动物园也屠杀过动物,但是 9 月初杀戮行为前后的佛教仪式"动物殉难者追悼会"还是暴露出,对于日本的战事而言,即便是这些动物园动物的死亡也起到了有益的宣传作用。

除了大量动物之外,日本失去的还有很多树木。为了减少原木进口,日本不断加大砍伐本国林木的力度;到 20 世纪 30 年代后期,日本甚至在国际市场上出售本国的原木以建立外汇储备。在战争期间,伐木工人砍伐了日本的大部分大型用材林。这一数字颇为惊人:从 1941年到 1945 年,伐木工人出于战事需要砍伐了日本近 15％的林地,而且其中的大部分被彻底砍光。1951 年,一位美国林业专家在日本观察道:"由于林业管理不善、长期的过度利用、再造林的不足、水土流失和病虫害侵袭等原因,可用的森林已降至近乎枯竭的程度。"

日本的"松根油计划"也是其毁林泛滥的罪魁祸首之一。美国石油禁运之后,日本的石油储备枯竭,到 1944 年日本研究者试图为其战争机器寻找替代能源来源。对很多人来说,松根油成为应对日本燃料短缺的方案,但是提取这种发动机燃料费时费力,且对自然环境造成极大破坏。尽管如此,受到总体战巨大影响的日本国民还是建起了 34 000个蒸馏器,以期从仅剩的森林中提取 70 000 桶松根原油。正如一位观察者写道的,"大堆的树根和树桩垒在各条道路的两侧。山坡上被剥得几乎不剩什么树木和幼苗"。颇为讽刺的是,日本战机和战舰的发动机真正燃烧的松根油少得可怜,因为科学家始终无法完善提炼方法。对日本森林而言,其棺材上的最后一根钉子是由于战争期间贪得无厌的林业行为而造成的松小蠹虫侵袭。林业人员估计,到 1946 年约有 60万公顷的针叶林受到这些饥饿虫子的侵袭。

在工业领域,战争准备也导致了诸多环境问题。在 19 和 20 世纪之交,三井在富山县的神冈矿已从银矿和铜矿转向铅和锌的开采,后者对战事而言是至关重要的金属。为此,该矿将成百上千吨高度粉碎后的镉排入神通川的沟渠。镉使成千上万农民特别是妇女中毒,得了"痛痛病"。日本把铅用于电池和子弹,锌则被用于兵工厂的黄铜铸件和船坞中的海军战舰电镀。一系列历史条件织成的错综复杂的网络导致了20 世纪 50 年代出现的镉中毒,但其中最为主要的是,使用的一种矿产

256

分离技术——波特粉碎法,造成镉的废弃物在周边的大米种植中具有高度的生物活性。20 世纪 20 年代,为了使其浮于分离桶,神冈已经能将矿石粉碎至 0.18 毫米的粒子,这些粉碎后的矿石在冲入溪流和河道时氧化和电离,极易附着于低洼稻田内的水稻秸秆上。帝国的劳动实践也导致了污染和病体。1941 年,在大量朝鲜犯人和被击落的美国飞行员在神冈工作之前,锌的回收率保持在接近 90%,工人们只排放了 20 吨的镉到周边的环境中。1943 年之后,基本作为奴隶的、未经培训的朝鲜人占到了矿工总数的近 50%,此时他们提取的锌要少得多,但丢弃的镉则是原来的三倍。太平洋战争在富山留下的长久的印记就是镉的污染和毒害,在战争结束后很长时间,当地妇女们仍继续由于日本战事导致的环境污染而遭受侵害、身心衰弱。这些妇女的遗体并没有作为"烈士"被供奉在靖国神社中,但她们也同样应该被视为"大东亚战争"的受害者。

## 广岛与长崎

到 1945 年,不管是日本的平民还是士兵,都已受到 B-29s 轰炸机无休止的轰鸣的威胁。波音公司制造的"超级堡垒"所到之处无不带来浩劫和恣意的破坏。富山市被炸得所剩无几,如前所述,东京的大部分也化为灰烬。1945 年 8 月 6 日,艾诺拉·盖号 B-29 轰炸机将其装载的原子弹"小男孩"投向广岛,在城市上空 2 000 英尺以下引爆。三天之后对长崎的轰炸接踵而至。在广岛,从核爆中心爆发出的经 X 光加热的空气以音速由中心向外扩散,使途经之处几乎所有可燃之物化为灰烬。由"小男孩"引起的火球直径达 370 米,产生的表面温度达到 6 000 摄氏度。在爆炸后的数分钟内,"小男孩"释放了直径约 3.2 千米的风暴性大火。15 岁的山冈美智子记得炸弹爆炸的那一刻,"人都不像人了。直到那一刻我都以为扔下的是燃烧弹。所有人都呆住了。人们都说不出话来。甚至身上着火时也喊不出'疼'。也没人说'热'。他们只是坐在那儿任其烧着"(图 22)。约 66 000 名广岛居民直接死于"小男孩","胖子"则夺取了 73 883 位长崎人的生命。当然,在之后的数月甚至数年中,又有成千上万人死于辐射疾病。哈里·杜鲁门(1884—1972)在解释使用这一新武器时明确表达了美国的复仇之意。"我们已使用了这一炸弹,"他说,"我们使用这一炸弹针对的是在珍珠港偷袭我们的那些人,针对的是饿死、殴打和处决美国战俘的那些人,针对的是已经完全不再假装遵守国际交战规则的那些人。"

258

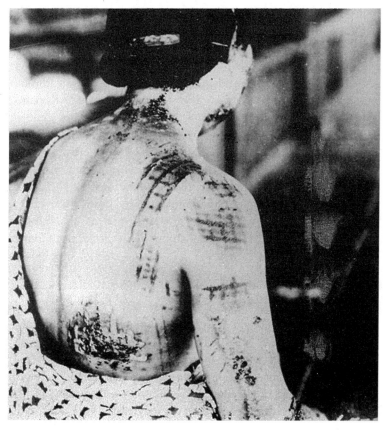

图 22　广岛核爆中的一位烧伤受害者

1945 年 8 月 15 日,日本投降。当天中午,日本人聚在收音机旁,第一次听到裕仁天皇用颤抖的声音解释这一决定。裕仁故意模糊自己在发动、进行、延长这场战争中的重要角色,声称投降是为了从"破却"中拯救"人类文明",创造"万世太平"。尽管日本的各个城市化为焦土, 259

裕仁却辩称,"宜举国一家,子孙相传,确信神州之不灭,念任重而道远"。① 当麦克阿瑟将军于 1945 年 8 月 28 日在厚木空军基地下机时,他面对的正是这片饱受战争蹂躏的"神州"。

## 结语

时至今日,日本仍尴尬不安地与其 20 世纪帝国侵略的历史遗产为伴。许多年轻人开始更多地探讨谢罪论,而小林善纪(生于 1953 年)则针对这种谢罪论发表了充满争议的历史漫画《战争论》(1998)。小林直接与出生于战后的年轻一代对话,批判那种认为日本发动"侵略战争"的说法,认为在太平洋战争之前和战时,日本追求的是合法的外交政策目标,令日本邻国惊愕的是,这一批判甫一问世就颇为得势。太平洋战争仍是界定 20 世纪日本的决定性事件。战后首相中曾根康弘(生于 1918 年)等许多人曾列举了太平洋战争的其他遗产,坚持认为日本的战后宪法"闻着像黄油",他们试图修改宪法以反映日本的价值观,包括修订与天皇和"第 9 条"相关的语句。中曾根观察道,"只要现有宪法尚存,无条件投降的状态就将持续"。

日本是否仍处在"无条件投降"的状态,这不过是一个政治观点的问题,但日本在战后重建的需求却是急迫的。随着美国在 1952 年结束占领,日本开始经济、社会、政治基础设施的重建工作。对于这一任务,日本完成得相当成功,但也不无长期遗留的举国代价。当日本开始第二次作为世界经济领袖崛起时,在其"奇迹般的"战后复兴中,经济增长被无限度地作为第一要务,这一做法产生的环境后果开始侵袭到日本最为脆弱的民众。

260

---

① 《官报·1945 年 8 月 14 日号外》。

# 第十四章　日本的战后历史
# （1945 年至今）

　　虽然日本从太平洋战争后的满目疮痍中蹒跚而起,但这个小小的
岛国肩负着明治时代的决心,凭借着美国的支持,很快开始了重建。到
20 世纪 50 年代,日本已经进入了"高速增长"的时代,洗衣机、电冰箱、
电视机等战后消费主义中的"三件神器"开始进入寻常百姓家,至少是
成为大多数人的消费期盼,点亮了曾几何时抑郁沉闷的生活。政府机
构与公司和工会携手合作,在美国安全保护伞的荫庇之下,精心谋划了
经济的复苏,造就了丰田汽车公司、索尼等全球巨头。在政治上,保守
的自民党统治国会长达数十年。自民党调整了美国的占领政策,之后
又推进宪法修订,以及经济的进一步私有化。但进入 70 年代之后,环
境污染使日本备受赞誉的经济成就染上污点。尽管新潟和水俣的水银
污染、四日市哮喘、富山的铬污染占据了大多数国内和国际媒体的头
条,但事实上一旦对工业发展放任不管,就会出现规模更小却同样具有
危害的各种污染问题。战后数十年,日本政府一心专注于经济复苏,以
此为名,国家似乎也忍心毒害其最为脆弱的民众和环境。

　　如果说从丰田的科罗娜汽车到索尼的随身听等工业制成品是日本
在太平洋战争后数十年内出口的典型,那么在最近的几十年中流行文
化的出口已取而代之。无论是哥斯拉的城市探险还是宫崎骏

(1941— )的动漫电影,日本的文化创造反映了日本人对核战争和工业污染的忧虑。但无论如何,日本已崛起为文化出口的大国。正如之前日本对美"圣战"和战后惊人的经济成就一样,今天,这一岛国的漫画小说同样举世瞩目。

## 占领与反转的历程

日本与同盟国代表于 1945 年 9 月 2 日在美国战舰密苏里号上签署了投降书。这一肃穆的场合并未有太多的喧嚣,但密苏里舰上的两面美国国旗却经过精心挑选。美国官员升起的两面旗帜,一面是珍珠港遇袭"国耻日"当天早上白宫升起的国旗,另一面则是 31 星的"古老的荣光"——在近一个世纪前马修·佩里海军准将"打开日本"时曾悬挂在其旗舰上。签字笔落,日本无条件投降。用美国向麦克阿瑟将军提供的一份声明的话来说,"我们与日本的关系并非基于协议契约,而是基于其无条件投降。你的权威至高无上,故在职权范围内不必答复日方的任何问题"。麦克阿瑟自认其在日本的"职权范围"是无所不包的。用他的话来说,他试图"使日本与现代的、进步主义的思想和行动看齐"。日本人也进而拥抱了战败,在美国占领(1945—1952)后立刻战略性地追随麦克阿瑟的领导,改革必要的政策和要务。麦克阿瑟在回忆录中证实,其占领政策殊具雄心壮志:"首先要摧毁武装力量。惩治战犯。建立代议制政府的结构。实现宪法的现代化。举行自由选举。赋予妇女以权利。释放政治犯。解放农民。建立自由和负责任的媒体。实现教育的自由化。分散政治权力。政教分离……"①在一定层面上,他试图重走明治维新之路,将这个国家重新放到民主化的轨道上,一条紧紧以美国为模板的轨道。

尽管很多日本人曾对被占领一事心怀惊惧,但这种不安很快就转变成兴奋,因为人们发现美国官员并没有像之前传言的那样,计划将日本改造成一个巨大的游乐园,由日本妇女化身为奴站在小卖铺内干活。

263

---

① 本段引文均出自《麦克阿瑟回忆录》。

许多日本人拥抱美国占领者,因为正是后者将他们从统治日本几十年的军事化国家中解救了出来。正如战后一位记者所观察到的:

> 年轻人之所以将东京视为乐土,似乎是因为他们被美国从压抑的力量中解救了出来。警察不再趾高气扬地到处耀武扬威,老师们和校长们也是如此。只要不犯法,年轻人可以为所欲为。现在的东京似乎已准备好慷慨地给予这些年轻人年轻和自由的快感。

从这一受欢迎的有利地位可见,美国的占领已经将日本人从其军事化的桎梏中解放了出来。

在这个意义上,被解放的氛围不但遍及之前的"大东亚共荣圈",在日本自身亦是如此,法西斯军国主义政府的倒台将普通日本人从接二连三的首相和内阁的压制中解放出来。但正如不少人所指出的,这种国内解放的意识也导致大众丧失了自身对于日本战争暴行的责任意识,将指责的对象一味推给了东条英机陆军大将等一小部分军国主义领导人。但如前所示,在此之前数年间,对总体战的举国狂热已远远超出了少数将领,有多少日本人热切地消费战争电影、战时广播节目、战争小说,有多少日本人参观陈列在东京帝国动物园中的英雄战马、爱国飞鸽等"军用动物"。这不免激起当代韩国和中国对日本不愿接受战争责任的某些批判。通过各种教育倡议,德国的省罪遍及普通百姓,而在日本,对南京大屠杀(1937)等战争暴行责任的举国反思却付之阙如。日本历次战争的战亡灵魂埋葬于东京的靖国神社内,东条英机大将及13 个甲级战犯同僚的令人厌烦的鬼魂仍在此继续肩负着国家的重负。

在一定意义上,无力承担国家的责任也为日本国内关于战争罪行和暴行的活跃争论打开了大门。这场争论起于历史学家家永三郎(1913—2002)出版的《新日本史》(1947),之后,一家东京的大出版社劝说家永三郎将该书改为高中教科书。由于日本教育体系高度集中的结构,这一教科书有可能在全国被广泛使用。但在 50 年代,家永三郎却

264

不得不与文部省的教科书审查程序开展斗争,后者一再认定家永三郎对关键战争史实的表述有误。从 1965 年开始,家永三郎发起了三次旷日持久的诉讼,认为政府对教科书的审查违宪,侵犯了写入战后宪法(1946 年 3 月公布)的言论自由权利。历经数年,家永三郎取得了部分胜利,更重要的是,他将这一事关如何阐述太平洋战争的争论置于国际的镁光灯下。此后,秦郁彦(生于 1932 年)等保守历史学家开始挑战对南京大屠杀等战争暴行的主流阐述。秦郁彦在数本学术专著中反复修正在南京遇害的中国平民的人数(他的估计将这一数字从约 30 万人降至 4 万人,主要是排除了中国士兵的人数)。秦郁彦的几本专著都被译成中文,随之而来的历史争论不断激怒日本的邻国。漫画家小林善纪(生于 1953 年)的策略则略有不同。小林善纪并未加入那些衣冠楚楚的"乏味之人"对历史的解读,而是在其颇为流行的历史漫画《战争论》中试图撰写"知识分子写不出来的东西——那些年轻人有兴趣去读、能够完全融入进去的东西,但又是深刻而非肤浅的东西"。在这一历史漫画中,小林善纪主张,日本打的并不是一场侵略战争,而是一场将亚洲从西方"白人"帝国主义下解放出来的正义战争。他进一步断言,对日本战争英雄的诋毁是美国对日本年轻人"洗脑"的阴谋,是想操控他们偏离健康的爱国之情。在他的作品中,小林善纪试图通过重述"大东亚战争"的丰功伟绩,唤醒仍存于日本人心中的"无意识的爱国主义"。

　　小林善纪与主流历史学的主要背离在于,他将包括许多战犯在内的日本士兵视为战争英雄,从而历史性地修正了占领时期最为高调的事业之一,即远东国际军事法庭,这一法庭试图将犯下"违反和平罪行"的日本人绳之以法。在被判定为"甲级"战犯的 28 人中,最为臭名昭著的莫过于东条英机大将。在麦克阿瑟登陆厚木后,东条英机曾试图自杀,却被美国医生奇迹般地救活过来,最终还是在三年之后遭到审判并被施以绞刑。另外的审判还判定了数以千计的乙级和丙级战犯,他们中的很多人日后又供职于战后的日本政府。麦克阿瑟指定了 12 位法官掌控审判,他们大多来自战争结束之时签署过"投降书"的各个战胜国。在 28 名"甲级"战犯中,1 人被认定不适于审判,2 人死于审判期

265

间;在度过煎熬的其他 25 人中,7 人被施以绞刑,16 人被判处终身监禁。

对裕仁天皇不予审判的决定最具争议。当时华盛顿似乎有意审判天皇(主要是出于苏联和英国的压力),麦克阿瑟写道,"我已建议过,要是这么做,那么我还得需要一百万人的增援力量。我相信,要是起诉天皇,甚至作为战犯被施以绞刑,就需要在全日本建立军事管制政府"。[1] 于是,占领当局开始了重写日本历史的事业,使天皇免于任何战争的责任。1945 年年底,盟军最高司令部公民信息与教育局的负责人接连写了数篇文章,又由日本的官方新闻社将其翻译成日文。在 1945 年 12 月 8 日发表的第一篇中包括下面这句,颇具象征意义,"天皇本人近来曾言,突袭珍珠港并非其本意,但宪兵想方设法阻挠民众获悉(这一发言)"。[2] 换言之,裕仁天皇是爱好和平之人,将天皇塑造为非暴力的民主首领的运动也由此开始。最终,盟军放过了天皇,但他们也确实监督天皇放弃了现世神的地位。在 1946 年 1 月 1 日的全国广播讲话中,裕仁天皇解释道,"朕和诸等国民之纽带,乃互信互赖、互敬互爱所成,非仅凭神话传说而生。将天皇视为现世神,称日本民族素质优于其他民族,故有统治世界之使命,实属架空之观念,无所凭据"。[3] 就如明治天皇在需要时曾脱下传统服饰换上普鲁士陆军元帅服一样,裕仁天皇也跃下白色的战马,脱去军服,变身为民主国家的良善象征,直至于 1989 年去世。

美国的占领改革确实是广泛而又具有变革成效的。新的教育体系、广泛的"解散财阀"、新的去中央化的警察队伍、起草进步主义的宪法,这些都在占领当局的监督下诞生。盟军最高司令部官员最初委任法学家松本烝治(1877—1954)起草新的宪法,但麦克阿瑟对其成果并不满意。在松本烝治起草的版本中,主权仍在天皇而非在民。[4] 最终,

266

---

[1]　《麦克阿瑟回忆录》。

[2]　《官报 1945 年 12 月 8 日》。

[3]　《官报 1946 年 1 月 1 日》。

[4]　松本参与起草的宪法有多个版本,包括"松本私案"(即一月四日稿)、"宪法改正要纲"(甲案·松本试案)、"宪法改正案"(乙案)等。

盟军最高司令部官员只得亲自操刀设计了宪法。在这部宪法中,天皇变成"是日本国的象征,是日本国民整体的象征",而不再成为国家主权的中心。与明治宪法(1889)有所不同,这一文本并不是神圣统治者的"赐予",主权本身亦非源自该统治者;相反,宪法诞生于一小批占领期间在日服役的新政官员之手。在这一宪法中,"第九条"使日本放弃了在解决国际争端时的"交战权"。这一颇具争议的条款提出,"日本国民衷心谋求基于正义与秩序的国际和平,永远放弃以国权发动的战争、武力威胁或武力行使作为解决国际争端的手段"。主要由新政人士领导的美国对日占领,正将日本从头到脚转变为一个进步的、和平的、民主的社会。

　　尽管在占领期间的最初两年,自由主义的新政氛围盛极一时,但到1948年就出现了明显的转变迹象。这主要是因为,当美国转向即将开始的对苏冷战时,盟军最高司令部对日本十分活跃的工会的态度和政策也发生了变化,这也成为其整体态度和政策出现变化的明显征兆。在战前,日本的劳工队伍迅速地由女性纺织工人转变为由重工业的男性劳动力为主导。因此,由于其对日本经济复苏的重要性,工会在战后初期的环境中变得日益自信。社会主义和共产主义的政治家也开始凭借其组织能力为工会提供援助。尽管麦克阿瑟本人在政治上颇为保守,但盟军总司令部对工会的管理却相对宽松,认为其不失为一个有益的团体,有助于胁迫日本政府对战后共产主义的蔓延保持高度警惕。1945年,盟军最高司令部督促日本国会以1935年美国进步的《瓦格纳法案》①为参照,通过了《工会法》。更为进步的《劳动关系调整法》(1946)和《劳动标准法》(1947)接踵而至。大体而言,这些早期的立法确保了组织、参与集体谈判、罢工的权利,以及标准化的工作时间、假日、生产安全和卫生条件,也包括了对女工和童工的限制条款。但到1948年,工会却开始与盟军最高司令部产生冲突。这主要是由于盟军最高司令部认为工会的行动策略危及美国一心期望的经济恢复。日本

---

①　全称为"国家劳工关系法案",该法承认工会享有集体谈判等权利。

工会持颇为强硬的政治激进主义,与美国工会组织相对平和的行为有所不同,这也使占领官员相当头疼。

1947 年 2 月,盟军最高司令部禁止铁路大罢工,开始打击日本的工会。自此以后,工会领导人发现自己站在了日本警察的对立面,而这些警察有美军作战部队撑腰,有时甚至明显还有坦克作为后盾。1949 年,日本国会在盟军最高司令部的影响下,抛弃了《瓦格纳法案》(1935) 的进步精神,转而奉行更为保守的《塔夫脱—哈特莱法案》(1947)[①]的哲学。日本的劳工运动为盟军最高司令部的彻底转变所震惊,对美国及其在日本的设计也变得日益怀疑。也正是在此时(1949 年 2 月),美国银行家约瑟夫·道奇(1890—1964)抵达日本,开始担任盟军最高司令部的经济顾问。在"道奇路线"下,盟军最高司令部胁迫日本国会推动财政紧缩、预算平衡、建立单一汇率并进一步促使日本经济的私有化,所有这些都与明治时代日本国家主义的"政治经济"背道而驰。简而言之,日本正与新政民主化的实验日趋背离,而越来越像是美国为了即将到来的冷战在亚洲设置的一个资本主义堡垒。

## 战后政治

在这一关键节点上,以保守的吉田茂(1878—1967)为代表的重要的日本战后政治家走到前台。对于日本政府而言,吉田茂并不是新人:他曾在喧嚣的 20 世纪 30 年代担任驻意大利和英国的大使。正是因为其在日本帝国中的显赫地位,美国占领当局曾在 1945 年将其短暂关押,被释放之后他很快成为战后政治的中心人物。盟军最高司令部之所以青睐吉田茂,是因为他明确期望在经济和军事上结成美日同盟。在之后被称为"吉田纲领"的政策下,吉田首相将沿着西方自由主义路线的经济恢复作为第一要务,而在军事上则依靠美国的保护,这也成为战后日本经济成功的一个关键要素。从本质上而言,日本不必支付巨额国防账单就得以重建。为了实现这些目标并驱逐无条件投降的幽

---

① 即"1947 年劳资关系法",该法案限制工人及工会权利,是典型的遏制劳工法案。

灵,吉田茂签署了《旧金山和约》和《美日安全保障条约》,在 1952 年 4 月正式结束了战争,与美国商议确立了日本的安全措施。随着占领时期最终落下帷幕,日本的战后时期也拉开大幕。

在整个 50 年代,吉田茂与其他保守主义政治家试图弱化或修正盟军最高司令部推行的许多更为进步的改革。例如在教育领域,盟军最高司令部曾命令日本政府实施教育自由化,从学校课程中清除军国主义和民族主义的残余。在日本投降时担任首相的币原喜重郎(1872—1951)执政期间,日本政府对此类改革畏首畏尾,只是反复宣传有必要与"近来我们道德败坏的根源"作斗争。币原喜重郎首相支持将重点放在明治帝国的教育敕语(1890)上,在日本学校,这一被反复背诵的文本向学生们传授传统的儒家等级观念和尊皇思想。当然,麦克阿瑟对这些担忧一概拒绝,坚持要求修改学校课程,使之与"代议制政府、国际和平、个人尊严以及结社、言论和宗教等基本权利"相吻合。更具争议的是,盟军最高司令部将学校课程的控制权交给了各个都道府县经过选举的委员会,批准教科书的职权也一并交给他们。盟军最高司令部倾向于去中心化的美国式教育模式,对文部省的中央权威釜底抽薪,特别是在批准教科书问题上更是如此。

但观念保守的吉田茂对这些改革颇为警觉,他担心的是"公共道德的败坏,有必要抑制因对自由含义的错误理解而引起的各种越轨行为,不能忽视的是,由于对进步概念理解有误,国家及其传统越来越得不到尊重"。① 在战后不久,民众的道德健康就成为日本保守主义政治家考虑的当务之急,他们甚至将其用于解释国家疲敝战败的原因。例如,1945 年 8 月 28 日,东久迩宫稔彦王首相(1887—1990)将日本战败的原因之一归咎于公共道德的败坏。他在其第一次记者招待会上解释道,"由于政府政策有误,我们才沦落如此境地","但是(战败的)另一个原因在于民众道德行为的败坏"。② 为了改变盟军最高司令部的改革

---

① 吉田茂:《回想十年》。

② 即 1945 年 9 月 5 日东久迩宫稔彦王于国会发表之施政演说,长谷川峻:《东久迩政权·五十日终战内阁》。

方向并抵御本国的道德败坏,日本国会于 1954 年实施了一系列调整,
这些调整弱化了日本教师联合会,并最终又开始了对教育的集权控制。　270

　　盟军最高司令部对日本警察队伍的改革同样具有启示意义。与教
育改革一样,盟军最高司令部一度使日本的警察队伍按照美国的模式
去中心化。在战争期间,内务省掌控着包括穷凶极恶的秘密警察在内
的警察事务,而在美国模式下,现在则由各个县市政府负责执法。但正
如教育改革一样,国会放弃了由各个城市管理警务的方针,而倾向于通
过国家公安委员会的控制由各个县掌握警力,这一进程起始于 1951
年,止于 1954 年的《警察改革法案》。之后,随着冷战的开始以及朝鲜
战争(1950—1953)的爆发,特别是在中华人民共和国成立(1949)之后,
亚洲变得日益动荡。为此,即便在放弃交战权的"第九条"的框架内,吉
田茂首相也开始了加强日本国防力量的进程。1950 年,日本建立了警
察预备队,希望以此取代离日赴朝的 75 000 名美军。《日美共同合作
与安全保障条约》(1952)签署之后,警察预备队在 1954 年变身为日本
自卫队,由其继续保障日本的防卫安全利益。起初,日本的自卫队仅限
于日本本土,但在最近的几十年中,日本已开始以维和行动为目的在海　271
外部署自卫队。尽管其军事力量仅仅用于自卫,但 2013 年,日本已拥
有全球第五高的国防预算。

　　在战后的大部分时间内,日本由自民党(1955)统治,保守主义的国
会政治家、政府官僚和公司领导层之间的三角关系成为其统治的支柱。
自民党在 1955 至 1993 年之间统治着日本,在此期间有 15 人担任首
相。日本的战后政治与乐队指挥颇为相似。颇具领袖魅力的中曾根康
弘(生于 1918 年)是一个特例,他是其保守主义的美国伙伴——罗纳
德·里根总统(1911—2004)的同龄人和同道中人。中曾根在 1982 至
1987 年期间担任首相。值得关注的是,作为一个坚定的保守主义者和
民族主义者,在 14 名甲级战犯于 1978 年被移入靖国神社后,中曾根首
相是第一位前去参拜的日本国家领导人。中曾根也因曾在 2001 年于
日美之间造成一场外交纠纷而名誉扫地,当时他把种族同一性认定为
日本教育测试的高分根源。对于美国的情况,他解释道,"美国有许多　272

黑人、波多黎各人和墨西哥人。所以那儿的平均分才特别低"。后来他又试图做些澄清：美国当然也取得了"巨大的成就"，但是"就是因为多元民族的存在,美国才干不了某些事"。中曾根进而解释道,"相反,这些事在日本容易得多,因为我们是单一种族的社会",可见其观点的顽固。[①] 中曾根的观点被说成仅是他的一己之见,但显而易见在自民党的保守主义者中间,这种关于日本种族纯正性的战时观点仍不绝于耳。他又将日本经济的关键领域私有化,如从 1898 年开始由政府垄断的烟草行业在 1985 年实现私有化,日本国有铁道也在 1987 年被称为"JR集团"的七家私营公司取代。私有化的魔咒也成为保守主义的自民党对战后日本统治的标记。

## 第二次经济神话及对其的不满

在美国占领的十年间,日本经济开始复苏。战后伊始,经济计划的主要目的在于使民众免于饥馑,但到 1955 年,日本就已进入"高速增长"的时代,经济扩张变成日本的当务之急。在 60 年代,日本的经济增长使世界为之叹服,其国民生产总值(GNP)的年均增幅达到 10％,总量超过联邦德国和除了美国以外的世界所有资本主义国家。在相当程度上,日本经济的高速运转与美国在朝鲜战争期间的采购有关,这让日本收益颇丰。到 1955 年,美国已经在日本商品上花费了 20 亿美元,日本的经济状况大为改善,许多人已经有能力购买家用耐用消费品。70年代早期,当石油输出国组织提升油价时,日本的经济增速有所放缓,但短暂收缩后,日本的国民生产总值在之后几十年间恢复了令人吃惊的增长,年均经常在 3.5％到 5.5％之间。1987 年,日本经济的人均国民生产总值已超过美国。在某种程度上,像通产省(1949)和经济企划厅(1955)这样的政府机构精心设计了大量对日本的经济成就有所助益的工业计划。与明治时期有所不同,在改革惠及城市时,日本的"高速

---

① 即"知识水准发言",1986 年 9 月 22 日中曾根康弘于静冈县田方郡函南町自民党全国研修会上的演讲。原书疑有误。

增长"也将物质收益带到农村地区。到了 70 年代,农村的家庭收入水平是 50 年代的五倍之多,与城市家庭一样,这些农村家庭也同样购买了"三件神器"(洗衣机、电冰箱和电视机)。由此,战后的复苏惠及了日本社会的大部分阶层。

许多战前的产业在战后的环境中兴盛起来。例如 1937 年,丰田自动织机株式会社开始变身为丰田汽车公司。公司创始人的儿子丰田喜一郎(1894—1952)在名古屋附近建造了一套复杂精良的生产设备,并开始将工程师和物理教授等专家集聚在自己身边。这一生产联合体包含了从金属铸造、冲压到焊接、涂装等 17 项生产设备。在 1937 至1940 年间,丰田利用名古屋的这套新设备将汽车年均产量从 4 013 辆提高到 14 787 辆。受第二次世界大战的影响,丰田及其他主要企业被迫降低对国外技术的依赖,更多地依靠自主开发。丰田在建立自己的理化学研究所时曾解释道:

> 由于面临欧洲的第二次大战,引进西方知识变得异常困难,且由于同盟国对其他国家关闭了研究部门的大门,要想获悉其研究成果的信息殊为不易。在这一情况下,我们越来越迫切地需要开展自身独立自主的研究,并建立研究机构,踏上自我成长之路。

美国的轰炸摧毁了丰田的大部分设备,但该企业很快便得到了恢复,特别是在承接驻朝美军军车装备零部件的大量采购之后。在 50 年代,丰田及其竞争者日产开始使用机器人实现组装线的自动化并改进生产流程,由此催生了丰田科罗娜(1957)等风靡一时的型号。作为这些创新措施的一个结果,日本的汽车工业经历了令人吃惊的扩张:1953 年日本仅生产了 49 778 辆汽车且无一出口,而到 1983 年则生产了 1 100 万辆汽车且半数以上用于出口。

松下和索尼等公司的成功也显示了日本在战后经济增长的多元化。其中索尼公司由井深大(1908—1997)和盛田昭夫(1921—1999)于1946 年创立。1950 年,凭借井深大的工程造诣,日本生产了本国第一

274

批录音机。1953年,索尼改进了晶体管收音机,实现了消费电子工业的革命。如果说井深大是这一事业背后的工程天才的话,盛田昭夫则提供了开拓国际市场的超强能力,1970年,索尼成为第一家在纽约证券交易所上市的日本公司。在索尼的努力下,"日本制造"的标签开始象征着高品质和高技术,而非粗制滥造的来自亚洲的进口商品。如丰田一样,索尼不断努力地改进产品,即便对于那些诞生于国外的产品也力争精益求精。索尼电视机就是一个颇有意思的例子:在60年代,传统的电视机都是电子管成像,但索尼采用了晶体管成像,这为生产适应日本家庭的更为小型的电视机提供了技术基础。由此,日本引领了电子产品小型化的事业,而后者也最终成了个人和家庭电子工业的金科玉律。

但是,日本对于工业扩展和经济增长的短视追求也造成了环境和生命的高昂代价。在战后复苏期间,著名的四大污染案例扰乱了日本对经济增长的整体承诺,并迫使国会以具体立法的形式采取行动,治理日本受污染的空气、水质和土地。今天,这"四大"公害已尽人皆知,分别是水俣的水银污染(熊本县)、新潟的水银污染(新潟县)、四日市哮喘(三重县)、铬污染(富山县)。70年代初,摄影家尤金·史密斯(W. Eugene Smith)凭借其对不知火海沿岸患病渔民村落的摄影,引起了国际社会对"水俣病"的关注。他记录了渔民坚持不懈地向中央政府和窒素公司伸张正义的种种努力,正是后者将大量水银倾倒入周边水域。窒素的历史可以追溯到19世纪初期:野口遵(1873—1944)于1908年建立了这一公司,当时科学家们正积极推动电化学的进展,特别是利用固氮技术生产肥料。

生产电石和含氮产品的窒素很快成为20世纪日本工业的巨无霸。由于越来越多的农民离开田地转身成为工厂中的劳动力,土地需要更高的生产率,因此肥料对工业发展变得至关重要。但日本的战事还为窒素的化工产品提供了另一个市场,特别是在兵器工业上。如许多日本的工业巨头一样,窒素也深深卷入日本的总体战。例如1929年,它在朝鲜的兴南建立了一个规模庞大的肥料工厂,将当地由一个小渔村变成一个 18 万人的大工业城市。在日本帝国攫取的其他地方，如釜田、长津、洪川、鸭绿江等，窒素也建立了水力设施。该公司甚至还在中国台湾拓展了弹药制造业。1932 年，窒素的一个工程师开发了"反应液循环方法"，以硫化汞为媒介将电石气生产为乙醛。1951 年，窒素的工程师们用锰取代硝酸作为生产乙醛的氧化剂，进而从邻近的入海口抽取海水，生产一种高溶解性的水银。这一水银极易被生态系统以及贝类、猫、当地渔民等动物和人的身体所吸收。对窒素而言，这些技术进步促进了生产和利润，但也在多个方面造成了邻近海域的环境污染。最终，数千人为之殒命。

从 1930 年到 20 世纪 60 年代，窒素将大约 600 吨汞倾倒进水俣湾。水银于不知火海的水生食物链中疯狂传播后，最终栖身于这一地区营养链的顶峰——人体胎儿之中。由于水银的可溶性，它能够轻易地渗透至胎盘；后来的检测显示，妇女脐带中测得的汞含量高于同一个体血液中的含量。这主要是因为母亲的身体无意识地将水银导向胎儿，打断了胎儿形成神经器官的关键期。水银渗透至生态系统的某些早期标志是水俣的"猫舞蹈症"，这主要是指码头附近一些站立不稳、濒临死亡的猫咪，其大脑受到水银的侵蚀，海岸线附近的老鼠曾因这些猫咪而数量大减。人类受害者也接踵而至，"水俣病"的标志是那些神经系统受到感染的孩子，他们双手痛苦紧攥，两眼发白，口水滴答，口齿不清，浑身颤抖。当渔民试图伸张正义时，他们"自私的要求"却被一概拒绝，只因这有可能减缓战后日本的恢复速度或破坏急需的就业机会。1973 年 3 月，斋藤次郎法官在其历史性的裁决中认定，窒素因"企业的疏忽"而被判有罪，自此以后，受害者与加害者在法庭上屡屡针锋相对。上万人试图得到患病的认证，但到 2001 年为止，仅有 2 265 名受害者得到认证（更多的人获得了某种形式的补偿），而其中大部分都已离世。对于水俣的渔民及其家庭而言，日本战后复苏的人身代价实在太过高昂。

四日市的二氧化硫毒害是环境为日本战后恢复付出高昂代价的又一个例子，而这一沉重的负担总是由最为贫穷的群体不成比例地承担。

276

1955 年,在"高速增长"期间,日本政府选择四日市作为一个大型石化联合工厂的所在地。在战前,该地曾是一个深水港,因此极为适合那些将石油运输到日本的大型油轮。石油对于日本战后恢复而言至关重要,因此四日市的建设从 1956 年开始,占据了大片沼泽湿地和原有炼油厂被炸后的废墟之地。产业设计专家将其对四日市的总体愿景称为"联合企业",这是俄语 kombinat 的日语版,意指大量相关产业集聚的一个大型产业园。到 1958 年,油轮已定期在四日市的昭和炼油码头系泊,工程师们将这些石油精炼成汽油、煤油和石油脑等。但在邻近的小渔村矶津,随着污染笼罩整个地区,空气质量变得难以忍受;筑地水产市场进而认为该地的渔获有害健康,拒绝其入市,这就给渔民原先就脆弱的生计带来致命一击。1964 年 4 月,后来被称为"四日市哮喘"的第一位受害者去世。大量患者相继过世。工业化的日本为汽车提供了汽油,为家庭供暖提供了煤油,为塑料制品提供了石油脑,但却再一次表明其也忍心毒害自己最为脆弱的普通百姓。

国会于 1967 年通过了《公害对策基本法》加以应对。这部法律试图在最基本的层面"对抗环境污染"并确保"保护人的健康,保存其生存环境"。该法还定义了一系列技术术语,如"公害",这是表示环境污染的一个日语词汇,被定义为"人的健康和生存环境被空气污染、水污染、土壤污染、噪音、震动、地面沉降和恶臭等破坏的任何情况,这些污染由于工业或其他人类活动而在相当区域内产生"。从四日市的有毒受污染空气到大阪机场震耳欲聋的噪音等各种污染都被纳入了这一新的立法。从 60 年代开始对大阪机场的噪音污染的抱怨日益严重,为此,到 1969 年 12 月,随着《公害对策基本法》有法可依,大阪伊丹机场周边的市民向地方法院提起诉讼,要求因这一惊人的噪音污染获得赔偿。这一诉讼被多方审理了近十年,各个法院都支持原告的诉求,并最终在 1975 年 11 月下达命令,要求机场在晚上 9 点到次日早上 7 点之间停止飞机起降。这一案件最终上诉至日本最高法院,这是全世界最为保守的最高法院之一。经过六年的深思熟虑之后,最高法院裁定原禁令不合法,但受害者仍有权获得赔偿。无论这一事关宪法的争论结果如何,大阪的伊丹机场仍处在严格的监管之下。

《公害对策基本法》通过后不久,在 1970 年,被许多人称为"公害国会"的当届国会通过了 14 项环境立法。在这些法律通过之后,"四大"公害也进而在数年内得到解决,分别是——1971 年的新潟水银中毒、1972 年的四日市哮喘、1972 年的富山铬中毒、1973 年的水俣水银中毒。1971 年日本政府还建立了环境厅,又在 2001 年 9 月将其升格为环境省。在这一时期,立法者开始清除 1967 年立法时所强调的偏向工业发展的陈词滥调,如努力实现公害对策与经济增长的"协调"云云。今天日本仍面临不少环境威胁,但 60 年代末 70 年代初,太平洋战争后几十年内未受制约的工业化的严重后果已充分显现。

### 新的文化出口

今天,日本的流行文化出口也如同其工业制成品一样广为人知,特别是在 1991 年日本"泡沫经济"破裂之后,这一破裂开启了很多人所谓的"失去的十年"。流行文化出口的第一个象征是不知疲倦的哥斯拉,它在 1954 年的电影《哥斯拉》中首次登上日本的银幕。本多猪四郎是该片的导演,日本最大的电影公司之一东宝公司为该片的先进特效(图23)投资了近 600 万日元。影星志村乔(1905—1982)在片中扮演真人主人公,他在同年黑泽明(1910—1998)导演的《七武士》(1954)中因其对主人公的演绎而声名鹊起。哥斯拉也出现在同年的另一部电影《第五福龙号》中,这一年的 3 月,美国在比基尼环礁进行的核试验使一艘日本的金枪鱼渔船意外受到放射性尘埃的辐射。不到七个月,该船的无线电技师长因急性放射性综合征去世。作为抗议核试验和核战争的一个流行文化象征,哥斯拉正是诞生自这一核试验的同一片水域。本多导演曾解释道,"我们本来没打算拍续集,而且天真地希望随着哥斯拉的终结,今后也不再有核试验"。[①] 但不仅是核试验,哥斯拉自己也没有在 1954 年之后消失,这一讨人喜欢的火车捕食者甚至成为日本电

---

① 本多猪四郎:《哥斯拉与我的映画人生》。

图 23　哥斯拉在东京掐死日本自卫队

影史上最经久不衰系列的主角。1995 年 7 月,随着史诗大片《哥斯拉之世纪必杀阵》(*Godzilla vs. Destroyer*)的上映,东宝才终于叫停了这一系列。东宝的一位高管承认,"因为哥斯拉电影已形成系列,所以对哥斯拉的角色及其背景故事都有一定的制约","这就是我们决定叫停这一系列的原因"。

自从哥斯拉在 1956 年的《怪兽王哥斯拉》(*Godzilla , King of the Monsters!*)中初登美国银幕以来,许多其他的日本流行文化出口产品也在全世界大放异彩。与哥斯拉遨游的、受到严重电磁辐射的战后水域不同,80 年代日本流行文化的特征是对"可爱"的莫名追求。在东京及其他城市,一些成年女性打扮成小学女生招摇过市,挂在粉红色毛衣或手提袋拉链上的毛茸茸的动物玩偶一路晃荡。用某个观察者的话来说,人们——特别是女性——都希望自己看上去"今年二十,明年十八"。作为这一追求"可爱"的社会文化的产物,一些女歌手在日本年轻男性中风靡一时,例如松田圣子(生于 1962 年)打扮成小波碧(Little Bo Peep)在演唱会和电视上频频亮相。成千上万"装可爱"的女子,或那些假扮青春以取悦男性的女人充斥于日本的各大城市。但日本可爱文化的一个更为持久的产品则是三丽鸥公司创造的于 1974 年问世的凯蒂猫(Hello Kitty)。尽管从表面上看凯蒂猫不过就是手提包上的一个可爱图案,但三丽鸥公司却为她创造了一段颇具世界性的简历:"凯蒂猫出生于英国伦敦,并与父母和双胞胎姐妹咪咪(Mimi)生活于此。凯蒂和咪咪都念三年级⋯⋯她的兴趣是音乐、读书、吃妹妹自己做的饼干,以及最重要的:交新朋友。"凯蒂猫甚至有自己的报纸《草莓新闻》。三丽鸥公司将这个产品形容为"社交礼物",从其利润上看这一设计似乎颇为成功。有人认为,2010 年,Lady Gaga 等美国名人用凯蒂猫手袋打扮自己,与其说是求其可爱,倒不如说利用其奇异可笑的调皮之处,三丽鸥公司的利润也由此升至约 100 亿日元。

280

　　包括漫画(绘图小说)和动画(动画电影)在内,日本的文化产业也在全世界颇具人气。日本人早在战前就开始阅读漫画,而且其文化根源可以追溯到近代早期的木刻版画上,但当代形式的漫画却是在美国占领之后兴盛起来的。今天,从对日本对太平洋战争态度的严肃的保守主义批判到性虐待的色情作品,从经济论文到科幻小说,这一体裁在内容上几乎无所不包。手塚治虫(1928—1989)是推动漫画在战后日本流行文化中占据主导地位的一位艺术家和作家,被称为"漫画之神"。手塚治虫拥有医学学位但从未执业,同时他又是一位业余的昆虫学家,对昆虫的世界充满好奇:他的笔名为 Osamushi(步行虫),指的就是一种爬行甲虫。在其漫画中,手塚治虫涉及了大量沉重的话题,如名声欠佳、白璧微瑕的英雄尽力解决棘手难题等故事。由于主题严肃,手塚治虫使阅读漫画也得到成年人的青睐,当然,任何一个在日本轨道交通通勤过的人都知道,他们读的时候都套了封皮。手塚治虫出生于宝塚市,即女扮男装的宝塚歌剧团的故乡。在家乡,手塚治虫沉迷于电影,特别是沃尔特·迪士尼(1901—1966)的动画电影。他说曾看了《白雪公主》和《小鹿斑比》不下 80 遍,直到几乎记住每一个画面。对于战后一代而言,手塚治虫最受尊敬的漫画是连载于 1951 至 1969 年的《铁臂阿童木》。今天,漫画已成为日本一种更为重要的出口文化,这一体裁在日本之外的其他地区亦广受欢迎。

281　　漫画与动画(或曰动画电影)关系密切,后者也同样风靡全球。与年轻时崇拜迪士尼电影的手塚治虫不同,日本杰出的动画大师宫崎骏(生于 1941 年)对经典的迪士尼电影从来都不大感兴趣,甚至觉得有些陈词滥调。宫崎骏及其合作者高畑勋(生于 1935 年)共同成立了吉卜力工作室,今天这个工作室已成为动画行业的巨人。1984 年的《风之谷》为宫崎骏第一次赢得了国际盛誉。宫崎骏的许多作品探究人的行为,特别是商业贪欲与脆弱而变异的自然世界之间的关系,《风之谷》正是其中的一部。在这一奇妙的生态剧中,一个年轻的多愁善感的女孩娜乌茜卡顽强地在末日之后饱受毒害的世界中生存下来,而世界已为好战的变异虫族所占据。主人公与《虫姬》①(12 世纪)中平安时代的公主相似,同时也以美国插画家理查德·柯本(Richard Corben,生于 1940 年)创作的《洛夫》(*Rowlf*, 1971)中的角色梅雅拉(Maryara)公主为蓝本。吉卜力工作室创作的其他生态寓言还包括 1994 年的影片《平成狸合战》,讲的是一群可以变形的狸猫依靠其变身之术与多摩新城的发展相抗争的故事。在"幽灵行动"这一极具视觉冲击力的一幕中,变身的狸猫召唤出一群日本的幽灵和文化图腾试图惊吓多摩新城的新居民。紧接着《平成狸合战》,宫崎骏又创作了《幽灵公主》(1997),讲的是一个小女孩被一群白狼神抚养长大的故事,这些白狼不禁让人想起日本真实存在过的狼群,备受崇拜却在明治时代被赶尽杀绝。主人公是一个年轻的虾夷族王子,名为飞鸟,他发现自己卷入了工业化的塔塔城与邻近的森林及其麒麟神之间的斗争。在一定意义上,影片探讨了自然的衰亡,因为随着人类的工业化和对自然世界开发利用的加剧,动物失去了他们主观的或神灵的存在方式,变成人类开发利用的无知的对象。在影片中,随着塔塔城对自然世界的开发利用,动物们日益

---

①　《虫姬》,作者池田刑部,收于《堤中纳言物语》(成书于平安时代后期,编者不详)。

丧失语言能力,这也象征着他们逐渐成为人类想象的客体对象。

　　很明显,如果说工业增长和环境崩溃代表着战后日本的历史,那么以此为主题的文化探讨同样伴随着这些历史进程。从诞生于放射性危害的哥斯拉到幽灵公主,日本的流行文化不断探索着现代人类身处自然世界这一主题。

## 结语

　　1991 年,日本的"泡沫经济"应声破裂。这一破裂并非一朝一夕之事,而是经历了经济繁荣逐渐恶化的漫长过程,房地产和股价上扬曾带动了这一繁荣。例如 1985 年,东京的地价暴涨 45％,达到每平方米 29.7 万日元;1990 年在泡沫经济的巅峰时刻,同一平方的地价已达到令人瞠目结舌的 89 万日元。房地产价格的上涨主要导致了经济过热,又进而造成了不加约束的资金供应和信贷扩张。在日本银行试图通过一系列货币紧缩措施给经济降温后,1991 年股价和房地产价格出现跳水,将日本推入了"失去的十年"。对于新一代日本人而言,房地产和股价飙升的繁荣的 80 年代已成过眼烟云,许多日本人甚至完全未曾亲历。当一系列新的"黑船"挑战这个善于调适应变的岛国时,三大灾难合而为一,日本一如既往地脆弱,就这样迈入了 21 世纪。

# 第十五章　自然灾害与
　　　　　历史的边缘

　　　19 世纪,当明治时代的改革者启动日本的快速工业化时,他们仅仅看到其显而易见的经济和军事收益,西方各国的帝国主义使这些收益昭然若揭。自此以后,日本已成为富国俱乐部的一员,通过燃烧化石燃料慢慢地破坏原先相对平稳的气候,而正是这一气候环境原先保护了人类文明。从明治时期转而利用非可再生能源以来,日本已成为造成气候变化的一个主要全球责任者,其二氧化碳排放量或温室气体排放量在 2005 年达到 13.9 亿吨,超过德国和英国。地球气候变化的一个结果是海平面上升,这对包括日本在内的许多太平洋国家带来了严重的挑战。日本在 19 世纪的工业化与海平面上升之间的联系是毋庸置疑的,这也将日本推到了摇摇欲坠的历史悬崖边上。19 世纪的"文明开化"固然带来了收益,也带动了经济增长,但在几代人之后就已从根本上威胁到日本自身了。日本的气候、地形和生物多样性被迫经历了剧变,支撑着这个国家的物理环境同样也是如此。正如一位历史学家所观察的,"历史的戒律基于一个假设,即我们的过去、现在与将来是由人的实践的某种连续性联系在一起的",但气候变化却危及这种连续性。从日本的案例而言,气候变化导致了喧嚣的半个世纪,在此过程

中,从地震到太平洋的超级风暴等各种自然的力量与沿海定居模式和

土地复垦等非自然力量相交织,为日本在 21 世纪的前景定下了基调。

## 变动不居的自然

在日本,数百年的哲学反思试图辨析岛国特性如何驱动了这个国家的文化。20 世纪早期,在这一讨论中最具影响力的声音来自哲学家和辻哲郎(1889—1960)。作为对马丁·海德格尔(1889—1976)等欧陆巨擘的回应,和辻哲郎在其代表作《风土》(1935)中试图将地理空间与历史进程联系起来,作为解释民族文化发展的关键双变量。和辻哲郎试图从自然根基的角度重构日本文化,强调气候与人类共同体之间的互动。和辻哲郎假设,人类从未超越过自然,地形、气候、土壤、水、植被、动物都同步塑造了一个民族的文化演进。与海德格尔在其颇具影响的《存在与时间》(1927)中的观点不同,和辻哲郎认为,这并不仅仅与时间有关,也与当地的基本物质特性相关。从一开始,和辻哲郎就已得出结论,"对于日本文化的所有探究都必须最终还原至对其自然的研究"。

但"气候变化"与海平面的上升推翻了和辻哲郎哲学中的这一气候常量。从全球来看,由于热膨胀(水体因温度上升后出现膨胀)与陆地水储备(如冰川、冰盖和冰床)融化的双重作用,海平面出现上升,改变了海洋水体的实际容量。海洋循环与大气压力等局地进程又与地壳运动、地面沉降、沉积作用一道,加剧了海洋容量的上升,进一步推高了海平面。在某种程度上,这些气候变化维系了人类世的出现,在人类世塑造地球动态表面特征的过程中,人为的力量超过了自然本身的力量。

科学家利用验潮仪和卫星测高已测得近年来海平面的变化,这一变化与日本等国的工业化同步。1900 年之前的人类历史中,洋面保持相对稳定,使得和辻哲郎等哲学家将文化发展与相对固定的地形和气候联系起来。此前,在更新世(大约距今 258.8 万年前到 11 700 年前),海平面剧烈波动,上升了 120 米。而到了全新世(距今 11 700 年前)中期,海平面稳定下来,主要是因为在更宽泛意义上气候相对稳定,这也使得农业和人类文明有可能取得发展。但工业化的进程扰动了全新世

285

的气候泡沫。1900 年之后,由于热膨胀和冰川融化,海平面出现了明显的上升,并随着工业化在全球范围的扩张而不断加剧。1900 至 1993年之间,海平面年均上升 1.7 毫米。1993 年之后,这个数字提高到年均3 毫米。政府间气候变化委员会(IPCC)的科学家预测,到 2090 年还将提高到年均 4 毫米。

比海平面变化的"中位数"更具破坏性的是其"极端值",因为后者加剧了自然灾害的破坏力,而日本一直深受其害。极端的海平面变化由海啸导致,海啸与气候变化并无直接联系,而与地壳变化和台风等风暴所引起的巨浪有关。这些极端海平面变动的频率与强度跟海平面中位数的变化是并行的。换言之,当 20 世纪海平面的平均值上升后,极端风暴潮位和由海啸导致的破坏的频率及强度也随之上升,而后者由于海平面的上升变得更具威胁。正如政府间气候变化委员会的科学家所观察到的,"气候变化可以通过极端情况的影响加以最佳观察",这其中就包括太平洋风暴的凶猛程度。20 世纪 50 年代以来,直接影响日本的西太平洋风暴的功率消耗指数(PDI)已几乎翻了一番,1990 年以来 4 级和 5 级风暴的数量上升了约 30%。全球变暖造成的海洋温度的上升使厄尔尼诺南方涛动(ENSO)进一步提升了风暴的强度。20 世纪的后半叶,日本已经历了更多的温带气旋以及危险的热带风暴和飓风。在此期间,日本年均 1 000 至 2 000 毫米的降雨量并没有发生剧烈的变化,但是降水的模式却出现了变化。从平安时代以后,日本如期而至的"梅雨"提供了适时的降水,也塑造了日式美学的韵律,和辻哲郎即坚持这一观点。但如今日本的降雨更为多变、更难预测,这意味着和辻哲郎哲学中的"气候"概念已不再是一个常量。与变化中的自然和历史风貌相伴,气候这一因素也正在发生变化。

不断上升的海平面有可能在日本人口聚居最为密集的某些地区造成经济损失和人员伤亡,建在洼地上的东京都的 23 个区即面临着这种风险。从制造业到能源生产再到渔业和娱乐业,各个产业部门都集中在日本地势较低的沿海地区,这使得海平面上升有可能对日本经济带来灾难性的威胁。仅东京一地就汇集了整个日本工业产出的 28%、批发业的39%、近一半的大学生、85%的外资公司以及超过一半的信息产业的就业人口。名古屋和大阪也都是建在沿海低地上的大城市,并在过去受到地震和海啸的侵袭,如果把这两个城市也算上,那么上述经济数据的比例就更具压倒性。沿海地区由于海平面上升而异常脆弱,而日本大量的产业部门就聚集于此。

与其整体陆地面积相比,日本的海岸线颇为漫长,达到约34 390千米,这使得日本面对海平面上升、极端气候和海啸时特别脆弱。在整体陆地面积中,近72%的国土位于山区,这意味着日本的人口往往集中在邻近海岸的平原地带。目前,约1 100万人或10%的总人口居住在洪水易发地区。日本的大多数海岸线是人造的,其中一小部分建有海塘、防波堤和其他形式的保护设施,但大部分仍完全直面周边的海洋。在工业化地区这个数字更为惊人:例如在大阪湾,95%的海岸线是人造的,只有须磨等周边一小段是曾经有名的白沙和松树滩。因此,绝大部分的日本海岸都是人造的环境。

287

## 极端事件的人为本质

曾有历史学家观察到,所谓的"自然灾害"实际上具有太多的人为成分,而且,政治家和规划者也"将这些事件视为纯粹的自然事件,以此为其一系列应对措施做辩护,这些应对措施终被证明不但不适于环境,而且即便不是在道德意义上名誉扫地,至少在社会意义上也声名狼藉"。这项指责颇为严厉,但其辩护的逻辑显然与日本政府面对三重灾害时的应对措施相符,三重灾害即2011年3月11日发生的地震、海啸和核泄漏,当时,灾难由于自然性和不可预测的一面而被称为"千年一遇的灾害",这不但被用来为政府的无能,特别是其对核能产业的监管失职辩护,而且被用来证实日本核能继续扩张的正当性。但自然灾害并非"说发生就发生",也不仅是冷酷无情、"与道德无涉"的灾难而已。这些自然灾难恰恰建立在不同层面的历史实践之上,而且由于气候变化和海平面的上升,超级风暴本身也具有人类既有选择和政策决定的痕迹。

　　政府间气候变化委员会的科学家证实,包括超级风暴和海啸在内的极端沿海事件与海平面中位值的上升是并行的。当海平面平均值上升时,风暴、风暴潮和巨浪造成的洪水、人身伤害和财产及其他经济损失的力量也随之上升。这些科学家还进一步证实,20 世纪 50 年代以来,西太平洋地区风暴的功率消耗指数已出现上升,这一趋势与气候变化同步。这些风暴使海平面的变化进一步加剧,而随着海洋继续变暖和海平面的上升,今后风暴将更为严重。科学家估计,目前日本有 861 平方千米的土地低于高水位时的中位值,约有 200 万居民和 54 万亿日元的财产集中在这些脆弱的低地上。据预测到 21 世纪末,海平面将上升一米,到时候低于高水位中位值的低地面积将增加到 2 340 平方千米,约为目前数字的三倍。这些地区的人口将增加到超过 400 万,财产预计将达到 109 万亿日元。日本的洪水易发地区将从 6 270 平方千米增加到 8 900 平方千米,超过 1 500 万人口将面临危险。而就海啸而言,根据当地的情况,海浪高度有可能超过 20 米,这意味着在出现离岸地震的情况下,海平面上升造成的伤害将进一步加剧。

　　就风暴而言,有些严重的风暴已史上留名,因此作为历史事件,有必要探究其来龙去脉。在人类世的地球环境下,海平面的上升、海洋变暖、海岸线的开发等因素合而为一,加剧了风暴的力量,也提升了风暴潮、暴雨和狂风造成的损害。日本在太平洋战争结束后的十年内经历了数次大台风,其中两次——台风艾达(Ida,在日本多称为"狩野川台风"①)和台风薇拉(Vera)以其带来的气压、风速测速、伤亡和财产损失而均成为人类世超级风暴的代表。

　　1958 年 9 月 26 日和 27 日夜,风速每小时 190 千米的台风艾达(图 24)席卷日本的神奈川,最高风速达到每小时 258 千米,伴随的强降雨造成日本中部地区的破坏性泥石流。这一风暴在西太平洋关岛附近生成,在经过温暖海域增加能量后一路扑向日本。9 月 24 日,飓风追踪机利用下投式探空仪(由美国国家大气研究中心设计的一种一次

---

　　①　原文为神奈川,应为狩野川。

性气象监测设备)进行测量,读到了气压 877 百帕或 25.9 英寸汞柱、预测最高风力每小时 325 千米的数值。这些数值使台风艾达成为有史以来最大的风暴。台风艾达重创日本。狩野川、目黑川、荒川等河流相继漫堤,2 118 处建筑物被损坏或冲走。一米高的浪头使这个地区 48 562 公顷的水稻田受淹,造成大面积的破坏。台风艾达在东京降下约 420 毫米的降雨,这是 1876 年有记录以来最大的日降雨量。最终,这场风暴夺走了 1 269 人的生命,使成千上万人无家可归,并造成了 5 000 万日元的损失。是为日本遭受的人类世极端气候的两大超级风暴之一。

　　就在整整一年之后,台风薇拉蹂躏了日本中部的伊势湾,伊势湾临近高度工业化的城市——名古屋。台风薇拉登陆时,风力超过每小时 193 千米,日均 2 英寸的降雨量造成大面积的泥石流,冲倒或冲毁了 36 000 处房屋。六米高的风暴潮淹没了整个伊势湾,卷走了七艘船只,包括一艘 7 412 吨的大型英国集装箱船。32 英尺高的巨浪击沉了 25 艘试图熬过风暴的渔船,使近 50 名船员遇难。最终,这场风暴夺走了 5 159 人的生命,使一百万人无家可归。相关损失据估计达到 20 亿日元,使台风薇拉成为现代日本史上破坏力最强的风暴。这两次超级风暴的破坏力主要来自风暴潮以及海洋变暖,后者使风暴在向日本移动的过程中不断增强。

　　不仅是风暴,海啸也受到海平面变化的影响。正如我们在之前所看到的,日本位于地震活跃板块,19 世纪和 20 世纪均已经历过极具破坏力的地震,其中大部分都伴随着海啸。记载最为详尽

289

290

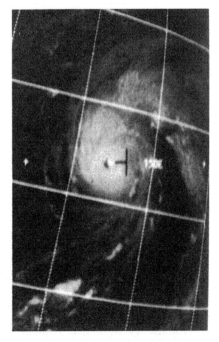

图 24　台风艾达的台风眼

的地震包括安政地震(1854—1855)、日本中部的浓尾地震(1891)、明治三陆地震(1896)、横滨和东京的关东大地震(1923)以及 1995 年的阪神—淡路地震。由于安政地震发生在德川时代(1603—1868),数以百计的描绘鲶鱼的木刻版画记录了这一灾难。在画中,商人和官吏在鲶鱼光滑的背脊上摇摇晃晃试图保持平衡。鲶鱼翻身甩尾时,地动山摇,通常释放出大量的财富,大量金币从天而降。如前所述,在 19 世纪中期的乱世中,"内忧外患"弱化了江户幕府,使其濒于崩溃,这些地震及对其的社会解读——在许多人看来地震是对财富的重新分配——危及德川幕府的合法性。三次接踵而至的地震造成了巨大的海啸、火灾和骚乱,约 17 000 人丧生,但政治上的共振才是安政地震的真正后遗症,德川政权在十年之后黯然倒台。

浓尾地震发生于明治时期。地震测得为 8 级,是日本历史上发生在内陆地区的最大地震。这场地震夺去了近 7 000 人的生命,损毁了大量明治改革家们辛辛苦苦建起来的现代砖结构建筑。在大阪等地,大部分传统木结构房子在 1891 年 10 月 28 日的地震中屹立不倒,但难波纺织厂——正如新闻所描述的,是一座"三层楼的典型的英式工厂风格的红砖建筑"——却完全倒塌,成为大阪唯一全毁的建筑。这座建筑"建成不过数月",在倒塌时压倒了 21 人。当时有报道说,不仅是难波纺织厂,"所有外国人建造的工厂都或多或少地遭到损坏",外国人居住区的许多砖结构建筑也是如此。另一份报纸也报道了在名古屋发生的类似情况,名古屋邮政局等"巨大的砖结构建筑"轰然倒塌,但传统的日式木结构建筑却幸存下来。地震灾害中外国砖结构建筑的垮塌也暴露了自然灾害事件中的人为因素。

1923 年 9 月 1 日,当关东大地震将东京和横滨的大部分地区化为一片废墟时,变动的地震断层线也暴露了日本在新的帝国秩序下并不和谐的社会分裂,造成整个东京地区的种族暴力。足智多谋的后藤新平(1857—1929)在担任驻中国台湾的民政长官和东京市长时积累了大量的经验,灾后的恢复工作由他监督。尽管原本并不需要调用军队,但在帝国军队的帮助下,恢复进程神速而高效。一开始,后藤新平在美国

291

历史学家和城市设计师查尔斯·比尔德(1874—1948)的帮助下,曾试图将近乎焦土的东京地区改造成现代人造景观的一大典范,但却因政治对手的干扰而壮志未酬。尽管如此,这场地震还是暴露了日本帝国的软肋。震后第一天,一家东京的报纸就报道,"朝鲜人和社会主义分子正在计划发动暴动和叛乱。我们呼吁所有市民与军方和警察合作,共同防备朝鲜人"。与此同时,帝国海军也将战舰驶向朝鲜半岛。由于日本的人种民族主义和种族焦虑的煽风点火,1923年日本的地震灾害很快演变成社会灾难。在接下去的几天中,随着关于朝鲜人放火和在城市供水系统中投毒的谣言四散,东京各处充斥着治安维持会成员,到处处决"朝鲜人"和"布尔什维克分子"。尽管不乏国际合作和亲善的时刻,但关东大地震却标志着日本军国主义的崛起,以及社会复兴和社会重建等论调的泛起。对许多人而言,自然灾害的出现预示着有必要改变人类文明中的非自然世界。正如大正天皇(1879—1926)在关东大地震之后所宣示的,"近年学术人智日进。然浮华放纵之习亦渐萌……若无革新则恐国势暗淡,吾国民众大祸降临"。

从历史上看,日本的大部分地震都发生在近海,由此造成海啸。1944年12月7日的东南海地震造成了和歌山县沿岸和东海地区大面积的破坏。1 223人在地震和伴随而来的8米高的海啸中丧生,这一海啸也冲走、损毁或严重损坏了73 000栋房屋。1946年12月20日,强度为8.1级的南海地震使本州南部和九州地区地动山摇。其海啸高度达到6米,数千人由此丧生,36 000栋房屋遭到损毁。日本经历的许多破坏性的近海地震都发生在东北部三陆地区的东部,沿着日本海沟的潜没区域。日本海沟是三陆沿海由太平洋板块在鄂霍次克板块下潜没造成的,这一运动引起了日本东北部绝大部分最为严重的地震和海啸。在明治时期,1896年6月15日的三陆地震表明,东北部的地震特别是随之而来的海啸,有可能造成多大的破坏。这次地震为8.5级,引起的海啸最高峰达到25米,部分海啸甚至一路奔袭直抵美国加州沿岸。由于地震和海啸,近22 000人丧生,10 000栋房屋遭到损毁,几十万人无家可归。1933年3月2日,又一次三陆地震震撼了东北部海岸。这一

292

294

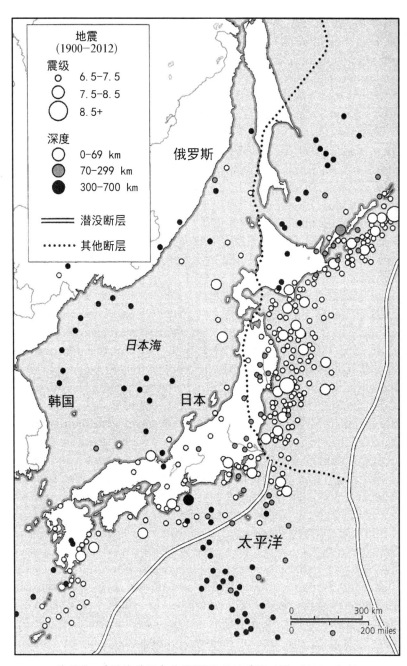

地图 3　美国地质调查局(USGS)的地震活动图：1900—2012

次的震级为 8.4 级,随之而来的海啸冲走了成千上万栋房屋。海啸最高达到 28.7 米,远至夏威夷等地亦遭受损失。

这两次三陆地震尽管带来巨大破坏,但与 2011 年 3 月 11 日的超强地震比却相形见绌,后者的震级达到 9.0 级。日本海沟潜没区附近的冲断造成了这场灾害,这也是这个多次因地震而遭难的国家有记录以来最为严重的一次灾害。重要的是,超级风暴和地震活动及与之相伴的海啸已经成为日本现代史的重要组成部分。日本面临的未来将以气候变化和海平面上升为特征,而这些自然灾害所造成的非自然破坏势必将更为严重。

## 三重灾害

2011 年 3 月 9 日,就在东日本大地震爆发前两天,数次令人不安的预震使仙台等北方城市饱受颠簸,其中一次震级达到 7.2 级。3 月 11 日,几次更强烈的预震动摇了日本北部,直至下午二时四十五分超级冲断震撼这一地区。在主震之后,数百次野蛮的余震在灾后持续了数年。从地理上看,由于这一超级冲断,日本本州岛向东移动了 2.4 米,地震事实上也使地轴移动了 25 厘米。这是日本有记录以来最大的一次地震,也是自 1900 年开始现代记录以来全世界第五大地震。这一超级冲断的震中位于日本海沟附近,太平洋板块潜没入日本本州岛之处,即宫城半岛东部约 72 千米,其震源,或地震的"中心点"位于深 32 千米的相对浅表层。由于巨大震动,40 米高的海啸巨浪登陆岩手县,在某些地方甚至深入内陆约 10 千米,给地势较低的地区造成一场浩劫。

所有这些地理和地震因素都导致了东日本大地震所蕴含的自然能量(地图 3)。除了海平面上升带来的影响之外,地震和海啸的发生并不以人的意志为转移。地震一直在自然地发生。但一旦震动地面的波纹和巨型海啸的水墙抵达日本东部沿岸,自然灾害很快就变成了人为灾害,将一切破坏殆尽或席卷而走:无论是经济发展计划、阶级分层、还是防波堤、零售店、公立学校、受到补贴的渔港、暖房和其他日本政策和决策的人造产物。一旦大水登陆,灌溉沟渠、港口、停车场、大街小巷都成为洪水的通道。在遭受 1896 年和 1933 年等东北部地区的海啸灾害后,岩手县的吉滨等某些东北部地区的先人已经将村子从地势低洼地区迁到高地。吉滨将车站、学校、房屋等迁至高地,因此气势汹汹的海啸只冲到水田而已,而这些水田类似自然的沼泽地,大大减少了海啸带来的破坏。结果,2011 年 3 月 11 日该村只有一人遇难。但吸取这样的教训并不容易。1896 年,吉滨失去了 204 位居民,大部分都是在地势较低的海岸地区参加婚礼时被洪水卷走的。1896 年之后,吉滨的头人鼓励当地居民在周边海拔更高的小山上建造房屋,这一做法在 1933 年得到了回报,只有 17 人在那场灾害中殒命。而在邻近的其他村庄,大部分居民太过健忘,虽然 1896 年和 1933年的悲剧淹没了史无前例的大片面积,但之后他们就开始慢慢利用这些低地,在水田周围建起房屋。不幸的是,这些村庄在 2011 年 3 月 11日伤亡惨重(图 25)。

南三陆町就是这些村庄之一,2011 年海啸径直经过该町。20 米高

296

图 25 2011 年 3 月 11 日海啸之后,一个小女孩回到原来的家。

的巨浪猛烈冲击这个村镇,几乎将其完全毁灭并冲走了近十分之一的居民。这个曾经的渔村在海啸中沦为一片废墟。海啸中最令人印象深刻的场景是南三陆町的町长紧紧趴抱在政府办公楼楼顶,这幢建筑物内的 130 人中仅有 10 人从颠簸的巨浪和满溢的洪水中幸存下来,他就是其中之一。这次海啸摧毁了日本沿岸 500 千米长的区域,将许多居住区夷为平地,并使近两万人丧生。巨浪抵岸后,使日本原本就已遭受漠视和人口衰减的这个地区再次经历重创。有专家原先估计,东北部地区到 2025 年将失去近 25% 的人口。海啸将近两万人冲入海中,进一步残酷无情地加速了这个地区的人口衰减进程。

正如后来所显示的,地震和海啸只是日本在 3 月 11 日经历的噩梦的开始。由东京电力公司(TEPCO)运营的福岛第一核电站的三个核反应堆堆芯熔毁,使周边的居民区暴露在危险的辐射下,使不少地区今后数代人都无法居住。从日本核经验的角度来看,日本政府估计这一堆芯熔毁所释放的铯和锶分别是太平洋战争即将结束时美军在广岛投下的原子弹的 170 倍和 2 倍。在地震和海啸后不久,日本人就已对微西弗、贝可勒尔等各种专业的计量单位以及铯和锶等各种危险物的名称耳熟能详。在政府从这个地区撤出的 11.1 万人中,大部分人的房子遭受污染,即便他们决定回迁也会因此得病。放射性物质已无所不在:供水、日常护理中心、母乳、婴儿配方奶粉、湖里的胡瓜鱼、牛肉和绿茶,等等。福岛地区所产生的辐射已渗透到日本全国的食物链中,没过多久日本政府的官员就在日本的所有都道府县都检测到了辐射,包括遥远的冲绳。福岛的孩子中有近一半遭受内部辐射,引起包括危险的癌症在内的各种严重健康问题。在三重灾害打击后的两年内,医生已经在福岛地区的儿童身上检测到高于正常标准的甲状腺癌发病率,其中有近一半显示出甲状腺囊肿的症状(尽管某些证据仍存争议)。

在一定意义上,日本政府的反应不可谓不快。他们在第一时间建立了危机应对中心和防灾本部,各个县的知事也快速寻求日本自卫队(SDF)的援助。当东京电力这一超大型公共事业公司未能及时报告福

297

岛核电站的爆炸时,菅直人(生于 1946 年)首相也在一段时间内对东京电力亲自控制。他"最大限度地"动用了自卫队,在三天内近十万日本部队,约近一半日本的常规军事力量,投入到了整个东北部地区的搜救行动中。自卫队发放了近 500 万份食品和三万吨水,并收集了超过8 000具同胞的遗体。

但同时,也并非没有牵涉广泛的失误,当菅直人未能召开国家安全会议并将军官纳入其危机应对中心时,舆论众口一词批判其"不计后果"、"毫不称职"。日本官员估算这次灾害的损失达到 16.9 万亿日元,而标准普尔则认为高达近 50 万亿日元。日本经济在数个方面感受到了灾害带来的影响。例如,汽车生产厂商丰田暂停了其在美国和欧洲的生产,其 2011 年的销售跌幅超过 30%。更广泛地说,由于三重灾害的影响,日本经济在 2011 年的第一个季度下降近 4%,第二个季度又下降1.3%。许多国家对于受到辐射的日本食品心存担忧,纷纷限制来自日本的进口,为此日本的食品出口跌幅超过 8%。当然这并没有阻止其他国家提供援助和救灾队伍,其中大多数为日本的邻国。在 2008年毁灭性的四川地震之后,中国就曾接受过日本的援助,包括来自自卫队的援助,在 2011 年也投桃报李派遣了 15 人的搜救队伍并承诺提供450 万美元的援助。中国台湾的慈善组织提供了 1.75 亿美元的援助。韩国人民也反应迅速,韩国红十字会为日本东北部的受难者筹集了近1 900 万美元。在三重灾害发生不久,日本最为敏感的地区对手都搁置前嫌,向这个饱受重创的岛国施以援手。

美国向日本东北部地区的受难者提供了近 6.3 亿美元的援助,美军在灾害发生不久就起到了显著的辅助作用。当地震和海啸来袭时,美国尼米兹级航空母舰罗纳德·里根号正与韩国开展联合军演,但立刻重新部署到日本东北部。3 月 13 日,该舰在日本沿岸游弋,作为自卫队运输和补给等各种救灾行动的前沿基地。在后来被称为"友谊行动"(Operation Tomodachi)的行动中,美军提供了防辐射的机器人以评估福岛第一核电站的受损情况。但日本人对美国的反应也不无质疑,右翼漫画家小林善纪(生于 1953 年)就是其中之一。他指出，"友谊行动"的花费仅仅是美国从日本政府因军事基地而得到的"所在国支持"的一小部分而已。当他获悉福岛第一反应堆发生氢气爆炸后，罗纳德·里根号开走避险，他又将美国刻画成一个"无情的朋友"。

对于很多人而言，这场三重灾害象征着日本有必要从衰退和不满的"失去的十年"中觉醒过来。回到第三章所述，中世纪的隐士鸭长明将地震和海啸描绘得如此可怕，"山崩川埋，海倾于地"。他将自然灾害置于当时的非自然背景下总结道，随着震波，人们相信"世间万事艰难……身上心中烦恼，数不能尽"。他的思想代表了佛教对地震和海啸的理解，他曾总结道，"众生苦恼，盖因人心以及其所居环境之变异而起矣"。类似地，保守的东京都知事石原慎太郎(生于 1932 年)也解释说，这场三重灾害不失为现代日本社会"洗涤贪欲"的良机，而左翼倾向的科学家们则将灾害视为"日本历史新的一章的开始"。没过多久，关于灾难和重建的各种言论就遍及日本。正如社会民主党的阿部知子所阐释的，"不仅是东北，整个日本都需要重建"。自然灾害不仅时常具有人为的因素，也象征着人类世界的种种危机。

不止一位政府官员将日本的政治和经济机构描述为"老年病"缠身，并观察到灾后重建为"创造一个新的国家"提供了机会。东京的一位教授将这场三重灾害视为"改变我们思考和我们文明"的一个良机。作为一位杰出的日本本质主义者，哲学家梅原猛(生于 1925 年)利用这场三重灾害进行道德说教，认为日本有必要回到更为简单的生存方式，这不禁让人想起第一章中讨论的绳文时代的狩猎文化。他将这场三重灾害称为一次"文明的灾害"，认为其暴露了欧洲启蒙运动的缺陷，是人类对自然"傲慢的"战争所遭到的报复。他解释道，回眸神话般的过去，日本应该"回到与自然的共存状态"，这种状态应立足于佛教的利他主义。地方领导人也希望通过这场三重灾害恳求各个社区建立"人间联系"的"纽带"以创造"团结"。京都清水寺的主持将"绊"选作 2011 年的年度汉字，在某种意义上也不足为怪了。在日本重建业已失去的社区意识的过程中，英雄角色也起到了作用。著名的如"福岛 50 勇士"，这些工人冒着牺牲自身健康的危险重回福岛第一反应堆以减少潜在的损失。有报纸对此报道说,"他们肩负着未知的重担,与看不见的敌人持续搏斗"。

在三重灾害发生不久,对这一事件用"无法想象"一词加以形容频繁地出现在人们的讨论中。与使用"自然"一词描述灾难一样,"无法想象"也将地震、海啸以及更重要的福岛第一堆芯熔化之事置于日本对能源选择的决策之外。正如东京电力公司的一位经理所言,"福岛第一核电站的事故是由远超设计能力的海啸造成的"。他将这一事件定性为"无法预料的事故"。东京大学的一位教授是他自称的"危险学"和"失败学"领域的专家。他批评其他专家反复使用"无法想象"一词形容这场三重灾害。他主张:"想象灾害正是专家的责任所在。"前政府官员和核工业从业者与谢野馨则解释说,这三重灾害是"老天造成的",并坚持认为核电是安全的。他指责由东京电力公司来为这场"异常的"自然灾害负责是"不公正的"。其理由是,"因为这一事故大大超出了任何科学预测的范围","反思也无益"。

但另外一些人确实开始对这场三重灾害进行反思,特别是日本活跃的反核运动的参与者。战后,即便关于广岛和长崎的记忆仍历历在目,但日本已走上了通往核电未来的道路。1954 年,自民党批准了 2.5 亿日元的第一笔核电预算。虽然这第一笔预算并不多,但日本战后在核电上的花费却与日俱增。从 1970 至 2007 年,日本政府在核电上花费了 100 万亿日元,接近所有公共能源费用的三分之一以及 95% 的能源研发国家预算。通商产业省建立了数个"公共政策公司"帮助私营企业发展核电,实际上,社会承担了初建核电厂的巨大成本。例如,东芝与通用电气合作,三菱与西屋电气合作。到 80 年代中期,除了冲绳电力公司之外,所有的日本电力公司都已运营核电厂。在这次三重灾害之前,核电厂生产了日本约 30% 的电力,略少于液化天然气的比例。2011 年之后,对于这项业已遭受严重打击的产业的批判卷土重来。在指出的诸多问题中,有一个问题指向了使用后燃料的处置和储存。到20 世纪 70 年代时,日本核反应堆产生的使用过的燃料就已经超出了其再处理的能力。

　　钚是铀再处理后的副产品之一，被证实在储存时尤为危险和困难，而且也有可能变为武器级物质。日本在青森县的六所再处理工厂储存有 8 吨分离后的钚，足以制造近 1 000 枚核弹头（尽管在 2014 年其中的 315 千克武器级钚已经运回美国），为此近年来日本受到巨大的国际压力。六所再处理工厂的花费高达 2.2 万亿日元，而且还在增长，已被证实是巨大的财政负担，但在许多专家看来，考虑到再处理后的铀和钚有望到 21 世纪中期时为日本提供核能燃料，这种财政风险仍是可以接受的。六所再处理工厂由日本原燃株式会社（JNKL）运营，后者的最大股东是东京电力公司，即仍在污染环境的福岛第一核电站的运营方。六所再处理工厂的主要目的是制造混合氧化物核燃料（MOX 燃料），这种燃料通常含有铀和钚的混合物，不少专家希望能将其用于新一代的重水反应堆。但现有技术还难以达到这一水平，公众对核能也并不热衷，这使日本储存的钚变得极为危险，存在扩散的风险。本书写作时，日本所有的核反应堆除了两个以外都仍处于关闭状态，整个六所再处理工厂项目也前途未卜。

　　各种失误和事故也使日本的核能产业千疮百孔。到 2007 年为止，日本各大电力公司已报告了 97 起事故，包括福岛第一核电站在 1978 年和 1989 年发生的严重事故。1995 年，动力炉核燃料开发事业团（PNC）运营的一个反应堆出现钠泄漏。四年后，位于东海村的一个反应堆发生了几乎长达一天的严重事故，两名工人由于核辐射死亡。抗议者的要求声势浩大，这些要求也并非无理取闹。三重灾害后文部省将在校儿童可以承受的最大辐射量提高了 20 倍，出于对安全的担忧，福岛县的家长们抗议这项决定，将装有操场沙土的袋子扔到了官员的桌上。他们质问，这些官员会不会也让自己的孩子在这种沙土上玩耍。2011 年 9 月，诺贝尔奖得主大江健三郎（生于 1935 年）在东京的明治神宫领导了一场大型的抗议活动，示威者们高举标语，上面写着"永别核电"。2012 年 7 月，在东京代代木公园举行的一场反核电游行吸引了近 17 万民众。对于饱受核武器破坏作用的该国而言，显然这场三重灾害已经激起了反核的情绪。

301

302

## 尾声

今天的日本面临诸多挑战。有些挑战,如与中国和韩国的外交政策挑战,根植于其对战争行为与和平设计的历史决定中。日本与其邻国仍就太平洋战争的遗产争执不断,尽管亲身参战的一代人大部分已逝去。2014 年,安倍晋三(生于 1954 年)首相参拜了靖国神社,这座东京的神社内供奉着日本的战亡将士,包括 14 名甲级战犯,中国外交部长对此回应道,从此不再欢迎安倍访问中国。他接着提出,"安倍所谓重视发展对华关系,希望与中国领导人对话的虚伪性暴露无遗"。对于供奉在靖国神社中的战犯,中国外交部长指出,"他们手上沾满了亚洲受害国人民的鲜血,他们是法西斯,是亚洲的纳粹"。[①] 正如这些评论所显示的,围绕日本发动的"大东亚战争"的紧张关系仍继续严重影响着日本与其亚洲邻国的关系,决定着世界上这一局势多变地区的政治和外交关系。

如同地球上的所有生命一样,日本人也面临着气候变化和海平面上升的种种威胁。本书写作时,由于积聚在大气中的温室气体,地球气候正在变暖,包括人类和非人类居住者在内,全球的未来在共同的威胁面前联系在了一起,使任何一个工业化国家的历史中与能源相关的片段都成为至关重要的篇章。按照美国国家环境保护局(EPA)的气候变化预测,根据温室气体的未来排放水平,地球的全球温度到 2100 年有可能上升 11 度。这意味着从 2014 年这一时点开始,约经过从明治维新到广岛和长崎核爆之间那么长时间,人类有可能由于对非再生化石燃料的使用而对地球造成灾难性的破坏。对日本或其他任何一个工业化国家而言,任何导致增加温室气体排放的历史性政策或决定都值得研究,因为融化的冰盖和冰川将严重危及日本人口稠密的沿海地区。日本现有人口的近 80% 即近一亿人居住在沿海地区,这使得任何关于海平面上升的讨论都变得至关重要(地图 4)。

---

① 上述两段表述并不是中国外交部长王毅的发言,而分别是中国外交部发言人秦刚和中国驻加拿大大使章均赛的发言。

目前的海岸线

上升的海岸线（到 2200年）

俄罗斯

札幌

钏路

北海道

日本海

八户

秋田

新潟

仙台

本州

日本

金泽

东京

广岛

名古屋

千叶

神户

横滨

大阪

四国

九州

太平洋

0　　　　　300 km

0　　　　　200 miles

地图 4　到 22 世纪末海平面上升将对日本造成的影响

　　日本将如何面对这种种挑战，目前尚不得而知。但这个岛国的任 　304
何行动都至关重要，因为在我们穿行于 21 世纪的惊涛骇浪时，这些行
动对我们所有人而言都具有镜鉴意义。

# 索　引